城市物流管理的理论与实践研究

姜能涛 著

中国商业出版社

图书在版编目（CIP）数据

城市物流管理的理论与实践研究 / 姜能涛著 . -- 北京 : 中国商业出版社 , 2023.2
ISBN 978-7-5208-2378-4

Ⅰ . ①城… Ⅱ . ①姜… Ⅲ . ①城市—物流管理—研究—中国 Ⅳ . ① F259.22

中国版本图书馆 CIP 数据核字 (2022) 第 244217 号

责任编辑：李 飞
（策划编辑：蔡 凯）

中国商业出版社出版发行
(www. zgsycb. com 100053 北京广安门内报国寺 1 号）
总编室 : 010-63180647 编辑室 : 010-83114579
发行部 : 010-83120835 / 8286
新华书店经销
安徽中皖佰朗印务有限公司印刷

787 毫米 ×1092 毫米 16 开 16 印张 245 千字
2023 年 2 月第 1 版 2023 年 2 月第 1 次印刷
定价 : 58.00 元

* * * *

PREFACE

前言

城市是生产、流通、消费的聚集地，具有强大的物流需求。城市物流是城市经济快速、高效发展的必然要求，城市居民生活质量和水平的提高也要求与之相适应的高效物流体系。城市物流是保障城市运行，满足人们生产、生活需要的物流服务保障系统，是保证城市基本运转的重要支柱。建设高效的城市物流体系，可以促使企业交货更加及时、准确、可靠，使商品流程缩短，物流成本大大降低，并使企业专注于提高产品和服务的质量，提高市场竞争力；对于整个社会，可以优化资源配置，降低社会总成本，提高经济竞争力。随着城市化进程的加快，城市规模迅速扩大，产业密度和人口密度快速提高，城市物流规模与密度也越来越大，由城市物流引发了一系列城市问题，如交通拥挤、环境污染等，从而使城市物流的组织与管理也显得越来越重要，建立一个高效的城市物流体系已成为加速城市发展必须解决的问题。它直接关系到城市基础设施的效率发挥，决定制造业、流通业的发展以及整个城市居民生活的状态。因此，城市物流的研究显得尤为迫切和重要。城市物流不但在物流研究中是个崭新的领域，也是城市规划和管理的重要内容，是城市功能得以发挥的有力支柱，是城市资源合理配置和有效利用的基础。

本书从城市物流系统构成入手，针对城市物流配送信息技术及平台、城市物流的供应链变革进行了分析研究；对城市智慧配送体系分析、城市绿色物流发展及电子商务与城市物流配送做了一定的介绍；还对城市物流产业集群生态系统的理论、规律、评价及对策提出了一些建议。旨在摸索出一条适合现代城市物流管理工作创新的科学道路，帮助其工作者在应用中少走弯路，运用科学方法，提高效率。

在本书撰写过程中，参阅、借鉴和引用了国内外许多同行的观点和成果，各位同人的研究奠定了本书的学术基础。由于时间仓促，资料收集不全，更由于水平所限，书中错误、疏忽、不妥之处在所难免，恳望读者批评，纠正。

苏州市职业大学　姜能涛

2022年9月

目 录

第一章 城市物流系统构成

第一节 城市物流的概念及特征

一、城市物流的概念

城市物流是在市场经济体制下，通过权衡交通环境、交通阻塞、能源消耗等因素，全面优化由企业在城市区域内实施的物流和运输活动的过程。城市物流介于宏观物流和微观物流、社会物流和企业物流之间，是一种比较特殊的物流。与通常提到的物流相比，城市物流具有特定的边界，是发生在城市之内的物流。事实上，城市物流已经成为城市规划和管理需要考虑的重要内容，是城市功能得以发挥的关键支撑。

二、城市物流的性质

（一）城市物流是一种区域物流

由于城市具有特定的边界，是一个空间区域，城市物流一般指发生在城市内部的物流，因此城市物流是以城市为依托的区域物流。

（二）城市物流既是城市发展的产物，也是城市发展的保障

城市经济社会的发展产生了对生产和生活资料的需求，促进了对城市物流活动的需求。另外，随着城市规模的扩大，城市人口的增加，城市物流量急剧增加，这就需要合理地规划城市物流，以满足城市发展的需求。

（三）利益相关者目标的差异化

城市物流中涉及四类主要的利益相关者，即托运人、承运人、居民和管理者，他们都有着自己特定的价值取向。

托运人倾向以较少的成本支出获得较高水平的物流服务。并且随着最终消

费者需求的不确定性，托运人开始寻求运输频次的增加，以降低库存，并提高对消费者的响应。

承运人倾向以最小的物流成本完成客户委托给的物流任务。但由于交通阻塞和时间管制，承运人在城市中的物流活动常常面临各种困难。货车提前到达和延迟到达都会支付额外的成本，降低货车的使用效率。

居民是指在城市里工作和生活的人。他们不喜欢货车驶入当地的街道，造成交通阻塞，从而影响自己的出行，即使是给他们运输必需品的车辆也不例外。另外，他们希望尽量减少城市交通阻塞、噪声、空气污染和交通事故。

城市管理者的目标是在满足城市对物流活动需要的基础上，尽可能地缓解交通阻塞，改善环境。城市管理者是中立的，并在解决城市物流中涉及的其他利益相关者之间的冲突中起主要作用。

三、城市物流的特点

（一）物流密度高

与其他区域（郊区或农村）相比，城市由于工厂、超市、商场、学校、医院等设施相对比较集中，商品进出量比较大，城市物流密度也比较高，特别是大城市，其物流密度更高。

（二）组织难度大、成本高

城市中既有货流，也有客流，城市道路普遍比较狭窄，交通状况复杂。由于客流、车流混杂，物流活动在城市道路交通中面临着组织难度大，成本高的问题。

（三）制约因素多

由于城市既是生产、贸易、生活中心，也是政治、经济、文化中心。在非常狭小的城市空间里分布着各种交通设施、商业设施、教育设施、医疗设施、文化工厂、住宅等建筑物。这些建筑设施对物流节点的布局、物流配送路线的选择、货车通行等物流活动都带来了较多的制约。

（四）以短途运输为主

由于城市物流受到城市地理区域的限制，因此城市物流以短途运输为主，是发生在城市各物流节点之间、物流节点与用户之间，以及用户与用户之间的同城物流。由于城市物流以公路运输为主，因此，城市物流是以公路运输为主的短距离物流。

第二节　城市物流系统及其构成

一、城市物流系统的概念

城市物流系统是具体而又复杂的物流系统，城市物流系统是社会经济大系统中的一个子系统，与一般系统一样，城市物流系统具有输入、转换和输出三大功能，通过输入和输出使系统与社会环境进行交换，并与环境相依存。

二、城市物流系统的要素

（一）基础设施要素

1. 物流节点

随着经济规模的扩大和物流向集约化方向发展的趋势，出现了一些不同形态和不同功能的物流基地。根据其规模和作用的不同可以分为物流园区、物流中心、配送中心、物流基地、转运中心、集散中心、仓库等。

2. 货运通道

货运通道是指连接主要物流节点的货运干线。其中包括连接端点、道路等级、可利用时段、饱和情况、通行能力瓶颈等。

3. 交通枢纽

港口、机场、火车站、货运站等是一个城市与外部物流相联系的交通枢纽。

（二）信息平台要素

城市物流信息平台不同于物流信息系统，它的任务是为企业的物流信息系统提供基础信息服务，承担供应链管理过程中不同企业间的信息交换枢纽支持，提供政府行业管理决策支持，提供物流交易电子商务服务等。

（三）政策要素

目前，我国物流产业总体上来说属于起步阶段，市场经济体制还有不完善的地方，发展现代城市物流必须要有政府的引导和扶持。需要政府扶持的事项有：尽快对物流企业做出界定、简化审批手续、实施积极的投融资政策、降低物流业的土地开发费用、减轻物流企业的税费负担等。

（四）市场要素

城市物流系统中，无论是物流交易的形成还是物流业务的开展，无论是资金的流转还是信息的传递，都离不开物流市场这个大环境。物流市场包括市场主体、市场运行规则和市场运行环境等。

三、城市物流系统的特点

概括地讲，城市物流系统具有以下几方面特点。

（一）流量大、流向多变

城市物流系统除为城市工业企业输送原材料、零部件、产成品外，还为城市居民生活服务。流量大、流向多变，充分体现了小批量、多品种、高频率的特点。

近距离和门到门的服务特征。这些特征决定了城市物流的运输方式主要为公路运输，部分涉及管道和内河运输，基本不涉及航空、铁路和远洋运输。其运输方式以支线、零担、联合和中转运输为主。

（二）物流节点多、分布广

随着城市物流配送系统的广泛建立，生产企业、配送中心、各种超市、连锁商店以及消费者个人，都将成为城市物流系统的流通节点。星罗棋布的末端节点相应需要众多的中转节点，不同层次的物流节点分布在城市的四面八方，构成了城市物流网络。

（三）配送半径较小

城市物流主要在城市范围内进行，其特点是需要配送服务的物流节点多，配送半径较小。现代城市物流应从全局出发，以物流整体最优为目标，将企业之间的重复运输、迂回运输、单程运输和空驶率降到最低，实现物流路线最优，从而使总体城市物流的运输成本大大降低。

（四）与企业物流联系密切

城市物流与企业物流存在着密切的集散关系，企业输出的微观物流必须通过城市物流才能汇集成输出城市的宏观物流；而外部的宏观物流也只有通过城市这个节点的再分配，才能到达各个企业。可以说，企业是城市物流系统存在的条件，城市物流系统是连接企业与外部的纽带，是企业通向外界的通道，是促进企业发展和城市区域经济快速发展的有效手段。城市物流为企业经营创造外部环境，为企业生产提供保障，为企业发展提供支撑。城市物流与经济发展密切相关：城市物流是城市经济的支柱；城市物流是区域经济发展的保障。城市物流以提高城市物流效益为目标：降低城市物流成本；提高城市物流服务水平；提升物流产业在城市国民经济发展中的地位。

四、城市物流系统的作用

（一）城市物流系统的集约作用

城市物流系统的集约作用主要表现在以下几方面。

1. 量的集约

将过去许多个货站、场的货物集约在一处。

2. 货物处理的集约

将过去多处进行分散的货物处理集约在一处。

3. 技术的集约

城市物流系统采用类似生产流程式的流程和大规模处理设备。

4. 管理的集约

利用现代化手段进行有效的组织和管理。

5. 信息的集约

把各自为政的企业信息收集、加工、传输、处理和指令集中在城市物流信息中统一进行，达到信息共享和集成。

（二）城市物流系统的有效衔接作用

衔接作用主要表现在实现了不同运输形式的有效衔接，实现了不同节点、不同用户终端运输的有效衔接。

（三）城市物流系统对联合运输的支撑作用和扩展作用

支撑作用主要表现在对已经应用的集装、散装等联合运输形式，通过城市物流中心使这种联合运输形式获得更大的发展；扩展作用主要表现在通过城市物流中心之间的干线运输和与之衔接的配送、集货运输，扩展联合运输的对象。

（四）城市物流系统对提高物流水平的作用

物流水平的提高作用主要表现在缩短了物流时间，提高了物流速度，减少了多次搬运、装卸和储存环节，提高了准时服务水平，减少了物流损失，降低了物流费用。

（五）城市物流系统对改善城市环境的作用

改善城市环境的作用主要表现在减少了线路、货站、货场及相关设施在城市内的占地，减少了车辆出行次数，通过集中进行车辆出行前的清洁处理，减少了噪声、尾气和货物对城市环境的污染。

（六）城市物流系统对促进城市经济发展的作用

对经济发展的促进作用主要表现为城市物流系统对物流成本的降低可以降低企业的库存和生产成本、消除企业的后顾之忧，从而促进经济的发展。

（七）城市物流系统可以起到增强城市竞争力的作用

可通过三个简单的指标来衡量城市的综合竞争力：一个是看城市人口的发展，另一个就是土地，还有一个是国民生产总值。城市的综合竞争力实际上通过人、地和国民生产总值的变化能够体现。物流业的发展可以吸引世界各地投资者的进入，可以从某一个侧面反映这个地区是不是有足够的魅力。物流业在改善区域经济发展和改善区域经济综合竞争中也有巨大的贡献。在改善环境方面，投资者的评价是最重要的。

五、城市物流系统的体系结构

城市物流系统由四大部分构成：物流组织平台、物流基础设施平台、物流信息平台和物流政策保障体系。

（一）城市物流组织平台

城市物流组织平台是城市物流系统的组织形态，亦是社会分工的必然结果，具有能动性的组织作用、丰富性的组织内容和平等性的组织关系等特点。城市物流组织平台分为两个层次：第一是城市物流的参与主体；第二是城市物流的市场体系。

城市物流的参与主体是构成城市物流系统的基本要素，可分为物流需求主体、物流供给主体、物流中介和地方政府四种类型。物流需求主体包括众多的企事业货主用户、政府部门、消费者个人和家庭等；物流供给主体包括传统的运输企业、仓储企业和新型的第三方物流商等物流企业。

物流需求主体参与市场活动的主要目的有两个：一是通过接受物流服务获得其效用的满足，实现货物的时空效用；二是在获取物流运输效用满足的同时，追求经济性，即用较少的代价获得物流服务，降低自身的经营成本，取得相应的经济效益。

物流供给主体是指提供物流服务的组织和企业，物流供给主体以提供物流服务获得相应的经济利益为目标，以追求最大利润为最终目的。根据物流的供给形式，可将物流供给主体分为三类：一是传统的运输和仓储企业，所从事的是与物流有密切关系的运输和仓储服务；二是现代物流企业，这类企业经营的业务主要是提供全面的物流服务，包括第三方物流企业、物流园区、物流中心、配送中心等；三是城市物流系统物流基础的建设者，包括物流装备制造企业、物流基础设施企业、物流信息技术企业等。物流中介是指介于物流供给主体与物流需求主体之间并为之服务的物流中间组织，如物流交易场所、银行、保险、物流行业协会、物流科研单位、物流教育部门等。它们为物流供给与需求者提供交易代理、金融保险、培训交流等中介服务。

地方政府作为一个特殊的物流参与主体，一方面它们是物流服务的需求者，另一方面它们又是物流市场发展的引导者和调控者。由于政府部门具有物流市场消费者和物流市场管理者的双重身份，有必要对政府的物流管理体制进行改革。

（二）城市物流基础设施平台

城市物流基础设施分为三大类：首先是基础设施类，包括机场、铁路、道路、航路及管道网络、仓库、物流园区、配送中心、站场、停车场、港口与码头等；其次是设备类，包括物流园区、配送中心内部的各种运输工具、装卸搬运机械、自动化作业设备、流通加工设备、信息处理设备及其他各种设备；最后是标准类，包括物流术语标准、托盘标准、包装标准、卡车标准、集装箱标准、货架标准、商品编码标准、商品质量标准、表格与单证标准、信息交换标准、仓库标准、作业标准等。其中，物流园区、物流中心、配送中心、货运通道、配送道路体系是城市物流系统的核心。

从层次结构来看，城市物流基础设施平台分为以下两个层次。

第一为面向城市圈物流、省际物流和国际物流的基础设施，如物流园区和城市货运干线。其中，物流园区是指由多家物流企业或与物流相关的企业在空间上集中布局的场所，具有多功能、高层次、集散功能强、辐射范围广、有突出地位的社会化物流节点，一般位于城郊接合地区，并与城市外围交通基础设施相连，如机场、港口、铁路货运站、高速公路转运站。

物流园区主要分为四类：①转运型物流园区，是指可实现两种以上运输方式转换的物流园区。②存储配送型物流园区，是指以大规模的仓库群为基础、以存储配送为主要功能的物流园区。③流通加工型物流园区，是指具备部分加工功能、实现了厂商产品到客户转换衔接的物流园区。④综合型物流园区，是指同时具有以上功能的物流园区。

城市货运干线是指货物进出城市的主要运输通道，一般由国道、省道、高速公路、铁路、水运航线、航空运输线等构成。

第二为面向市内配送的基础设施，如配送中心和配送道路体系。配送中心是指从事配送业务的物流场所或组织，其具有下列特点：主要为特定的用户服务、配送功能健全、完善的信息网络；辐射范围小；多品种、小批量；以配送为主、存储为辅。

（三）城市物流信息平台

现代信息技术发展是现代物流理念及物流产业形成的基础和前提条件。一方面，微机和数据处理技术的商业化和广泛使用，提高了各物流环节信息采集能力和使用效率，为提高物流作业水平和管理水平提供了可靠的信息技术基础。另一方面，数据交换和通信技术的发展，使得管理者能够将物流活动作为一个整体或系统来进行运作、管理和控制，从而逐步转变为一个系统观念。

城市物流信息平台是要解决城市内各个企业、各种市场、各个物流节点和政府相关行政管理部门之间的信息采集、集成、共享以及各类信息通道之间的互通互联问题，同时也要与城市公共信息平台及城市圈物流、省际物流、国际物流的信息平台进行信息交换。城市物流信息平台包括四层体系结构：物流公共信息系统、物流信息交换系统、物流电子交易系统和物流信息标准化体系，其中物流公共信息系统是城市物流信息平台的核心。

第三节　城市物流配送的发展环境

一、城市物流配送环境概述

城市物流配送作为派生需求，从系统的角度考虑，它不仅受到需求方和供给方的影响，还受到社会其他因素的制约，如城市所在地理环境，人口、社会文化环境，经济环境以及政策环境。

（一）城市物流配送的地理环境

城市物流配送的地理环境包括自然地理环境和城市规划空间结构两方面。不同的地理环境会对城市所在区域人们的生产、生活特点，以及该区域的发展水平、发展方向和城市化水平产生巨大的影响，进而影响城市物流配送的发展。

1. 自然地理环境

自然地理环境是指城市所处的地理位置及与此相联系的各种自然条件的总和，包括气候、土地、河流、湖泊、山脉、矿藏及动植物资源等。不同地区城市的自然地理环境存在较大差异，从而对物流配送产生较大影响。

2. 城市规划空间结构

城市规划空间结构是城市要素在空间范围内的分布和连接状态，是城市经济结构、社会结构的空间投影，是城市社会经济存在和发展的空间形式。

城市是由分属于经济、社会、生态等系统的诸多要素构成的社会经济综合体，城市各类要素在城市空间范围内表现为一定数量，形成各自的密度。城市密度是城市各构成要素密度的一种综合。合理的城市密度有利于促进生产的专业化和社会化，提高社会劳动生产率；有利于基础设施和公共服务设施的建设，节约使用土地和资源，降低生产成本；有利于信息的传递和交流、刺激竞争，培养和提高劳动者的文化和技能；有利于缩短流通时间，降低流通费用，加速资本周转；有利于城市政府进行管理，降低管理成本，提高管理效能。

合理的城市布局能缩短人流、物流、信息流、资金流的流动空间和时间，提高城市效益；能合理地利用城市的土地和自然条件，建立合理、便捷的交通联系；能避免城市各物质实体或要素的相互干扰。城市空间结构的差异主要体现在以下三个方面。①城市规模：规模巨大的城市有一个或多个城市副中心；而规模较小的城市只有单一中心，没有明显的功能分区。②城市职能：工业城市的工业用地所占比例较大，如鞍山；而香港商业、金融城市的商业用地面积大，工业用地面积很小，甚至没有工业区。③自然地理环境：如宜昌、兰州这样的沿江河城市，城市用地沿江狭长布局；十堰这样的山区城市则沿山谷绵延扩展；沿海城市则多以港口为中心向腹地扩展，如大连；平原地区的城市则以中心城区为中心向四周均匀扩展，如保定。

城市形态是城市空间结构的整体形式，是城市内部密度和空间布局的综合反映，是城市三维形状和外瞻的表现。

（1）城市地域功能区的特点与形成因素

城市通常是它所辖区域内的政治、经济、文化中心，是周围广大农村地区的中心地，具有购物、餐饮、交通、通信、文化、卫生、教育等职能。城市中的各种经济活动需要占有或利用一定的城市土地，由于城市土地面积相对有限，各个地块的交通可达性和地价等也各不相同，因此，经济活动之间必然要发生空间竞争，导致同类活动在空间上高度聚集，从而形成了功能区，如中心商务区、商业区、住宅区、文化区、工业区等。各种功能区之间并无明确的界线，每种功能区以某种功能为主，并可能兼有其他功能。例如，住宅区里常混有商店、工厂等，只是商店和工厂用地面积所占的比重较低。

城市地域功能分区的主要成因如下：

①发展规律

城市的雏形——集市阶段，商业区从其他功能区分离出来、产业革命后工业大发展、工业的集聚效应使工业区与住宅区分离。现代社会人们的经济收入和消费水平的差异及对环境质量的不同要求，使住宅区进一步分化成了高级住宅区和低级住宅区。

②经济因素

城市土地利用类型决定于土地租金和租金支付能力，即土地租金的高低是与经济活动租金支付能力的高低相对应的。

影响地租价格水平的因素主要有两方面：一是距市中心距离；二是通达度，即交通条件。一般市中心形成地租高峰，市中心外围和交通干线交会处形成次高峰。

影响租金支付能力的因素主要是经济活动产生的效益，即利润高低。支付能力的一般顺序是商业＞居住＞工业，因此造成城市中心为中心商务区，中心附近和交通干线交会处形成外围商业区或次级商务区、干线沿线为工业区，通达度较差的地区为住宅区的现状。

③社会因素

住宅区分化的主要原因有以下几种：第一，收入高低，代表着人们的社会地位，决定了人们的消费水平。收入低的中低产阶层居住在工业区附近，属低级住宅区；收入高的中高产阶层往往有私家车，对居住环境要求高，往往居住到郊区环境优越地区，属高档住宅区。第二，地区知名度，知名度高的小区往往吸引更多的人居住，形成高级住宅区。

（2）城市空间结构的合理规划

规划城市物流通道、结点设施的布局应该同城市开发建设规划紧密联系，作为城市整体规划的一部分。

城市规划是一定时期内城市发展的计划和各项建设的综合部署。“一定时期”一般指 5 年、10 年、20 年，甚至更长时间。“各项建设”除指工业区、商业区、住宅区外，还包括供水、排水、电力、道路、防洪、防火等建设项目。“综合部署”指建设和规划城市考虑时间的长久性和因素的整体性。

城市能否最有效地进行生产和生活活动，很大程度上取决于城市各项建设用地之间的关系是否得到妥善、合理的处理，即是否对城市用地进行合理的功能组织。

（二）城市物流配送的人口、社会文化环境

城市的人口、社会文化环境能够对城市居民的意识形态、行为方式及企业的生产经营和城市物流的配送均产生重要影响。

1. 城市物流配送的人口环境

人口环境是指人口的数量、结构及分布等情况。人口环境既是企业生产经营活动必要的人力资源条件，又是企业的产品和劳务的市场条件，因而是企业生产经营的重要外部环境。

（1）人口数量及增长率

人生下来就是天然的消费者，其消费行为贯穿于整个生命。在收入水平和购买力大体相同的条件下，人口数量的多少直接决定了市场规模和市场发展的空间，即人口数量与市场规模成正比。

世界人口的增长速度对商业有很大的影响，人口增长意味着人类需求的增长。但只有在购买力有保证的前提下，人口增长才意味着市场的扩大。城市人口数量的增长会影响商品交易的发展，会刺激城市物流配送的快速发展。

（2）人口结构

人口结构是指共同组成特定人口总体的各种具有相同或相似特征的亚群体之间的比例关系。

人口结构包括年龄结构、教育结构、家庭结构、收入结构、职业结构、性别结构、阶层结构和民族结构等多种因素。其中，年龄结构最重要，直接关系到各类商品的市场需求量，以及企业目标市场的选择。

人口年龄结构可以划分为学龄前儿童、学龄儿童、青少年、25 ～ 40 岁的

年轻人、40 ～ 65 岁的中年人和 65 岁以上的老年人六个年龄段。

在市场上、每个年龄段的人数不同，需要的商品也不相同，如没有收入和购买能力弱的学生，单身贵族，双职工没有孩子的家庭，双职工有孩子的家庭，低收入的城市职员，富裕的老年人等。

家庭是构成社会的最基本单位，也是构成市场最基本的消费单位。对于现代家庭来说，需要的不仅是物质性的东西，也包括一些重要的非物质性的东西，如健康、快乐、享受、发展等精神上的需求，而这些都离不开家庭消费能力的发展。在家庭消费中、家庭成员的消费能力如何，直接影响到消费资料的有效利用率，从而影响到家庭的消费质量。从生活必需品、日常用品到耐用消费品，绝大多数商品都是以家庭为单位而购买和消费的。一个国家或地区的家庭单位和家庭平均成员的数量，以及家庭组成状况等，是家庭消费模式和消费量的重要影响因素。例如，我国社会的家庭结构正在趋于小型化，过去的几代同堂已为三口之家或四口之家取代；在城市中，很多青年人在结婚前已独自居住；单亲家庭、独身家庭的比重也在上升。而家庭结构在很大程度上决定了消费结构，因此，家庭结构的变化使得我国城市家庭生活对日常生活用品和服务的需求也在逐渐向快捷、便利、全面发展。

（3）人口分布

人口分布可以从人口的城乡分布与地域分布两方面体现。

从城乡人口分布看，中国城镇特别是大中城市人口少、密度大、消费需求水平高；乡村人口多、密度小、消费需求水平低。但随着社会经济与文化的发展，城乡差距将日趋缩小、乡村市场蕴含着巨大的发展潜力，许多在城市已饱和的商品市场，在乡村却尚属空白。

从区域人口分布看，中国东部沿海地区经济发达，人口密度大、消费水平高；中西部地区经济相对落后，人口密度小，消费水平低。随着我国西部大开发战略的实施，必然推动西部地区的经济发展，刺激西部市场需求大幅度提高。

随着中国改革开放向纵深推进，户籍制度与用工制度不断变革，以及因城乡经济、区域经济发展不平衡而产生的利益驱动机制的作用，城乡之间、地区之间人口在数量和质量上都呈现出强势流动，这必将引发许多新需求及新的市场机会。

2. 城市物流配送的社会文化环境

社会文化环境包括居民受教育程度、风俗习惯、价值观念等。

（1）居民受教育程度

市场经济有两大市场——生产要素市场和消费品市场，在完全竞争的情况下，两个市场应该是良性循环的统一体，人在这两个市场中的意义集中表现在：人是生产的主体，又是消费的主体。人必须具有生产能力，教育能培养人的生产能力；同时，人也是要消费的，其整个生命的质量最终通过消费而体现出来，因此，教育也应该致力于提高人的消费水平和培养人的消费能力。

众所周知，教育对促进社会发展和人类自身发展有着重要作用。现代社会和科技发展证明，居民受过高等教育能更好形成推动社会和经济发展的巨大力量。社会经济的发展对人口素质具有客观要求，经济发展水平越高，对人口素质要求也越高，提高人口素质的推动力就越大。同样，人口受教育程度的提高也需要一定的社会物质条件，即教育事业发展水平、规模和结构，而这些都依赖于社会经济发展水平。因此，一个地区人口受教育程度的高低，既是长期经济增长作用的结果，也是其经济发展和社会发展多种因素作用的结果。

（2）风俗习惯

民族风俗习惯是指各民族在物质生活和精神生活方面广泛流行的风尚、习俗，它表现在民族的衣、食、住、行、婚姻、丧葬、节庆、娱乐、礼仪等多方面的活动中，并反映着民族的经济生活、自然环境、历史传统、生产方式和心理感情。它是民族的显著特征之一，也是构成民族文化的重要组成部分。在大型的宗教节日或民族的传统节庆日时，城市里经常会有隆重的宗教仪式或民族庆典活动，会有大量的人流流动，会产生大量的物流需求，此时需要城市物流业提供高质量的物流保障，保证活动所需的物资及时送达。

我国人口由多民族构成。不同民族的消费者有不同的风俗、生活习惯需要。

（3）价值观念

价值观念是一种主观意识，会随客观环境的变化而改变，是对政治、道德、金钱等事物是否有价值而进行主观判断后，形成的主观看法。一个人的价值观念会不断变化。价值观念是后天形成的，是通过社会化培养起来的。家庭、学校等群体对个人价值观念的形成起着关键的作用，其他社会环境也对个人价值观念的形成有重要的影响。

消费观的养成不仅受到收入水平、物价水平及生活环境等因素的制约，而且受到传统文化与价值观的影响。从消费者产生消费需求、获取产品信息、选择评判，到做出购买决定及售后评价，每一阶段消费者都有自己的价值理念。例如，中华民族有着悠久的历史文化，并在漫长的历史发展过程中形成了自己独特而伟大的民族性格和民族精神，这些传统文化与价值观对消费者行为的影响是不可忽视的。无论是诚信为首的理念，还是勤俭消费的观念，都直接或间接地体现着中国传统文化的价值遗留和影响。

生活方式是消费者个体的内在属性与外在影响交互作用形成的一种综合概念，可以定义为人们花费时间和金钱的类型，它集中反映在消费者的活动、兴趣和意见三个方面。个人的生活方式不仅深受社会环境的影响，还受到个人人格与价值观的影响，进而影响个人的决策、一般的行为与追求的利益，甚至有可能产生特定的消费者行为方式。

（三）城市物流配送的经济环境

经济环境主要是指一个国家或地区的社会经济制度、经济发展水平、产业结构、劳动力结构、物资资源状况、消费水平、消费结构及国际经济发展动态等。

城市物流配送的宏观经济环境主要包括国家经济的发展阶段和发展水平、经济制度与市场体系、收入水平、财政预算、贸易与国际收支状况等。

（四）城市物流配送的政策环境

物流政策具有公共物品的属性，完善的物流政策体系一方面可减少或降低物流的外部经济状况，如交通拥挤、交通事故、噪声污染、空气污染等；另一方面可扶持与促进物流事业的发展，加速物流基础设施建设和完善，从而提高微观物流效率。

物流政策是指为了指导影响物流经济活动所规定并付诸实施的准则和措施。它主要是通过对税收、价格、利率等经济杠杆或者是相关的法律法规的制定，再或是依靠权力机构采用指令、指标、下达任务等行政手段来达到对物流产业和经济的影响。

1. 城市物流配送政策

物流配送政策体系就是指在政府意志及物流规划下制定有利于发展现代物流的政策法规，包括物流法规、市场管理（准入、运作、监管）、项目规划、协调机制、行业政策、行业标准、技术支持、财政政策、土地政策、税收政策、金融政策、交通管理政策和人才政策等。

2. 道路运输政策

交通运输体系与城市配送是紧密联系在一起的，为了使二者共同发展，需要协调好二者之间的合作。城市配送系统运营作业过程中，需要大量配送车辆，车辆出行则增加了噪声、尾气排放和拥堵。不仅对城市交通系统产生影响，也会造成一定的环境污染。因此，在不影响城市配送的前提下，优化城市交通，提高道路利用率，不仅能够更好地减少城市拥堵，提高配送效率，同时也提高了道路的利用率，使交通与城市配送协调发展。

道路运输政策的目标包括以下几项。

（1）促进道路运输的不断发展

如形成最有利的道路运输业结构形态、选择和扶持战略产业、通过重点发展带动道路运输业的全面繁荣、促进技术开发和应用推广；提高产业效率、促进运输生产集中；保障规模经济效益；防止大量小企业过度竞争；等等。

（2）实现道路运输业结构的合理化和高度化

如强化道路运输基础设施建设、防止道路运输业内部的过度竞争、协调运输发展与环境的关系、强化对技术创新与科技成果产业化的支持力度；推动新兴产业的发展、重视产业布局的合理化；等等。

（3）提高全行业集约化、规模化、组织化经营程度

通过市场引导企业走集约化、组织化、规模化的道路。具体目标包括增加运输能力、运输基础设施的有效供给能力；使运输结构更加合理，骨干运输企业主导市场的作用更加显著；不断完善道路运输网络。

（4）推进道路运输法制化进程

如运输法规体系基本健全；建立公平竞争、规范有序的道路运输市场体系

和安全、优质、高效的道路运输服务体系。

相应的，道路运输政策可以划分为道路运输组织政策、道路运输结构政策、道路运输布局政策和道路运输技术政策。

①道路运输组织政策是指为了获得理想的道路运输市场效果，政府制定的干预市场结构和市场行为，调节运输企业之间关系的经济政策。其实质是协调竞争与规模经济之间的矛盾，以维持正常的市场秩序，促进有效竞争态势的形成。从政策取向看，该类政策可以分为两大类：一是鼓励竞争、限制垄断的竞争促进政策，它的着眼点在于维持正常的市场秩序；二是鼓励专业化和规模化经济的合理化政策，它的着眼点在于限制过度竞争。

②道路运输结构政策是指政府制定的通过影响与推动道路运输业结构调整和优化来促进道路运输增长的经济政策。道路运输结构政策的核心和焦点是推动技术创新。

③道路运输布局政策是指政府根据道路运输业的技术经济特性、国情国力和地区发展状况，对道路运输产业的空间布局进行科学引导和合理调整的政策，包括地区发展重点和产业集中发展战略，该政策的实施主要是通过道路运输规划来实现。

④道路运输技术政策是指国家对道路运输业技术发展实施引导、选择、促进与控制的政策总和。一般包括道路运输业技术的指导方针、发展目标、主要任务及规划实施等。

政府的政策通过企业作用于市场。由于政府与企业追求的最终目标不同，在城市货运交通措施与手段的推行方面出现步调不一致的现象，即企业往往比较注重对自身运营有利的举措，而政府是从土地使用、基础设施和法规政策来推进城市货运交通的发展。因此，在城市货运交通发展的过程中，企业和政府应相辅相成、共同协商制定对城市物流配送发展有利的相关措施。

道路运输政策的形式按照作用方式可以区分为直接管理、间接引导和法律规制三大类型。其中，直接管理包括政府以配额制、许可证制、审批制、政府直接投资经营等方式，直接干预道路运输业的资源分配与运行态势，及时纠正运输活动中与道路运输政策相抵触的各种违章行为，以保证预定目标的实现。

而间接引导方式是指通过提供行政指导、信息服务、税收减免、融资支持、财政补贴等方式，引导企业在利益驱动下自主决定服从政府的政策目标。所谓法律规制通常适用于比较成熟和比较稳定的政策，是以立法方式来严格规范企业行为、政策执行机构的工作程序、政策目标与措施等，以保证预定政策目标的实现。

二、城市物流配送带来的影响

物流的发展同城市环保始终是一对矛盾，如何协调物流同城市环境的关系，成为城市物流合理化的永恒主题。

（一）城市物流配送的环境分析

城市物流配送活动对城市环境产生了巨大影响，针对不同的污染需要不同的改善措施。

1. 物流配送活动对环境的影响

（1）物流造成环境影响的主要原因

①粗放式的物流

粗放式的物流往往是发展中国家容易出现的问题，其原因在于为了加快物流发展速度，过分关注数量的增长，忽略了物流发展对环境的影响。同时，重心的偏移造成不合理物流现象的普遍存在，如单位经济增长付出过多的运能、运力，从而造成交通的混乱和排放物的增加。

②缺乏合理的规划

物流设施，无论是节点还是通道，都需要占用大量资源，规划不当会造成这种资源的浪费。这些资源不但有土地资源，而且会消耗大量能源，如物流规划的混乱造成了节点之间无效运输的增加，进而消耗了大量能源。

③与物流标准化有关

尤其是在推行标准化过程中，只重视物流设施、设备、工具、车辆技术标准等内在标准的研究，而忽视物流对环境及社会影响。所以，在推行物流标准化时，必须将物流对环境的影响放在标准化的重要位置上，除了各种反映设备能力、效率、性质的技术标准外，还要对安全标准、噪声标准、排气标准、车速标准等做出具体的规定。

（2）活动对环境造成的不同程度影响

城市物流配送包括储存、包装、流通加工、装卸等活动，这些活动对环境造成了不同程度的影响。

①储存对环境的影响

在储存过程中，一是储存物品可能因作业不当发生物理、化学变化产生有毒有害物质；放射性和易燃易爆物品的储存方法不当，可能对人身和财产安全造成威胁；商品储存中心必须对商品进行养护、采用化学方法，如喷洒杀虫剂，对周边生态环境会造成污染。二是一些商品，如易燃、易爆、化学危险品由于保管不当，发生爆炸或泄漏也对周边环境造成污染和破坏。三是物流作业时，会产生噪声。

②包装对环境的影响

商品一次性的包装材料和包装方式，不仅造成资源的极大浪费，而且严重污染环境。目前市场上常用的不少包装材料是不可降解的，会对环境造成严重影响。大多数商品包装是一次性使用，这些包装材料不仅消耗了有限的自然资源，还是城市垃圾的重要组成部分。过度包装或重复包装，造成资源的浪费，不利于可持续发展。

（3）流通加工对环境的影响

不合理的加工方式会对环境造成负面影响。

①流通加工中资源的浪费或过度消耗，如餐饮服务企业对食品的分散加工，既浪费资源，又污染空气。

②分散的流通加工产生的边角废料，难以集中和有效再利用，加工产生的废气、废水和废物都对环境和人体构成危害，造成环境污染。

③流通加工中心选址不合理，会造成费用增加和有效资源的浪费，还会因增加了运输量而产生新的污染。

（4）装卸对环境的影响

装卸搬运在物流过程中起承上启下的作用。因装卸不当使商品损坏，造成资源浪费和废弃物的产生，还有可能对环境造成污染，如化学液体商品的泄漏，造成水土污染等。因此，无论使用起重机、叉车、小型搬运车、输送机等装卸搬运设备，还是手工搬运，均难免造成物品的完全或局部损坏或液态物品的泄漏，产生固体、液体废物。装卸搬运设备工作时也会产生大量噪声。

（5）信息活动对环境的影响

随着计算机的普及和企业内部信息系统的建设，信息活动也出现了环境问题。如机房里计算机设备的密集布设产生的辐射可能危及员工的健康；信息泛滥成灾，信息污染严重，信息障碍加剧，信息差距扩大，信息犯罪增多，信息资源分布悬殊等。物流信息在供应链中传递时产生信号膨胀，也会导致生产和供应过剩，浪费资源。

（6）物流基础设施对环境的影响

物流活动中需要大量的仓库、车站、码头、公路、铁路、水路等基础设施，需占用大量的土地并对自然环境造成破坏。

（7）运输对环境的影响

城市物流配送中的运输环节对环境的影响主要体现在废气物、噪声污染、震动、扬尘及有毒物的污染等方面。

尾气排放物污染是市区货物运输给城市造成的主要问题之一。在现代化大城市，汽车尾气排放已经是环境污染最严重的因素。尾气在直接危害人体健康的同时，还会对人类生活的环境产生深远影响。尾气中的二氧化硫具有强烈的刺激气味，达到一定浓度时容易导致“酸雨”的发生，造成土壤和水源酸化，影响农作物和森林的生长。

2. 改善城市物流配送环境的措施

（1）实行物流合理化运作

减轻物流的环境负担，根本的办法是实行物流合理化运作。应当提高铁道和水运的比重，减少对环境危害最大的汽车运输。

很多研究表明，在多种可选择的运输方式中，公路的资源占用（包括能源消耗、土地资源占用等、人力资源占用）为最高。从对环境影响来看，对环境的破坏作用也是以汽车运输为最高。减轻公路运输对环境负担的措施如下：把铁路、公路、水运的合理结构作为宏观调控的目标，增加铁路物流量，降低公路的物流量。将铁路、水运的干线运输和公路的集散运输作为物流合理化的一个重要课题，发展多式联运，限制汽车的长距离、大量运输，从而在减少污染的同时提高物流系统的能力。依靠科学技术，采用无铅汽油、清洁燃料，从能源的源头来解决和降低污染。在城市中心行驶的配送车辆，采用低污染的先进运输设备；大型运输汽车限制进入城市地区；对排放标准不合格、噪声、震动过大的运输车辆，实行严格的交通管制。

（2）采用管道输送的物流方式。

通过采用管道运输的物流方式解决液体、气体、粉状物对环境的污染，如石油、石油气、煤粉、矿粉等。

（3）合理规划物流节点和物流通道的分布。

对物流节点实行集约化建设与管理，使物流节点远离居民稠密地区，是解决和降低噪声、粉尘、震动及尾气污染的有效措施。为此在规划物流节点，如物流基地、物流中心等，应当远离城市中心区并且适当集中分布，配送中心应当和居民稠密区保持适当距离。

3. 推行绿色物流

树立绿色物流观念。人们开始意识到：一切经济活动都离不开大自然，取之于大自然，复归于大自然。于是，循环经济或绿色经济应运而生，引起人们经济行为的变化，甚至社会经济结构的转变，一系列新的市场制度和经济法规，迫使企业降低环境成本而采用绿色技术，进行绿色生产、绿色营销及绿色物流等经济活动。

（1）推行绿色物流经营

①选择绿色运输。通过有效利用车辆、减少车辆运行次数，提高配送效率。例如，合理规划网点及配送中心、优化配送路线、提高往返载货率；改变运输方式，由公路运输转向铁路运输或海上运输；使用绿色工具，降低废气排放量等。

②提倡绿色包装。包装不仅是商品的卫士，而且也是商品进入市场的通行证。绿色包装要醒目环保，还应符合4R要求，即少耗材(reduction)、可再用(reuse)、可回收（re-claim）和可再循环（recycle）。

③开展绿色流通加工。由分散加工转向专业集中加工，以规模作业方式提高资源利用率，减少环境污染，集中处理流通加工中产生的边角废料，减少废弃物污染等等。

④收集和管理绿色信息。物流不仅是商品空间的转移，也包括相关信息的收集、整理、储存和利用。绿色物流要求收集、整理、储存的都是各种绿色信息，并及时运用于物流中，促进物流的进一步绿色化。

（2）开发绿色物流技术

绿色物流不仅依赖于绿色物流观念的树立、绿色物流经营的推行，更离不开绿色物流技术的开发和应用。

（3）制定绿色物流法规

在宏观方面对绿色物流进行管理和控制，尤其是要控制物流活动的污染发生源。物流活动的污染源主要表现在运输工具排放的废气、流通加工过程产生的废水、一次性包装的丢弃等。因此，他们制定了诸如治理污染源、限制交通量、控制交通流等相关政策和法规。国外的环保法规种类很多，有些规定相当具体、严厉，国际标准化组织制定的最新国际环境标志也已经颁布执行。

4. 控制废气排放与噪声污染

控制废气排放的措施主要体现在汽车燃油的改用、汽车发动机内部的调试、发动机外部尾气净化、发动机内部净化处理等方面。

各国通过制定汽车尾气的排放标准，来控制废气排放。欧洲汽车尾气排放标准是欧盟国家为限制汽车排放污染物对环境造成的危害而共同采用的汽车尾气排放标准。当前对几乎所有类型的车辆排放的氮氧化物、碳氢化合物、一氧化碳和颗粒物都有限制，如小轿车、卡车、火车、拖拉机和类似机器、驳船，但不包括海轮和飞机。对每一种车辆类型，排放标准都有所不同。

交通噪声污染问题产生的原因主要有两方面。一个是地面交通设施已经存在或者已有规划、在其邻近区域建设学校、医院、住宅等噪声敏感建筑物，由于规划布局不合理、未预留必要的防噪声距离，造成噪声敏感建筑物投入使用后出现交通噪声污染问题。另一个更重要的原因则是地面交通设施的建设或是运行造成的环境噪声污染。建设经过已有的噪声敏感建筑物集中区域的高速公路和城市高架、轻轨道路，有可能造成环境噪声污染的、应当设置声屏障或者采取其他有效的控制环境噪声污染的措施。除新建地面交通设施可能会产生环境噪声污染外，一些地面交通设施投入运行后随着车流量的增加，或运行参数的改变（如铁路提速），还可能产生新的噪声污染问题。

控制噪声污染的方法如下。

（1）合理规划布局

交通噪声源与工业企业、建筑施工等噪声源不同，一般很难通过噪声管制手段（如限期达标、停产停业）解决其污染问题，而主要是通过合理规划进行提前预防，这才是根本性措施；一旦交通噪声污染已经构成，治理难度是很大的，有时甚至完全没有治理条件。为此，地面交通噪声污染控制首先要遵循的原则就是“坚持预防为主原则，合理规划地面交通设施与邻近建筑物布局”。

（2）分层次控制与各负其责

地面交通噪声污染防治必须根据噪声这种物理性污染的特点，从“源”“途径”“受体”三方面入手，分层次控制。对于噪声源控制，可采取的措施包括降低车辆噪声（提高设计制造水平，加强运行维护），以及对地面交通设施采用低噪声的建设构造和形式。对于削减噪声传声途径，可采取声屏障、绿化带等措施。对于敏感建筑物的保护，可采取建筑隔声设计、交通管理措施（限行、限速、禁鸣）等主动保护手段，也可采取安装隔声门窗，对室内声环境进行必要保护的被动防护手段。由于上述控制措施的实施主体各有不同，涉及车辆制造部门、交通设施建设单位、建筑设计单位、交通管理部门、环境保护部门等，各方应共同努力，各负其责，才能有效降低或消除交通噪声对环境的影响。

（3）优先实施噪声主动控制

在技术经济可行条件下，优先考虑对噪声源和传声途径采取工程技术措施，实施噪声主动控制。

（4）重点保护噪声敏感建筑物

地面交通噪声污染控制的最终目的，是保护人们正常生活、工作和学习的声环境质量，其重点是对“噪声敏感建筑物”进行保护，如医院、学校、机关、科研单位、住宅等。

（二）城市物流配送的安全性分析

城市居民私人交通工具激增、城市道路网规划布局不合理、货车不合理运输占用道路等方面的因素使得城市交通拥挤问题日益严重。而日益严重的交通问题，给城市居民的日常出行将带来极大的不便，也增加了交通事故发生频率。交通事故的发生不仅造成货物的破损、交通工具的受损，也给配送企业、配送服务的需求者带来巨大损失，更有可能给配送员工和城市居民带来生命安全的威胁。

交通事故的发生属于随机事件，具有偶然性。总的来说，诱发交通事故的原因是多方面的，但交通事故是在特定的交通环境条件下因人、车、路、环境构成的动态交通系统的某个环节上的失调所引起的。

在交通事故中，人为因素是主要因素。这里涉及驾驶员的技术水平、法律意识、个人素质甚至生理、心理健康状况等。

政府主管等相关部门可以通过以下措施减少交通事故：①完善道路工程设施，保持交通流连续单一，对主要交叉口进行科学的信号配时和渠化设计；②通过学习，引进国外先进的管理理念、方法和手段，建设城市现代化交通信息系统，建立能实时监测车辆、路段状况，及时传输交通信息的网络；③合理设计城市道路设计，设立清晰的道路指引标志，及时处理路面障碍，同时不断完善城市道路相关法律、法规。

第二章 城市物流配送信息技术及平台

第一节 物流配送信息技术

一、自动识别技术

自动识别技术就是应用一定的识别装置，通过被识别物品和识别装置之间的接近活动，自动地获取被识别物品的相关信息，并提供给后台的计算机处理系统来完成相关后续处理的一种技术。它是一种高度自动化的信息或者数据采集技术。

自动识别技术在全球范围内迅猛发展，形成了包括条码技术、射频技术、磁条磁卡技术、IC卡技术、光学字符识别、声音识别及视觉识别等集计算机、光、磁、物理、机电、通信技术为一体的高新技术学科。

（一）条码技术

条码技术是一种可印制的计算机语言。印刷在商品外包装上的条码，将世界各地的生产制造商、出口商、批发商、零售商和客户有机地联系在一起。它解决了计算机应用中数据采集的“瓶颈”，实现了信息的快速、准确获取与传输，是信息管理系统和管理自动化的基础。

1. 条码概述

条码是指由若干个黑色的“条”和白色的“空”所组成的一个单元。条码单元中，黑色条对光线的反射率低而白色空对光线的反射率高，再加上条与空的宽度不同，就能使扫描光线产生不同的反射接收效果，在光电转换设备上转换成不同的电脉冲，这些电脉冲就是信息，电脉冲通过网络传输其含有的信息。

条码技术具有输入速度快、采集信息量大、灵活实用、可靠性高、可扩展、经济便宜、设备简单、易于制作、可印刷且印刷成本低及读取精度高等特点。

因此，条码通常用来对物品进行标识。物品可以是用来进行交易的一个贸易项目，如一瓶啤酒或一箱可乐等，也可以是一个物流单元，如一个托盘等。所谓对物品的标识，就是首先给某一物品分配一个代码，然后以条码技术的形式将这个代码表示出来，并且标识在物品上，以便识读设备通过扫描识读条码技术符号而对该物品进行识别。条码技术是全世界通用的商品代码表示方法。

2. 条码的种类

条码种类很多，通常划分为一维条码和二维条码。

（1）一维条码

一维条码只是在一个方向（一般是水平方向）表达信息，而在垂直方向则不表达任何信息，其一定的高度通常是为了便于阅读器的对准。

一维条码的主要特征是简单直观，条码表示的信息与其下方的数字一致。生成设备与识读设备品种多、价格低。其不足之处在于：数据容量较小，30 个字符左右；离开了数据库的支持这类条码将变得毫无意义；只能包含字母和数字；条码尺寸相对较大（空间利用率较低）；条码遭到损坏后便不能识读。

一维条码按照应用可分为商品条码和物流条码。商品条码包括 EAN 码和 UPC 码，物流条码包括 128 码、1TF 码、39 码、库德巴码等。

① EAN 码

EAN 码是国际物品编码协会制定的一种商品用条码，通用于全世界，已成为电子数据交换（EDI）的基础。EAN 码符号有标准版 EAN-13 和缩短版 EAN-8 两种，我国日常购买的商品包装上所印的条码一般就是 EAN 码。

② UPC 码

UPC 码是美国统一代码委员会制定的一种商品用条码，主要用于美国和加拿大地区，我们在美国进口的商品上可以看到。

③ Code 39 码

Code 39 码是一种可表示数字、字母等信息的条码，主要用于工业、图书及票证的自动化管理，目前使用极为广泛。

④ Code 93 码

Code 93 码与 Code 39 码具有相同的字符集，但它的密度要比 Code 39 码高，所以在面积不足的情况下，可以用 Code 93 码代替 Code 39 码。

⑤库德巴码

库德巴码也可表示数字和字母信息，主要用于医疗卫生、图书情报、物资等领域的自动识别。

⑥ Code 128 码

Code 128 码可表示 ASCII 0 到 ASCII 127 共计 128 个 ASCII 字符。

⑦ 1TF 25 条码

ITF 25 条码，又称“交插 25 码”，是一种条和空都表示信息的条码，交插 25 码有两种单元宽度，每一个条码字符由五个单元组成，其中两个宽单元，三个窄单元。在一个交插 25 码符号中，组成条码符号的字符个数为偶数，当字符是奇数个时，应在左侧补，变为偶数。条码字符从左到右，奇数位置字符用条表示，偶数位字符用空表示。交插 25 码的字符集包括数字 0 到 9。

⑧ Industrial 25 条码

Industrial 25 码只能表示数字，有两种单元宽度。每个条码字符由五个条组成，其中两个宽条，三个窄条。这种条码的空不表示信息，只用来分隔条，一般取与窄条相同的宽度。

⑨ Matrix 25 条码

Matrix 25 码只能表示数字 0 到 9。当采用 Matrix 25 码的编码规范，与 ITF 25 码的起始符和终止符时，生成的条码就是中国邮政编码。

⑩国际标准书号

国际标准书号（international standard book number，ISBN），是国际通用的图书或独立的出版物（除定期出版的期刊）代码。国际标准书号由 13 位数字组成。前三位数字代表图书，中间的 9 个数字分为三组，分别表示组号、出版社号和书序号，最后一个数字是校验码。一个国际标准书号只有一个或一份相应的出版物与之对应。

（2）二维条码

由于条码应用领域的不断拓展，对一定面积上的密度和信息量提出了更高的要求。二维条码在水平和垂直方向的二维空间存储信息，具有密度高，信息含量大，保密、防伪性能好的特点，可以将照片、指纹、掌纹、视网膜、声音、签名、文字等可数字化的信息进行编码。因此，二维条码是实现证件、卡片、档案、照片、票据等大容量、高可靠性信息自动存储、携带并自动识读的最理想的方法。

二维条码根据构成原理、结构形状的差异，可分为行排式二维条码（2D stacked bar code），如PDF 417码、Code 49码和Code 16K码；矩阵式二维条码（2D matrix bar code），如QR code、data matrix、maxi code等。

① PDF 417码

PDF 417码由美国SYMBOL公司发明，PDF（Portable Data File）意为“便携数据文件”。因为组成条码的每一符号字符都是由4个条和4个空构成，如果将组成条码的最窄条或空称为一个模块，则上述的4个条和4个空的总模块数一定为17，所以称417码或PDF417码。

PDF 417码可表示数字、字母或二进制数据，也可表示汉字。PDF417码最大的优势在于其庞大的数据容量和极强的纠错能力。一个PDF417码最多可容纳1 850个字符或1 108个字节的二进制数据，如果只表示数字则可容纳2 710个数字。PDF417码的纠错能力分为9级，级别越高，纠正能力越强。这种纠错功能，使得污损的PDF417码也可以正确读出。当PDF417码用于防伪时，并不是PDF417码不能被复制，而是由于使用PDF417码可以将大量的数据快速读入计算机，使得大规模的防伪检验成为可能。PDF417码需要有417解码功能的条码阅读器才能识别。

② QR Code码

QR Code码由日本Denso公司研制，它具有信息容量大、可靠性高、可表示汉字及图像多种文字信息、保密防伪性强等优点外，还具有超高速识读、全方位（360°）识读的特点。

3. 条码的应用

条码技术是生产厂家、批发商、零售商、运输业者等经济主体进行订货和接受订货、销售、运输、保管、出入库检验等活动的信息源。由于标签易于制作，对设备和材料没有特殊要求，识别设备操作容易，不需要特殊培训，且设备也相对便宜，条码技术是迄今为止最经济、最实用的一种自动识别技术。条码技术由于在活动发生时能即时自动读取信息，因此便于及时捕捉到用户的需要，提高物品的流通速度，也有利于促进物流系统效率的提高，它的应用主要体现在以下方面。

（1）电子数据交换

作为EDI系统的基础数据，如果没有条码技术数据，一切有关商品的电子信息资料都无从开始。例如，货主（生产厂家、贸易商、批发商、零售商等）、承运业主（独立的物流承运企业等）、实际运送货物的交通运输企业（公路运输企业、铁路企业、水运企业、航空企业等）、协助单位（政府有关部门、金融企业等）和其他的物流相关单位（如仓库业者、配送中心等）等，若他们之间没有使用条码技术就无法进行信息的交流与沟通，则一切业务就无从谈起。

（2）储存管理

通过对条码的识别，掌握出入库商品的规格、数量、位置等信息资料，以支持库存管理和库内作业。根据条码技术所提供的信息进行拣货、选货或分货，实现高效率的配货作业。

（3）实施分类管理

根据条码技术信息，可以通过相关软件自动生成商品分类，从而支持了对重点商品和一般商品的分类管理，从而提高运输企业的经营管理水平，创造更多的利润。

（4）运输管理

通过对条码技术的识别，掌握货物在途情况，以支持运输作业，如运输过程的监控与信息反馈、运输车辆的安排、运输成本核算等，可以提高运输企业的运输能力、降低物流成本、提高服务质量，从而实现运输方式（或承运人）的选择、路径的设计、货物的整合与优化及运输车辆线路与时间的选择。

（5）供应链管理

通过条码所传递的信息，进行统计、结算、市场分析等经营管理活动。

（二）射频技术

无线射频识别技术（Radio Frequency Identification，RFID），也称射频技术，是20世纪90年代开始兴起的，是射频信号通过空间耦合（交变磁场或电磁场）实现无接触信息传递并通过所传递的信息无须人工干预达到识别目的的技术。它可识别高速运动物体并可同时识别多个标签，具有信息量大、操作快捷方便等特点。

1.RFID 技术原理

RF1D 系统在具体的应用过程中，根据不同的应用目的和应用环境，系统的组成会有所不同，但从 RFID 系统的工作原理来看，系统一般都由信号发射机、信号接收机、发射接收天线等组成。

（1）信号发射机（标签）

在 RFID 系统中，信号发射机为了不同的应用目的，会以不同的形式存在，典型的形式是标签（TAG）。标签相当于条码技术中的条码符号，用来存储需要识别传输的信息。与条码不同的是，标签必须能够自动或在外力的作用下，把存储的信息主动发射出去。

电子标签通常由标签天线（或线圈）及标签芯片组成。天线是标签与阅读器之间传输数据的发射、接收装置。标签芯片即相当于一个具有无线收发功能再加存储功能的单片系统。

电子标签具有各种各样的形状，但不是任意形状都能满足阅读距离及工作频率的要求，必须根据系统的工作原理，即磁场耦合（变压器原理）还是电磁场耦合（雷达原理），设计合适的天线外形及尺寸。在实际应用中，除了系统功率，天线的形状和相对位置也会影响数据的发射和接收，因而需要专业人员对系统的天线进行设计、安装。

可读写标签系统需要编程器。编程器是向标签写入数据的装置。编程器写入数据一般来说是离线（off-line）完成的，也就是预先在标签中写入数据，等到开始应用时直接把标签黏附在被标识项目上。也有一些 RFID 应用系统，写数据是在线（on-line）完成的，尤其是在生产环境中作为交互式便携数据文件来处理时。

（2）信号接收机（阅读器）

在 RFID 系统中，信号接收机一般叫作阅读器。根据支持的标签类型不同与完成的功能不同，阅读器的复杂程度不同。阅读器基本的功能是提供与标签进行数据传输的途径。另外，阅读器还提供相当复杂的信号状态控制、奇偶错误校验与更正功能等。标签中除了存储需要传输的信息外，还必须含有一定的附加信息，如错误校验信息等。识别数据信息和附加信息按照一定的结构编制在一起，并按照特定的顺序向外发送。阅读器通过接收到的附加信息来控制数据流的发送。一旦到达阅读器的信息被正确接收和译解后，阅读器通过特定的算法决定是否需要发射机对发送的信号重发一次，或者直到发射器停止发信号，这就是“命令响应协议”。使用这种协议，即便在很短的时间、很小的空间阅读多个标签，也可以有效地防止“欺骗问题”的产生。

RFID 技术有多种分类，从频率上可分为低频系统、高频系统和超高频系统；从读取方式上可分为主动式、被动式和半被动式 RFID；从信息存储方式上可分为集成电路固化式、现场有线改写式和现场无线改写式。

RFID 系统的主要性能指标是阅读距离，也称为作用距离，它表示在阅读器能够可靠地与电子标签交换信息的距离，即阅读器能读取标签中的数据的最远距离。实际系统这一指标相差很大，取决于标签及阅读器系统的设计、成本的要求、应用的需求等，范围在 0 ～ 100 m。典型的情况是，在低频 125 kHz、13.56 MHz 频点上一般采用无源标签，作用距离为 10 ～ 30 cm，个别系统的作用距离可达 1.5 m。在高频 UHF 频段，无源标签的作用距离可达到 3 ～ 10 m。更高频段的系统一般均采用有源标签。采用有源标签的系统作用距离可达到 100 m 左右。

从纯技术的角度来说，RFID 的核心在电子标签，阅读器是根据电子标签的设计而设计的。虽然，在射频识别系统中电子标签的价格远比阅读器低，但通常情况下，应用中电子标签数量是巨大的，尤其在物流应用中，电子标签有可能是海量并且是一次性使用的，而阅读器的数量则相对要少得多。

2.RFID 的应用

RFID 技术能够广泛应用于生产、物流、交通、运输、医疗、防伪、跟踪、设备和资产管理等需要收集和处理数据的领域，而在仓储物流管理、生产过程制造管理、智能交通、家电控制等方面更是引起了众多厂商的关注。

20 世纪 90 年代初的金卡工程推动了国内 IC 卡的应用和发展，也为 RFID

产业的推广与应用打下了基础。进入21世纪，RFID，尤其是13.56 MHz的RFID，已在国内得到广泛的应用，主要集中于身份识别、公共交通管理、物流管理等领域。

（1）身份识别

电子标签可以嵌入身份证、护照、工作证等各种证件中，用于人员身份识别，是目前RFID技术应用最为广泛和成熟的领域之一。我国第二代居民身份证，是基于ISO/IEC 14443-B标准的13.56 MHz电子标签。教育部学生购票优惠卡，也是基于ISO/IEC 15693标准的13.56 MHz电子标签。

（2）公共交通管理

电子车票具有交易便捷，快速通过，可靠性高等优点，所以越来越多的城市正在使用电子车票并准备给它增加更多的功能。在电子不停车收费系统（Electronic Toll Collection，ETC）特别是高速公路自动收费应用上，RFID技术可以解决原来收费成本高、管理混乱及停车排队引起的交通拥堵等问题，在这方面应用的电子标签因为要求能够远距离、快速识别，所以多工作在UHF或微波频段。

（3）供应链管理

在生产环节，可实现生产线、产品加工自动控制。如德国BMW公司将RFID系统应用在汽车生产流水线的生产过程控制中，Motorola公司在超净车间里利用RFID系统来控制流水线的零件流向等。

标签就是物品的“身份证”，借助电子标签，可以实现商品（原料、半成品、成品）在运输、仓储、配送、上架、最终销售，甚至退货处理等环节进行实时监控。每个产品出厂时都被附上电子标签，然后通过读写器写入唯一的识别代码，并将物品的信息录入到数据库中。此后装箱销售、出口验证、到港分发、零售上架等各个环节都可以通过读写器反复读写标签。

RFID技术提高了物品分拣的自动化程度，降低了差错率，使整个供应链管理变得透明而高效。具体来说，在零售环节，RFID技术可以改进零售商的库存管理，实现适时补货，有效跟踪运输与库存，提高效率，减少差错。同时，电子标签能够对某些具有时效性的商品进行有效期限的监控；商店还能利用RFID

系统在付款台实现自动扫描和计费，取代人工收款方式。在存储环节，RFID 技术最广泛的使用是存取货物与库存盘点，它能用来实现自动化的存货和取货等操作并进行实时自动盘点，从而增强作业的准确性和快捷性，提高服务质量，降低成本，节省劳动力和库存空间。在运输环节中，通过给在途运输的货物和车辆贴上 RFID 标签，可完成对设备的跟踪控制。

二、电子数据交换

电子数据交换（Electronic Data Interchange，EDI）是实现公司之间订单、发票等文件传输电子化的手段。EDI 技术是不同的企业之间为了提高经营活动的效率在标准化的基础上通过计算机联网进行数据传输和交换的方法。

（一）EDI 概述

EDI 是计算机到计算机之间的结构化的事务数据交换。在智能运输系统的商用车辆运营和多式联运领域中，EDI 及其国际标准 EDIFACT 是不可缺少的信息技术。

1.EDI 特征及构成

国际标准化组织（ISO）将 EDI 描述为：将商业或行政事务处理（transaction），按照一个公认的标准，形成结构化的事务处理或信息数据格式，从计算机到计算机的数据传输。国际电话与电报顾问委员会（International Telegraph and Telephone Consultative Committee，CCITT）对 EDI 描述为：计算机到计算机之间的结构化事务数据互换。联合国对 EDI 的定义为：用给定的标准编排有关数据，通过计算机向计算机传送业务往来信息。综上所述，EDI 是按照协议对具有一定结构特征的标准信息，经数据通信网络，在计算机系统之间进行交换和自动处理。即用户根据国际通用的标准格式编制报文，以机器可读方式将结构化的信息按照协议将标准化的文件通过通信网络传送。报文接受者按国际统一规定的语法规则，对报文进行处理，通过信息管理系统和作业管理的支持系统，完成综合的自动交换和处理。

EDI 具有以下特征：① EDI 是两个或多个计算机应用进程间的通信；②遵循一定语法规则与国际标准；③数据是自动的投递和传输处理而不需要人工介

入，由应用程序对它自动响应，从而实现事务处理或贸易自动化；④通信网络是 EDI 应用的基础，计算机应用是 EDI 的条件，标准化是 EDI 的关键。

EDI 是电子商业贸易的一种工具，将商业文件如订单、发票、货运单、报关单和进出口许可证，按统一的标准编制成计算机能识别和处理的数据格式，在计算机之间进行传输。

EDI 的目的是通过建立企业间的数据交换网来实现数据处理、数据加工等事务作业的自动化、省力化、及时化和正确化，同时通过有关销售信息和库存信息的共享来实现经营活动的效率化。EDI 的主要功能表现在电子数据传输和交换、传输数据的存证、文书数据标准格式的转换、安全保密、提供信息查询、提供技术咨询服务、提供信息增值服务等方面。全球大企业都应用 EDI 系统与它们的主要客户和供应商交换商业信息，因此，EDI 是信息流和物流相结合的关键技术。

2.EDI 软件及硬件

（1）EDI 系统软件部分

EDI 所需要的软件主要是将用户数据库系统中的信息译成 EDI 的标准格式以供传输交换。由于不同行业的企业是根据自己的业务特点来规定数据库的信息格式的，因此，当需要发送 EDI 文件时，从企业专有数据库中提取的信息，必须把它翻译成 EDI 的标准格式才能进行传输。所以，对一个要被传输的 EDI 报文来说，EDI 软件必须执行三项基本功能：格式转换功能、翻译功能和通信功能。

EDI 软件系统的核心是格式转换软件、翻译软件和通信软件。

①转换软件

从发送方来说，转换软件可以帮助发送方将原有计算机系统的文件，转换成翻译软件能够理解的平面文件；从接收方来说，将从翻译软件接收来的平面文件，转换成接收方计算机系统中的文件。

②翻译软件

从发送方来说，将平面文件翻译成 EDI 标准格式；从接收方来说，将接收到的 EDI 标准格式翻译成平面文件。

③通信软件

从发送方来说，将 EDI 标准格式的文件外层加上通信信封再送到 EDI 系统交换中心的对方邮箱中；从接收方来说，由 EDI 系统交换中心，将接收到的文件取回。

（2）EDI 系统硬件部分

①调制解调器和路由器

由于使用 EDI 来进行电子数据交换，需通过通信网络，因此，调制解调器和路由器是必备的硬件设备。

②数据通信网

这是实现 EDI 的手段与技术基础。为了传递文件，必须有一个覆盖面广、高效安全的数据通信网作为其技术支撑环境。由于 EDI 传输的是具有标准格式的商业或行政文件，因此除了要求通信网具有一般的数据传输和交换功能之外，还必须具有格式效验、确认、跟踪、防篡改、防盗窃、电子签名、文件归档等一系列安全保密功能，并且在用户间出现法律纠纷时能够提供法律证据。各种数据通信网络（如公众电话网、专用网、分组交换网等）都适用于构成 EDI 的网络环境。

（二）EDI 的应用

通过 EDI 技术，物流企业与客户间，以及物流企业与管理职能部门间可以实现快速数据传输交换，实现单证作业的电子化，提高作业和管理效率。EDI 技术应用的关键是 EDI 数据的标准化，企业间不同的标准使得 EDI 的应用受到限制，EDI 在公共物流信息平台上应用，必须要求各类单证的格式化和各类协议合同的规范化。

三、全球卫星定位系统

全球卫星定位系统（Global Positioning System，GPS）是 20 世纪 70 年代由美国陆海空三军联合研制的空间卫星导航定位系统。其主要目的是为陆、海、空三大领域提供实时、全天候和全球性的导航服务，并用于情报搜集、核爆监测和应急通信等军事活动。

（一）GPS 概述

GPS 是一个由覆盖全球的 24 颗卫星组成的卫星系统，它可以保证在任意时刻，地球上任意一点都可以同时观测到 4 颗卫星，以保证卫星可以采集到该观测点的经纬度和高度，以便实现导航、定位、授时等功能。

GPS 定位精度高。实践证明，GPS 相对定位精度在 50 km 以内可达 10^{-6}，100 ～ 500 km 可达 10^{-7}，1 000 km 可达 10^{-9}。在 300 ～ 1 500 m 工程精密定位中，1 小时以上观测的解其平面位置误差小于 1 mm，与 ME-5000 电磁波测距仪测定的边长比较，其边长校差最大为 0.5mm，校差中误差为 0.3 mm。而且，GPS 观测时间短。目前，20 km 以内相对静态定位，仅需 15 ～ 20 分钟；快速静态相对定位测量时，当每个流动站与基准站相距在 15 km 以内时，流动站观测时间只需 1 ～ 2 分钟，然后可随时定位，每站观测只需几秒钟。GPS 还具有观测站间无须通视、可提供三维坐标、全天候作业和操作简便等特点。

GPS 全球卫星定位系统由三部分组成。

1. 空间部分——GPS 星座

GPS 的空间部分是由 24 颗工作卫星组成的，它位于距地表 20 200 km 的上空，均匀分布在 6 个轨道面上（每个轨道面 4 颗），以 12 小时的周期环绕地球运行，轨道倾角为 55°。此外，还有 3 颗有源备份卫星在轨运行。卫星的分布使得在全球任何地方、任何时间都可观测到 4 颗以上的卫星，并能在卫星中预存导航信息。GPS 的卫星因为大气摩擦等问题，随着时间的推移，导航精度会逐渐降低。

2. 地面控制系统——地面监控系统

地面控制系统由监测站、主控制站、地面天线所组成。地面控制站负责收集由卫星传回的信息，并计算卫星星历、相对距离、大气校正等数据。

3. 用户设备部分——GPS 信号接收机

其主要功能是能够捕获到按一定卫星截止角所选择的待测卫星，并跟踪这些卫星的运行。当接收机捕获到跟踪的卫星信号后，就可测量出接收天线至卫星的伪距离和距离的变化率，解调出卫星轨道参数等数据。根据这些数据，接收机中的微处理计算机就可按定位解算方法进行定位计算，计算出用户所在地理位置的经纬度、高度、速度、时间等信息。接收机硬件和机内软件，以及 GPS

数据的后处理软件包构成完整的 GPS 用户设备。

GPS 导航系统的基本原理是测量出已知位置的卫星到用户接收机之间的距离，然后综合多颗卫星的数据就可知道接收机的具体位置。

（二）GPS 的应用

GPS 技术可以用来引导飞机、船舶、地面车辆及个人等安全、准确地沿着选定的路线，准时到达目的地。

GPS 主要用于车辆动态监控系统。在开发车辆导航应用的同时，也将带动相关的通信技术、信息技术、控制技术、多媒体技术和计算机应用技术的发展。

将全球卫星定位系统应用于物流运输中，可以使物流运输的各个阶段紧密衔接，合理进行车辆调度和人员安排，优化配送路线，降低运输总距离，提高运输效率。具体来说，在短途运输时，针对短途运输对时间要求严格，而多数交通要道在某一时段容易堵塞的特点，将移动定位系统与 GIS 及交通部门的实时路况信息系统相集成，对路径进行组合，为企业提供最优路径决策服务。同时在运输过程中实时地提供所选路径的路况信息，一旦发现有堵车的路况就根据车辆所在位置提供备选路径，从而大大提高运输的速度和效率。在长途运输时，考虑到其运输距离相对稳定和更注重安全的特点，将移动定位系统与 GIS、各路段发生交通事故的历史数据系统及气象信息系统相结合，为企业提供最优路径决策服务和行车安全警报信息。例如，在事故多发地段和大风、大雾等恶劣天气条件下提醒司机降低车速，提高警惕；在前方路段发生较大规模事故时提醒司机绕行；在地质灾害多发路段提前预报泥石流等灾害信息等。

四、地理信息系统

地理信息系统（Geographic Information System，GIS），是 20 世纪 60 年代开始迅速发展起来的地理学研究技术。GIS 是一门介于信息科学、空间科学与地球科学之间的交叉学科，它将地理学空间数据处理与计算机技术相结合，通过系统建立、操作与模型分析，产生对资源环境、区域规划、管理决策、灾害防治等方面的有用信息。

（一）GIS 概述

GIS 是以地理空间数据库为基础，在计算机软硬件的支持下，对空间相关数据进行采集、管理、操作、分析、访问、模拟和显示，并采用地理模型分析方法，适时提供多种空间和动态的地理信息，为研究和决策服务而建立起来的计算机技术系统。它具有以下三方面的特征：①具有采集、管理、分析和输出多种地理空间信息的能力，具有空间性和动态性。②以地理研究和地理决策为目的，以地理模型方法为手段，具有区域空间分析、多要素综合分析和动态预测能力，产生高层次的地理信息。③由计算机系统支持进行空间地理数据管理，并由计算机程序模拟常规的或专门的地理分析方法，作用于空间数据，产生有用信息。

GIS 是一种决策支持系统，它与其他信息系统的主要区别在于其存储和处理的信息是经过地理编码的。另外，地理位置及与该位置有关的地物属性信息成为信息检索的重要部分。在 GIS 中，现实世界被表达成一系列的地理要素和地理现象，这些地理特征至少有空间位置参考信息和非位置信息两个组成部分。

从外部来看，GIS 表现为计算机软硬件系统，而其内涵是由计算机程序和地理数据组织而成的地理空间信息模型，是一个逻辑缩小的、高度信息化的地理系统。

1. 计算机系统

计算机系统可分为硬件系统、软件系统。

GIS 的硬件部分包括执行程序的中央处理器，保存数据和程序的存储设备，用于数据输入（如数字化仪等数字化设备）、显示和输出的外围设备（如绘图仪、显示器等）。其中大多数硬件是计算机技术的通用设备，GIS 的硬件系统正朝着快速、通用、低价位的方向发展。

GIS 的软件系统由核心软件和应用软件组成。其中核心软件包括数据处理、管理、地图显示和空间分析等部分，通常包括了以下五个基本模块：数据输入和校验、数据存储和管理、数据交换、数据显示和输出、用户接口。而应用软件则是系统开发人员根据地理专题或区域分析模型编制的一些特殊的应用软件（包），它与核心模块紧密结合，面向一些特殊的应用问题，如网络分析、数字地形模型分析等，是系统功能的扩充和延伸。虽然GIS软件有些是通用的数据库管理系统，但大部分软件是专用的，仅限于GIS领域；一些GIS软件属于免费软件，但大多数是商业化软件系统，有知识产权问题；有些软件面向特定硬件，但大多数软件独立于特定硬件，为开放系统。

2. 地理数据库系统

地理信息系统的地理数据分为几何数据和属性数据。它们的数据表达可以采用栅格和矢量两种形式，几何数据表现了地理空间实体的位置、大小、形状、方向及拓扑几何关系。

地理数据库系统由数据库实体和地理数据库管理系统组成，地理数据库管理系统主要用于数据维护、操作和查询检索。地理数据库是GIS应用项目重要的资源与基础，它的建立和维护是一项非常复杂的工作，涉及许多步骤，需要很高的技术和经验、投入大量人力及开发资金，是地理信息系统应用项目开展的瓶颈技术之一。

（二）GIS的应用

GIS的应用包括为土地利用、资源评价与管理、环境监测、交通运输、经济建设、城市规划，以及政府部门行政管理提供新的知识，为工程设计和规划、管理决策服务提供强有力的支撑。

GIS技术结合CAD技术和数据库技术，除了具有管理空间数据如配送中心、配送点的位置坐标信息功能之外，还具有建立拓扑、进行空间分析等功能（如空间数据库系统）。GIS将地理信息与数据信息结合，为物流配送企业发展创造了巨大的空间。

1. 车辆路线模型

用于解决一个起始点、多个终点的货物运输中如何降低物流作业费用，并保证服务质量的问题，包括决定使用多少辆车，每辆车的路线等。

在公共汽车站及天桥、广告牌等相关建筑物上设置RFID标签，使用车载RFID阅读器收集位置信息，与车载行驶距离检测仪的测量数据，通过GPRS系统实时传输，同时配合数字地图的使用，从而完成对车辆的实时监控调度。

2. 网络物流模型

用于解决寻求最有效的分配货物路径问题，也就是物流网点布局问题。如将货物从 N 个仓库运往 M 个商店，每个商店都有固定的需求量，因此需要确定由哪个仓库提货送给哪个商店，所耗的运输代价最小。

3. 分配集合模型

可以根据各个要素的相似点把同一层上的所有或部分要素分为几个组，用以解决确定服务范围和销售市场范围等问题。如某一公司要设立 X 个分销点，要求这些分销点要覆盖某一地区，而且要使每个分销点的客户数目大致相等。

4. 设施定位模型

用于确定一个或多个设施的位置。在物流系统中，仓库和运输线共同组成了物流网络，仓库处于网络的节点上，节点决定着线路，如何根据供求的实际需要并结合经济效益等原则，在既定区域内设立多少个仓库，每个仓库的位置，每个仓库的规模，以及仓库之间的物流关系等问题，运用此模型均能很容易地得到解决。

第二节 物流公共信息平台

一、物流公共信息平台类型

（一）按平台构建的主要主体划分

物流公共信息平台的构建可以通过企业、政府部门、行业协会等来实现。

1. 企业主导型物流公共信息平台

企业主导型物流公共信息平台是城市现代物流信息平台的重要组成部分，由于企业的类型、经营管理水平千差万别，不可能有统一的信息平台建设模式。

企业主导型物流信息平台主要有以下五种模式。

（1）供应链核心企业主导型

由供应链上的核心企业按照企业内部物流一体化的方法，将这种管理延伸到整个供应链物流管理全程，包括对物流信息化建设和物流信息系统集成的管理。

国内重点扶持三种类型物流企业：一是以工业原材料和零部件采购、产成品运送为主的物流企业；二是以商品贸易、批发为主的配送中心；三是以交通运输、仓储、货代等专业服务为主的第三方物流企业。

①生产企业物流信息平台

供应链是在相互关联的部门或业务伙伴之间所发生的物流、资金流，覆盖从产品（或服务）设计、原材料采购、制造、包装到支付给最终用户的全过程。生产企业供应链物流是现代物流的重要组成部分。通过对企业供应链物流信息平台的建设，加强企业与其供应链上供应商和合作伙伴之间的物流信息共享和整合，可以增强企业对其物流供应链的运控能力，大幅度提高企业的竞争力，因而这是企业信息化建设的重要工作内容。

②流通企业物流信息平台

连锁超市物流：连锁超市是一种发展迅速的主流商业业态，通过商业企业物流配送信息平台的建设，不仅发挥了快捷有效的配送功能，而且也减少了企业流动资金的占用，降低了企业成本。

电子商务物流：配合城市电子商务的规划和建设，注重虚拟电子商务网与实体物流配送网的相互结合，重点建设服务于电子商务的物流配送信息系统。

③第三方物流企业信息平台

第三方物流企业是现代物流产业的主体，根据物流社会化运作的需要，通过专业化改造和联合重组的方式，充分发挥社会原有的物流设施资源效用，结合传统批发企业、储运企业等的改造，规划和建设第三方物流企业信息平台。如 FedEx、UPS、宅急送等。

（2）物流园区主导型

在物流企业主导型的物流信息平台中，物流园区是平台的主要构建者。其原因在于物流园区的参与主体众多，主要有园区管理中心、物流企业、客户和政府管理机构。由物流园区构建的物流信息平台可以汇集园区内企业集团的物流信息，提供本园区内企业的仓储、装卸、加工、包装、客户等物流基本信息，为物流园区内信息的有效交换与传递服务提供保障。物流园区信息平台的功能划分为基本功能和扩展功能两部分。其中，基本功能包括数据交换功能、信息发布功能、会员服务功能、在线交易功能和系统管理功能。扩展功能包括智能配送功能、货物跟踪分析、库存管理系统、决策分析功能和金融服务功能。

（3）物流联盟主导型

物流联盟是以物流为合作基础的企业战略联盟，是指两个或多个企业之间，为了实现自己的物流战略目标，通过各种协议、契约而结成的优势互补、风险共担、利益共享的松散型网络组织。如大型企业为了保持其核心竞争力，通过物流联盟方式把物流外包给一个或几个第三方物流公司。

长期供应链关系发展成联盟形式，有助于降低企业的风险。单个企业的力量是有限的，它对一个领域的探索的失败将会带来巨大损失，而如果几个企业联合起来，在不同的领域分头行动，就会减少风险。而且联盟企业在行动上也有一定协同性，因此对于突如其来的风险，能够共同分担，提高了抵抗风险的能力。

企业，尤其是中小企业，通过物流服务提供商，通过联盟整合在物流设备、技术、信息、管理、资金等各方面互通有无，优势互补，减少重复劳动，降低成本，达到共同提高、逐步完善的目的，从而使物流业朝着专业化、集约化方向发展，提高整个行业的竞争能力。

（4）中介物流网站主导型

该类型的物流网站由专门的物流交易中介企业建立，其企业核心业务即为相关物流企业、客户提供物流企业、物流政策、客户需求等信息，因此，较其他类型的物流网站，该类型网站具有专业性强、信息全面广泛、信息更新较快等方面的特点。

（5）由港口、国际贸易等相关企业主导型

由于港口、国际贸易业务的特殊性，该类型物流信息平台是由港口、国际贸易等物流行业相关的企业构建的专业信息平台。

2. 政府主导型公共信息平台

政府负责确立物流发展的宏观战略，组织制订建设规划；抓好物流信息标准化工作；研究制定物流信息化示范工程；建立培养物流信息化人才的环境。

行业主管部门负责落实平台建设规划，明确在平台建设中的职责，确保总体规划的协调；指导平台各不同子系统的建设工作，注意各个子系统之间的协调。

由于物流作业涉及的点多面广，在我国不同城市物流职能的归口管理部门不尽相同，这造成我国各地以政府为主导的物流公共信息平台的主导方式不同。有的是由发展改革委主导构建，有的则是由运输与港口管理局主导构建，还有的是由政府多部门共同构建。

3. 行业协会主导型物流公共信息平台

以物流行业协会、交通运输协会等行业协会为主体构建的行业物流信息平台，对物流行业发展十分重要。该类平台主要负责提供具有行业特点的物流监管、供求，以及相关的商业化开发和增值服务。

（二）按平台辐射范围划分

物流信息平台按辐射范围可分为城市（省）级物流公共信息平台、国家级物流公共信息平台及国际级物流公共信息平台。

1. 城市（省）级物流公共信息平台

物流公共信息平台的信息服务需要大量权威的政务信息，管理服务是物流相关管理部门的政府职责，这两项功能应由相关政府管理部门负责建设提供；物流公共信息平台的技术服务和交易服务则完全可以采用市场化的机制建设和运行。

省级物流公共信息平台负责提供：①省市政府监管服务；②省内各大物流园区和企业用户之间的物流资源整合服务；③相关商业化开发和增值服务。

2. 国家级物流公共信息平台

国家级物流公共信息平台的特点是：①国家政策支撑和国际物流需求的平台；②汇集和发布中央级政府监管信息；③体现国际物流需求，如可以根据物流量有针对性地建立通往美国、欧洲、澳大利亚等的物流中心频道，以便有效地利用国际物流的海、陆、空通道，协调国际、国内各区域间的物流资源。

3. 国际级物流公共信息平台

国际级物流公共信息平台的运营范围最大，越过了国家的界线，联系两个或多个国家，使得不同国家间物流作业更加便捷。

二、物流公共信息平台建设

一个有效集成的物流公共信息平台，应该能够通过平台运营方将城市物流系统参与主体的资源进行有效的有机整合，通过统一高效的沟通界面为各方提供所需的信息服务。

（一）物流公共信息平台设计

物流公共信息平台是一个综合信息度很高的管理信息系统，它主要以网络业务管理、信息交换及信息共享为支撑，旨在建立一个综合的、开放式的信息共享平台，为用户提供在线的物流交易环境和政府职能部门的“一站式”服务的集成环境。由于城市内的物流活动较为密集复杂，下面以城市物流公共信息平台的设计为例说明。

物流活动在线交易，对于物流供应商而言，首先此交易平台是一个宣传企业形象的网络营销平台；其次是一个信誉平台，经过认证后的会员不但拥有了信誉指数，进而能得到货主的真实信息；最后此平台也是客户管理平台和电子商务平台。而对于货主而言，首先，通过此交易平台可以方便地寻找货代，货主只需将需求信息发布到网上，就可以从大量货代中选择可靠的公司和满意的运价，通过询价来压缩运费最终实现成本控制；其次，通过查看货代的认证、信誉指数和交易记录等信息来选择最有信誉的企业，可以实现风险规避；最后，此平台能为货主提供一套完整的物流解决方案，从而降低货主的运输成本，提高综合竞争力。

其他还有海关网上报关与网上通关及通关数据支持，网上办理保险业务，网上报税、税务信息管理功能，宏观规划管理等。

基础信息管理功能如下：①平台维护管理功能，负责各个信息子系统日常运行维护、网络检测、安全验证等。②会员服务管理功能，为注册会员提供的个性化服务，主要包括会员单证管理、会员的货物状态和位置跟踪、交易跟踪、交易统计和会员资信评估等。③目录管理功能，包括目录引擎功能（为物流服务采购应用提供尽可能多样的目录，并提供基于市场集市的目录集合和搜索服务）和目录精练功能（系统提供目录工厂方案给希望操作自己的目录精练的客户）。

平台数据交换功能包括以下内容：①数据格式转换功能，通过数据规范化定义，支持各类不同格式和系统之间数据的转换与传输，实现各常见数据库、Web 数据、文本、图像等多种格式之间的自定义相互转换。②实现物流电子商务中交易双方的无缝对接功能，在交易双方进行报价、网上磋商、订单签订等活动中，传输和转换数据，并确保交换数据的可读性、可靠性和安全性。③作为 ASP 服务管理平台，为物流企业提供信息系统支持服务的功能，采取完全托管或部分托管的方式，实现 ASP 服务的应用与物流公共信息平台的平滑衔接。④通过网络互联和数据转换功能，建立与其他物流信息相关平台的系统互联与信息共享。城市物流公共信息平台还可以提供增值功能。

同城快递解决了传统物流无法解决的问题。被传统快递行业拒之门外的商品，如液体、绿植、易碎品、电子产品、大件物品，甚至宠物都可以通过同城快递来解决。

社会化物流正在倒逼传统物流变革。所谓社会化物流就是利用移动互联网开创全新的智能化配送，整合社会闲散人力资源，信息化对接客户需求，对发件人所处区域内的配送人员进行有效的调度，配送人员可以更加便捷地选择离自己最近的订单，及时、精准地为客户提供配送等服务。同城社会化物流不仅可以节约运输成本，还可以减少临时仓储环节，使快件生命周期更短。

在移动互联网环境下，物流平台设计通常采用以下两类模式：①信息匹配模式：为车找货、为货找车，解决空车配货问题，如运满满、罗计物流、物流小秘等。②信息整合模式，优化供应链，提升司机、货主、物流企业各环节效率。

（二）平台运营

目前，城市物流公共信息平台的建设运营方式主要有以下三种。

1. 政府模式

政府模式即公共物流信息平台的规划、建设和运营维护都由政府负责。然而政府主导的物流公共信息平台会存在与市场结合的紧密度不够等问题。

2. 企业模式

企业模式即信息平台的投资建设及运营完全由企业自己负责。

3. 混合模式

政府和企业共同出资模式。政府以股份制的形式注入部分初始启动资金，牵头负责规划、协调，引导和吸引企业同样以股份制的形式注入资金，并在政策和技术标准等方面予以支持。在物流信息平台的建设中，政府主要负责以下几方面工作。

对于初期的物流硬件设施所需资金可以由政府投入和引导。按照“谁投资、谁受益”的原则，鼓励企业参与物流信息平台建设。通过优惠政策扶植小规模规范性企业的发展，使广大企业群体看到物流信息平台所带来的巨大经济效益，吸引众多企业参与投资平台建设。

（1）建立协调机制

物流信息平台涉及企业、政府各部门及金融保险行业，政府应成立专门的职能部门，负责物流信息平台的总体规划、制定技术标准、协调重大项目的投资建设。

（2）提供良好的物流信息基础设施

物流信息基础设施建设是企业无法单独完成的，需要政府投资或主持建设。

（3）建立完善的数据交换机制

成立数据交换中心，建立政府部门和企业数据交换机制和模式，为广大企业提供物流公共信息服务和电子商务服务。

（4）引导企业进行科技创新

通过“示范工程”等方式，进行科技宣传，引导企业加快物流信息化建设。

物流公共信息平台投入使用后，按照市场化运作，建立相应的运营机制和信息共享机制，实现物流信息平台的良性发展。依靠其高效优质的信息服务，实现自我积累与发展。持有股份的企业是公共物流信息平台的运作主体，通过政府相关政策和行业协会制度的制约，引入行业准入机制和会员制等管理方式。对于加入平台的会员企业，平台可通过收取会费、用户服务费、租赁费、广告费等方式提供有偿服务。政府主要行使宏观调控职能。因此，城市公共物流信息平台应采取政府引导、行业约束、企业自主的市场化运营模式。

第三章 城市物流的供应链变革

第一节 构建新零售时代的智慧供应链模式

一、新零售供应链与传统供应链

从根本上来说，“传统零售”及“新零售”都应该将消费者放在核心位置，企业要做的就是为消费者提供符合其需求的产品和服务，并使其获得优质的体验。

在向新零售发展的过程中，有些零售企业采用O2O模式开展全渠道运营，有些零售企业注重与体验式消费的结合发展，还有些企业聚焦于建设产业生态链，这也是企业未来发展的三大方向。虽然演变路径不同，但从根本层面上来说，零售还是围绕“人、货、场”这三个元素展开。与此同时，企业会依托互联网平台的优势，对相关元素进行整合，从而加快整体的运转。传统模式下，零售业主要靠数量优势取胜；如今，企业的竞争开始聚焦于成本及效率。为此，企业必须改革传统的商业模式，通过提升效率来体现自身的优势，不断巩固市场地位。

进入新零售时代，供应链管理的本质被保留了下来。也就是说，企业需要促进供应商、仓库、经销商、终端零售等供应链上各个环节之间的配合，在把握消费者需求的基础上，及时为其提供种类、数量正确的产品。在这个过程中，零售企业要不断完善自身的服务体系，并进行成本控制。

进入新零售时代后，供应链管理的本质会表现得更加突出。在传统零售时代，企业本身在运营过程中占据主动位置，消费者则处于相对被动的地位，企业为促成与消费者之间的交易会采取多种措施，并尽力提升销售额。如今，这种传统的运营模式对消费者的吸引力已经大大降低，企业应该将消费者需求放在核心位置，供应链管理同样如此，这也是新型供应链区别于传统供应链的地方。

（一）新零售时代的供应链不仅仅是供应链

传统零售模式下，供应链的功能集中体现在供应链后端，也就是采购、生产、物流功能。企业难以实现对不同销售渠道的统一运营，与消费者之间的接触也十分有限，导致供应链上各个环节之间的运营相互独立，供应链的灵敏度不高。

在新零售时代，消费者需求开始占据主导地位，消费者、商品、竞争者、价格因素等时时刻刻都处在变化之中，企业应该改变传统的运营模式，促进不同环节之间的连接，发挥整体的协同作用来对接消费者的需求。在这种大环境下，供应链应该转被动为主动，强化与消费者之间的沟通互动关系，在选品、趋势预测、商品价格制定与调整、商品供应及优化、商品采购等方面发挥作用。在零售企业的日常运营过程中，要发挥不同职能部门之间的协同作用，从整体角度出发，将供应链管理及运营、企业营销及大数据应用结合起来。在这个过程中，供应链上的各个环节都应该明确自身的职能定位，培养全新的思维方式并形成习惯。这也意味着新零售企业要对传统组织架构进行改革。

（二）新零售时代的供应链是消费者驱动的

很多企业在发展过程中会出现缺货现象，企业在订单交付过程中的服务质量及总体效率也有待提高。

缺货问题及服务效率低下，导致新零售业态难以提升消费体验。而在产品快速更新、同类产品纷纷涌现的市场环境下，消费者对即时性的要求明显提高。零售企业要想满足消费者的需求，就要提高库存管理能力，避免出现缺货现象。在新零售时代，越来越多的企业倡导实现“零库存”，而现有的供应链体系无法做到这一点。为了解决这个问题，企业必须实施精细化的供应链管理，根据消费者的个性化需求为其提供相应的服务，在这个过程中，要充分把握消费者的需求，在准确对接其需求的同时，有效降低企业的库存。

另外，企业在处理消费者退货问题时需要耗费大量成本，超过八成的国内零售企业都面临这个问题，消费者退货导致零售企业的利润规模下降。购买之后选择退货，说明消费者对体验不满意，要减少因商品本身导致的退货，就要注重对商品质量的把关、品类结构的管理、各个门店的运营等，还要打通退货流程与销售流程，通过这种方式来提高企业的利润所得，进一步提升消费者的体验，树立良好的品牌形象。

综上所述，进入新零售时代后，供应链依然保持其原有的本质，但需围绕消费者开展运营，并为消费者提供满意的服务。为此，企业要对传统供应链进行改革，跟上新零售时代发展的步伐，以提供优质的消费者体验为出发点，不断提高消费者对自身运营的认可度与满意度。

二、技术驱动的智慧供应链建设

亚马逊是技术驱动的典型代表，该公司在创立时期就将自己定位为技术企业而非电商企业，在发展过程中涉足人工智能、云计算等领域，并将这些技术手段应用到供应链管理过程中。马云曾在全球新物流峰会上发表演讲，在演讲中突出强调，物流企业在今后的发展过程中有赖于数据、技术、人才的支撑，企业要为技术开发及应用提供足够的资金支持。

由此可见，为了适应新零售时代的发展需求，企业在构建供应链体系的过程中，除了要引进优秀人才、优化现有流程、采用先进设备之外，还要进行数字化改造，运用先进技术手段提高供应链的智能化、现代化水平，进行以下三方面的建设。

（一）供应链可视化

阿里巴巴旗下的盒马鲜生是新零售的实践代表，该品牌实现了对电子标签的普遍应用，将线上、线下的数据统一起来，具体包括库存数据、商品价格数据、营销数据、品类数据等；消费者可以在网络渠道订购，到实体店取货，这些措施为构建可视化供应链做好了铺垫。

在实现供应链可视化的基础上，企业能够将采购、开发、营销、物流配送等不同环节的运营连接起来，发挥协同效应，促进运营过程中产生的库存信息、市场需求信息、销售情况、物流等信息的高效传递与共享，提高供应链的响应能力。

随着新零售的发展，除了上述环节的可视化发展之外，店员、商品品类、消费者等相关信息也将在供应链范围内实现共享。与此同时，企业将建设云计算体系。企业依托可视化信息平台，能够根据自身业务发展需求制订相对应的战略计划，促进供应端与需求端之间的对接，在降低库存的同时不断完善自身的服务体系。

（二）供应链人工智能化

新零售业态在日常经营过程中会产生多样化的应用场景数据，具体如商品数据、市场数据、库存数据、消费者数据等，根据业务发展需求及具体的场景，包括市场需求预测、商品价格制定、品类管理、营销活动、商品供应、库存管理、不同门店之间的资源调度及分享、物流规划等，结合相应的算法，就能运用数字模型对各个场景进行科学的分析。如此一来，企业就能在收集数据、分析数据的基础上，进行数字建模，对市场变化趋势进行把握，为自身的决策制定提供参考。

对新零售时代的供应链运营来说，人工智能的应用模型分为两种：预测模型与决策模型。

其中，前者是在掌握海量数据的前提下，通过构建统计模型，结合相应的算法，推测市场需求状况的发展变化趋势；后者是利用科学的算法及运筹模型，根据企业发展需求及具体场景，为企业的决策制定提供有效参考。

从根本上来说，预测功能是人工智能的价值体现，预测本身并不是运用这项技术的目的，而是为了给企业的决策制定提供参考，减少企业因缺乏经验而产生的决策失误。

（三）供应链指挥智慧化

在零售企业的运营及发展过程中，运营指挥控制系统发挥着核心驱动作用，为此，企业应对自身的业务进行分类，并建立不同类别的运营指挥系统。不同业务类别对应着不同的功能，为企业提供其日常经营过程中产生的各项数据，包括产品供应情况、销售情况、退货情况、订单完成进度、库存周转情况等，并促进不同环节之间的配合与连接，运用合适的数学模型进行数据分析，在综合考虑多项因素的基础上为企业的决策制定提供精准的参考信息，帮助企业优化选品，合理定价，提前预测，及时供货。

在新零售时代，企业将不断扩大决策自动化的品类适用范围。如此一来，供应链管理者只需获取数据信息、确定市场需求、与目标用户展开互动、整合内部资源、促进企业改革创新即可。

三、零售企业供应链的转型路径

新零售时代的消费内容与之前存在明显的差异，在这样的大环境下，企业在构建新供应链的过程中要做到以下几点。

（一）商业内容体系的重构

第一步应该对商业内容体系进行准确定位。在此基础上，才能明确供应链的定位。目前，市场上涌现出许多专业店并呈现出迅猛发展趋势，体现出新零售的发展之快及其专业化水平的提高。

接下来要实现不同运营体系之间的对接。在零售行业中，供应链的运营会随商品的变化而改变，生鲜产品的运营则对企业提出了更高的要求。现阶段，很多企业在采购、产品生产、市场运营等环节都已经发生了变化，却仍然固守传统的运营思维及管理模式。

提起供应链，传统模式下更多地集中于企业对源头的建设；现如今，新供应链的内涵已经大大拓宽，将资本、技术、数字化等都包含在内。企业除了发挥内部资源力量之外，还可以与第三方合作，建立多方协作网络系统。

（二）数字化改造

未来，零售业及供应链都要向数字化方向发展。所有企业都想提高竞争力，但其发展会受到多方面因素的限制。

零售企业在与供应商进行合作的过程中，为了获取通道利益，通常会给供应商提供有限的数据信息；另外，生产企业需要经历许多中间环节，才能与市场终端完成财务、库存、物流等方面的对接，在这个过程中会遇到许多阻力。所以说，企业在向智慧零售转型的过程中，需要突破传统思维的束缚，并克服诸多方面的阻力才能实现。

目前的零售业尚未形成各个环节之间连接顺畅的一体化运营模式。在后续发展过程中，企业需要进行数字化改造。在进行源头采购的过程中，企业应该优先选择与已经完成数字化改造的供应商进行合作，对于那些停留在传统运营模式下的供应商，要利用数字化技术对两者之间的合作过程进行管理，提高企业在生产、制造、物流、存储、营销等各个环节的信息透明度。

企业要构建新供应链，就要实施数字化改造，要突破传统思维的束缚，根据新时代的发展需求进行内容、技术等方面的改革，积极运用网络技术、人工智能技术、大数据、云计算、物联网技术等，不断完善供应链体系，弥补传统供应链存在的不足。

（三）新发展模式的实施

新发展模式的诞生及实施有赖于各方的参与及推动，具体如平台型企业的实施、资本市场的支持、相关法律政策的保障等。

现阶段，不少企业对新零售和新供应链的认知比较有限，对业务协同、全渠道运营、商业整合、数字化升级的了解也不多。在今后的发展过程中，企业会利用先进的技术手段提升整体运营效率，并带动整个行业的变革，在此期间，供应链体系也将发生相应的变化。

在进行供应链改革的过程中，企业要获取数据资源、引进技术设备、进行标准化建设、开展各项运营，这些环节都需要企业提供足够的资金。在具体实施过程中，很多企业都面临着业绩难以提升的问题，运营成本也居高不下。

企业在构建新供应链的过程中面临如下问题：思维模式陈旧、人才短板、理论多于实践等。目前只能对新供应链的总体发展方向进行推测，要想深入剖析“人、货、场”之间的关系，就要发动多方力量进行全方位的研究。

企业在向新零售发展的过程中，必须对传统供应链体系进行改革。若企业的变革仅限于产品包装、门店装修等浅层次上，则只能在短期内获得成效。立足于长远发展角度来分析，企业应该进行全方位的数字化改造，进行模式创新，丰富营销内容，通过构建新供应链，不断向新零售方向靠近。

四、我国智慧供应链的发展趋势

在消费升级驱动下，我们开始迎来以用户为中心、重视消费体验的新零售时代。新零售模式强调供给与需求实现精准对接，为此需要打造智慧供应链。移动互联网、物联网、大数据、云计算等新一代信息技术的快速发展，为打造高效、精准的智慧供应链体系奠定了坚实基础。

在开放、共享的移动互联网时代，越来越多的供应链上下游企业开始通过共享数据、设备、人力等资源，积极打造智慧供应链体系。但从实际发展情况来看，我国供应链仍处于发展初期，存在效率低下、信息化建设滞后、标准化体系缺失等痛点，在造成供应链成本高企的同时，给智慧供应链建设带来了诸多困扰。

以物流环节为例，物流各环节信息不对称、标准化水平较低等，导致物流成本高昂。在政府的积极扶持引导下，未来我国智慧供应链建设进程将进一步加快，供应链发展将会展现出以下四大趋势。

（一）以消费需求驱动“拉式”供应链为主导

满足消费需求是组织开展供应链活动的基础和前提，而在消费升级背景下，柔性生产、个性订制、特色设计成为企业的必然选择。

产业链上游制造商必须转变思维模式，从远离消费者的闭门造车转变为主动向产业链下游延伸拓展，全方位、立体化、多角度地感知用户需求。同时，在大数据等新技术与新物流模式的加持下，“拉式”供应链在满足消费者高效低成本获取商品的基本需求的同时，还将通过优质服务来满足消费者更高层次的情感与精神需求。

（二）供应链结构向网状结构转变

在个性化需求大量涌现，数据规模越发庞大，数据结构越发复杂的局面下，建立网状结构的智慧供应链，可以充分发挥网状结构的灵活性及高效率优势，赋予供应链动态调整能力，提高供应链响应及时性。在网状结构的智慧供应链中，同一个企业可能属于多个供应链，而纵横交错的供应链网络，使其管理难度显著提升，想要解决这一问题，需要借助信息化及智能化技术对供应链管理体系进行优化改造，大幅度提升供应链运行效率，为供应链体系的持续稳定运行奠定坚实基础。

（三）灵活敏捷将成为供应链的显著特征

移动互联网时代，人们的购物消费呈现出强烈的移动化、碎片化、个性化特征，而打造灵活敏捷的供应链有助于充分满足用户需求，使企业能够快速感知市场动态，并高效整合优质资源进行研发、生产、配送、补货、供货等，有效解决传统供应链模式造成的库存积压、成本高企问题。

（四）“供应链 +”将会实现大规模推广普及

智慧供应链将不再局限于传统意义上的采购、生产、仓储、配送及售后，其产业链的深度及广度将会得到极大的拓展，并借助大数据、物联网等新一代信息技术，实现集成化供应链管理。同时，智慧供应链将会和物流、制造、金融、服务、信息、农业等产业高效协同联动，服务制造强国等重大国家级战略，促使中国企业从全球产业价值链低端环节迈向中高端环节。

第二节 我国物流企业的供应链转型升级路径

一、组织重构：促进供应链优化

在新的时代背景下，人们的需求层次逐步提高，越来越注重消费体验。因此，新零售要通过改革传统零售方式满足人们的体验需求，提供符合消费者需求层次的产品或服务。

伴随着总体环境的发展，人们的需求层次有所提高；消费渠道将由集中走向分散，消费场景由单一走向多元，消费需求由大众化走向个性化。作为一种内需，消费需求是整体经济发展的重要推动力，为刺激内需，我国实施了供给侧改革，目的是促进产业链各个环节之间的协同发展，通过实施供给侧改革，促进经济结构的完善。

供给侧生产供应链的形态能够提升企业的服务效率。在改革过程中，最重要的是围绕用户需求，借助先进的数字技术，改革传统的资源配置方式，从而提高服务水平，满足用户的体验需求，并达到节约成本的目的。要注重挖掘用户的内在需求，采用订制化方式为用户提供针对性的产品和服务，实施精细化运营，在恰当的时机提供服务。在此期间，要敏锐洞察目标用户的消费需求，对市场需求变化的趋势进行科学分析，做好供应链规划工作，提供相关物料及足够的资金支持等。

用户需求分为两种：显性需求与隐性需求。在消费升级时代，消费者的显性需求层次不断提高，很多隐性需求正逐渐转变成显性需求。在这种大趋势下，企业需对原有的产品、渠道乃至品牌进行改造升级，要使价值创造符合价值需求，积极改革原有的组织结构，以提高自身对外部环境变化的应对能力。

企业进行组织改革的目的是加速整体运营并提高自身效益。面对迅速变化的市场需求，企业要提高内部组织的灵活性，为此，要注重以下几点：①能够根据用户需求为其提供富有价值的产品；②敏锐感知市场需求的变化；③加强内部各个部门之间、企业与外部环境之间的沟通；④切实执行企业战略，落实企业制订的发展规划。

企业进行组织改革之后，就能提高整体的运营效率，促进供应链的优化升级，为合作方及商家创造更多价值。通过进行组织重构，企业能够用网状结构代替传统的结构模式，更加快速、准确地获知市场变化，促进企业与外部环境的交流。以阿里巴巴为例，企业除了改革内部组织外，还十分注重加强供应商、渠道商、物流商等之间的沟通互动，进一步促进阿里生态系统的平稳运行。

企业可根据自身发展需求及具体情况，选择建设小组制组织、利润中心制组织或社群形态的组织。小组制组织能够满足用户多元化的价值需求，体现产品的差异性与独特性；利润中心制组织将利润放在核心地位，企业会划分各个部门的职能，为增加企业的利润所得共同努力；产品型社群的打造及运营能够调动用户的参与热情，促进企业与用户之间的接触，对用户需求进行准确把握，在此基础上为消费者提供相对应的产品。

二、产品升级：企业平台化转型

从产品形态的角度来分析，产品升级需要经过四个时期：最初是比较基础的功能性产品，然后是具备情感价值的专业性产品，之后过渡到创新型产品，最后是个性化定制产品。为了满足消费者升级变化的需求，企业需相应地进行产品升级与优化。目前，多数消费者的消费层次已经达到了第二个阶段，也就是具备情感价值的专业性产品，希望自己能够获得优质的体验服务。

为此，企业要注重产品管理，通过强化产品在生产环节、供应环节、存储环节、物流运输等环节的管理，进一步提高产品等级，使其更符合消费者的需求。具体而言，在生产过程中，企业可打造数据平台与信息服务平台，拉近企业与用户之间的距离，依靠丰富的数据信息分析用户的内在需求，据此制订产品生产计划，运用先进技术手段加速企业的整体运转，更好地对接市场需求；在产品供应过程中，根据市场需求信息，优化现有的供应关系；在产品存储与物流运输方面，进行信息化、数字化建设，促进各个流通环节之间的信息共享，缩短产品配送时间，降低企业的库存压力。

在新零售环境下，企业要想在激烈的市场竞争中立足，就要根据自身的实力基础，选择转型为生态平台或融入生态平台中。其中，实力型企业通常选择前者，后者则适合中小企业。

生态平台能够促进供给端与需求端之间的对接，平台应该提前确立企业在加入、对接、服务等环节中需要遵循的原则，拓展增值服务，体现生态平台的价值；也可以建设互联网生态平台，在平台上集中进行产品开发、生产、营销，依托先进的技术手段和工具设备，对企业传统的供应、生产模式进行改革，促进企业与第三方之间的合作。在这个过程中，企业不妨采用外包方式，将自己不擅长的业务或者非核心业务交给合作伙伴来完成，集中精力发展自身的核心业务。在企业进行需求与供给管理的过程中，要注重对供给者、生产者、需求者、服务提供者之间的价值关系的处理。生态打造及运营能够帮助企业促进不同参与者之间的价值平衡。具体来说，企业怎样进行生态打造及运营呢？

（一）全渠道收集需求信息，提高产品匹配度

连接及融合是生态化运作的重点，从这个角度来说，实现线上、线下对接的全渠道运营也属于生态运营的范畴。在实施过程中，企业能够借助移动互联网工具，通过网络渠道开展营销活动，收集目标用户的需求信息，据此提供相对应的产品和服务，进行全渠道铺货，利用数据技术和智能技术提高营销针对性。未来，企业在实施单品战略的过程中将更多地采用这种方式开展运营。

（二）全品类产品的提供

在这方面，企业需打造 B2B 网络平台，为消费者提供符合其需求的全品类产品。平台企业要对目标消费群体的核心需求进行准确定位，在此基础上建设服务平台聚集用户，对不同渠道的资源进行整合，在进行数据分析与处理的基础上，对传统供应流程进行调整与优化，省去传统模式下产业价值链条的层层

中间环节，加速整体运转，实现成本节约。与此同时，企业还可以加强与第三方的合作关系，采用资源共享方式实现共赢。举例来说，不同品类的商品可以相互搭配，共同推出，满足消费者的多元化需求。

身处新零售时代的企业，能够依托互联网平台的优势，促进“人、场、货”之间的匹配与连接，利用大数据、人工智能等先进技术手段对企业的商品信息展示、网上交易、产品存储、数据收集、研发生产等环节进行改革，通过构建企业生态平台，促进不同业务之间的协同发展。

三、模式创新：整合供应链管理

立足于供应链层面来分析，以往，零售企业采用的是多级分销体系，新零售是对这种传统模式的彻底变革。而供应链物流要想适应新零售时代企业的发展需求，就要做到以下几点：①物流要拉近与终端消费者之间的距离；②要尽量减少库存；③要进一步提高物流整体的响应能力。

传统模式下，品牌企业通过实施规模化经营，能够有效控制运输成本，并同时与多个零售商、供货商达成合作关系，形成自己的合作网络。但在这种价值链模式下，无论是物流运输、零售运营，还是商品采购都不是企业自己完成的，而品牌商与消费者之间的接触并不多，难以快速洞悉市场需求的变化。

另外，因为与品牌商合作的第三方能力有高有低，企业无法对交付环节实施有效的监管，而信息流通不畅，具体如货物流向不确定、渠道库存信息流通迟滞等问题，都会导致品牌企业难以制定准确的决策，无法实现业绩的提升。

随着新零售时代的到来，企业开始对传统运营模式实施改革，聚焦于设计业务的发展，能够打通供应商与终端消费者之间的通路，跨越中间的多个环节，实现物流直达。在这种情况下，企业对物流的诉求也呈现出新的特点。

目前，国内企业对于销售渠道的整合还比较有限，但部分品牌企业已经在着手整合下游的供应链，以期通过这种方式提高供应链的信息开放程度与服务质量。传统模式下，企业的产品需经过多个层级的经销商配备的物流体系流向终端消费市场；如今，已经有部分企业通过设立区域集中配送中心，对传统供应链物流运营模式进行改革。在新的模式下，经销商仍负责配送中心的库存管理，能够有效精简流通环节，优化对虚拟库存的管理，打通集中配送中心与零售终端之间的通道，同时加快信息流通。

传统模式下，企业多采用B2B模式开展运营，无论是库存管理还是物流相关的供应链管理都是静态的，不同库存之间、不同运输线路之间相互独立。如今，企业开始在B2C领域进行业务拓展，在后续发展过程中，企业将逐渐打破不同库存、运输线路之间的隔绝状态。

一般来说，实施静态管理模式的企业，运输单线货运规模比较大，货量变化较小，能够提前进行准确预测；采用固定的路线规划及库存管理模式，各个分拨中心在管理方面各自为政，缺乏协同性，企业会将运输管理与库存管理工作交给不同的第三方物流企业来承担。

采用B2C模式开展运营的企业则需采用动态调配模式。在这种模式下，运输单线的货运规模较小，订单量无法提前预测；在库存与路线规划方面要改变之前的静态管理模式，促进不同分拨中心之间的协同运营，将物流运输与库存管理结合起来，在不同分拨中心之间进行资源调度。

四、数据驱动：实现数字化变革

现如今，企业端对物流行业的发展提出了新的要求，在市场需求的驱动作用下，第三方贸易和供应链物流平台诞生。平台可借助供应链资源及海量的数据信息，满足中小零售企业对物流服务的需求，与消费者直接进行交易，并减少库存积压。在收集海量数据信息的基础上，平台能够对消费者的需求进行准确把握，据此制订合理的采购计划，规划物流配送，省掉层层的中间商及分销环节。除了进行库存管理，帮助企业解决供货问题之外，贸易平台还能够记录企业运营过程中产生的交易数据，并且推动企业在网络渠道的营销。

对生产企业来说，经由平台将产品推向市场，能够加速商品的流转，避免市场上出现假冒伪劣产品。与此同时，平台能够强化对商品运输过程的控制，并为更多地区的消费者提供物流配送服务，解决终端配送问题。对零售商来说，在其制订营销方案、开展营销活动期间，平台能够帮助企业设计海报，提供相关素材，发挥聚流作用，帮助企业选用合适的陈列方式，并为零售选品、推广提供参考。

在第三方贸易和供应链物流平台迅速发展的同时，第三方综合物流平台也将崛起在市场上，相较之下，这类平台的服务范围更广，将依托数据和服务满足企业的物流需求，促进企业与消费者之间的直接接触，帮助企业减轻库存压力。

在新零售时代，越来越多的行业建成了数据驱动的供应链，如果供应链各个环节的数据能够顺畅流通，就能将需求预测、生产计划制订、营销等各个环节串联起来，努力达到供给与需求之间的均衡状态，实施高效的库存管理，促使不同环节根据市场需求进行合理的库存调度，提高库存管理信息的开放程度，最终将库存降为零。

第三节 基于数字化的供应链协同管理与优化

一、供应链协同的内涵及其分类

近年来，随着惠普、戴尔等企业在供应链管理方面取得一系列成就，供应链管理再次引起了各行各业的关注，甚至被视为提升企业核心竞争力的重要方法。随着管理理念的更新，企业逐渐认识到一点，相较于降低成本来说，提高顾客满意度更重要。要实现这一目标，企业必须建立供应链协同，提升供应链的竞争力，满足顾客需求。

（一）从决策时间与范围分类

供应链协同可以划分为不同的类型。从决策时间与决策范围切入，可将供应链协同相关的研究划分为三层，分别是战略层、战术层、操作层。

1. 战略层

战略层属于最高级别的供应链协同研究，该层次的研究主要是以概念模型与协同管理思想为依据，从战略层面对供应链协同进行研究。

2. 战术层

战术层研究是供应链协同研究的中心课题，主要内容是对供应链企业间的协同策略进行研究，是把握供应链协同运作的重要环节。

3. 操作层

操作层研究是供应链协同实现的基础，对供应链同步运作需要的信息技术做了充分研究。对于供应链协同的实现来说，信息协同发挥着至关重要的作用。

（二）从内容和运作流程分类

从内容和运作流程方面切入，可将供应链协同划分为物流协同、信息共享协同、供应链关系协同、供应链网链结构规划与参数优化协同。

1. 物流协同

物流协同包含了生产过程协同、产品类型与产量分配协同、库存优化协同、配送协同、补货协同等。

2. 信息共享协同

信息共享协同包含了工作流协同建模、跨组织信息系统设计与信息共享、客户需求协同预测等。

3. 供应链关系协同

供应链关系协同包含了激励和保障机制、合作与信任机制、契约机制、渠道收益的分配机制、风险分担机制等。

4. 供应链结构规划与参数优化协同

供应链结构规划与参数优化协同包含了供应链成员选择、供应链拓扑结构选择与构建、成员设施选址、最优销售价格、订货策略等。

二、供应链协同优势与影响因素

（一）供应链协同的优势

供应链协同是为了通过对供应链资源进行整合而缩短响应顾客需求的时间，提升服务水平与质量，让顾客更加满意，从而增强企业及供应链的整体竞争力，降低企业及供应链的运行成本，提升企业及供应链的利润。具体来看，供应链协同的优势大致包括以下几个方面。

1. 获取优势互补资源

汇聚企业优势资源不是供应链企业合作的最重要的优势，将企业间具有互补性的资源汇聚在一起，让它们产生协同效应，产生“1+1 ＞ 2”的效果才是最重要优势。获取优势互补资源能增强供应链企业的市场竞争力，这种效益非企业合作不可得。

2. 快速响应客户需求

在经济迅猛发展、消费不断升级的市场环境下，客户需求越来越多元化，对单一产品及服务的忠诚度越来越低。客户不仅对产品的性价比提出了较高的要求，还要求服务完善，产品与服务具有个性化特征，能及时满足客户需求等。为此，企业要想更好地满足客户需求，提升客户满意度，与客户建立稳定且持久的关系，就必须加快响应速度，即时响应客户需求。

3. 提高服务水平

建立供应链协同之后，供应链各节点企业可对原材料采购、产品生产、产品运输等环节进行有效跟踪、控制，对整个供应链计划进行科学调整，以降低运作成本，获取市场价格优势，使供应链服务质量得到有效提升。通过对各企业的优势进行整合，供应链企业能以更低的成本、更快的速度为顾客提供比竞争对手更优质的服务。

4. 通过企业分工获得比较优势

面对激烈的市场竞争，因为资源有限，所以企业不可能自行经营所有业务，只能将为数不多的核心业务掌握在手中，集中企业的优势资源推动其发展。另外，企业可以通过专业化分工在某些方面获取竞争优势，利用外部资源满足其他方面的需求，通过多渠道发展避开市场竞争。当然，达成合作的各企业之间也可以实现协同发展。

（二）供应链协同的影响因素

供应链系统比较复杂，系统内的企业都保持着独立运作，有自己的运作目标和价值取向，相较于整体利益来说更关注个人利益，与整个供应链的发展目标相背离。根据相关研究，有以下几个要素会对供应链协商造成影响：

1. 供应链主体的利益冲突

在影响供应链协同的各种因素中，利益是最重要的一个，已达成合作关系的企业因利益冲突导致合作破裂之事时有发生。具体到供应链来说，只有在供应链上各企业的利益达成一致，且整体利益大于个人利益的情况下，供应链协同才能实现。如果各供应链企业没有共赢意识，供应链协同就无法实现，自然也无法取得供应链协同效益。

2. 缺乏信息共享

对于供应链协同来说，信息共享是关键影响因素。在现有的供应链模式下，供应商只能获得下游企业的订货信息，对于销售、库存等信息一无所知，也经常因信息不对称诱发“牛鞭效应”，导致上游企业无法对市场做出全面了解，难以对生产经营活动进行有效组织，从而导致资源浪费，成本增加。只有实现信息共享，位于供应链上游的企业才能对市场发展动向做出精准把握，对库存进行科学管理，进而降低供应链运行成本。

3. 供应链环节不确定

因为客户需求、供应链环节运作实时改变，所以供应链各个环节都具有不确定性。再加上供应链设计、信息夸大等因素的影响，供应链协同更难实现。同时，一条供应链往往涉及多家企业，每家企业都经营着多项业务，每项业务又有多个环节。所有的供应链活动都需要供应链上的企业协作完成，所有的企业都有权利对自己的业务、资源进行处置，所以，整个供应链活动都处在实时变化状态，使整个供应链协同过程变得越发不确定。

4. 思维误区

现如今，几乎所有的企业都存在思想误区，认为信息是对供应链协同产生影响的关键因素，于是投入巨额资金从国外引进先进设备，盲目追求先进的信息技术，但基本上都没有取得预期的成果。事实上，对于供应链协同来说，信息技术只是一种工具，拥有先进的信息技术未必能实现供应链协同。所以，要想真正实现供应链协同，就必须对影响供应链协同的各个因素的尺度进行有效把握。

三、物流服务供应链的协同模式

采用协同运作模式的开放式供应链系统，其各个组成部分之间会相互影响，并以整体形式创造出一定的价值，也就是通常所说的“集体效应”这种价值产生方式符合“1+1 ＞ 2”的规律，即整体效应大于各个部分相加的总和。值得关注的是，物流供应链协同效应不只发生在生产分销、货品供应环节，还包含了生产厂家、分销商、供应商之间的交易互动关系。

在物流服务供应链协同运作过程中，系统内部的客户、商家，在彼此交易及互动过程中会产生多样化的协同运作关系，这决定了系统的各个运营方式也呈现出不同的特点。对这些形态各异的协同关系进行对比分析能够发现，目前国内物流服务供应链协同运作模式主要包括三种：点链式协同运作、线链式协同运作、全链式协同运作。

（一）点链式协同运作

现阶段，国内物流供应链系统中，不同成员间进行的浅层次协同运作即为点链式协同运作。虽然这些成员积极寻求彼此之间的合作，但各个成员从自身角度出发考虑问题，追求其最高利润的实现，难免会出现企业利用信息不对称，谋求自身利润最大化的情况。在具体运营过程中，可聚焦于自身核心业务的发展，实施专业化服务模式，并与集成商家达成合作关系，将非核心业务交给合作方来完成，进而更好地满足客户的需求，促使客户、集成商都实现自身的利益目标。在这个过程中，集成商要想获取更多资源，就要通过多元化渠道为客户提供更加优质的服务；并联手功能商，在服务于客户的同时，尽可能地扩大双方的利润空间。在点链式协同运作模式下，客户、功能商之间为双重委托代理关系。

（二）线链式协同运作

物流供应链系统中，不同成员之间展开的较高层次的协同运作即为线链式协同运作。在这种模式下，各个成员之间的独立性依然较强，在产生某种特殊需求时，成员个体会从集体角度出发考虑问题。线链式协同运作关系中，成员个体对供应链总体发展的关注度比较有限，会积极提升自身运营的规范化程度。

从细分角度来说，线链式协同运作又包括两种：集成商与客户联盟、集成商与功能商联盟。在集成商与功能商协同运作的关系中，其内部节点能够促使客户制定未来的经济利益获取目标，如此一来，集成商与供应商就能获得进取动力，致力于提高供应主体的利润所得。以往，客户与主体之间存在的是委托代理关系，在该模式实施过程中，两者之间将体现为合作联盟关系。

（三）全链式协同运作

全链式协同运作是物流链系统中成员之间的高层次协作。各个成员的信息开放程度比较高，所以不同成员之间能够在合理范围内实现信息共享，并共同设置专业的决策团队，用于提高物流决策的科学性与准确性。在具体运营过程中，要优先考虑物流供应的利润获取问题，并根据自身发展需求采取针对性的策略，同时考虑供应链的长期发展。另外，在全链式协同运作模式下，要从宏观角度出发，充分发挥先进技术手段的作用，从整体上提高供应链管理及控制能力。

四、物流服务供应链的协同机理

和独立作业相比，处于协同运作机制下的开放式供应链系统中的结构单元价值创造能力将显著提升。物流服务供应链协同运作的影响并不限于简单的生产分销、货物供应等，生产商、供应商、分销商、零售商及物流服务商等产业链上下游主体都将获得更多的收益。

由于物流产业链参与主体的多元化，导致物流供应链协同运作体系将会催生多种类型的协同运作关系及流程。从不同节点参与主体的协同关系状态角度，我们可以将我国物流服务供应链协同运作过程分为以下几种。

（一）点链式协同运作

这是一种物流供应链中各节点参与主体的低层次协同运作模式，各参与主体虽然想要实现合作共赢，但为了达成盈利，专注于自身的利益最大化，机会主义大行其道，无法为合作伙伴提供必要的数据、人才等资源支持。

这种模式的逻辑在于企业将自身的资源与精力集中到核心业务领域，给客户提供最优质的服务；将非核心业务外包给第三方企业，而第三方企业通常会与其他企业合作，共同为目标用户提供服务。

（二）线链式协同运作

这是一种物流供应链中各节点参与主体的中层次协调运作关系，各参与主体虽然也重视自身的利益，但在部分场景中会为了整体长期利益牺牲自身短期利益。不过，它们在供应链整体效率与质量优化方面还存在较大的提升空间，更多的是针对局部环节提出较为严格的标准。

（三）全链式协同运作

这是一种物流供应链中各节点参与主体的高层次协调运作关系，各参与主体坚持共创共建、共赢共享原则，能够做到数据、人才、技术、资金等资源的高度共享，甚至组建专业团队统一制定物流服务管理决策。物流供应链整体利益最大化是首要目标，尊重各参与主体的差异化利益诉求，可以为了物流供应链的长期稳定发展，牺牲局部利益。

五、物流服务供应链的协同策略

（一）主动构建健全完善的沟通交流机制

企业充分发挥优势技术的力量，打造物流供应链交互运作系统，保证系统内知识流、信息流的畅通，提高整个沟通环境的开放程度，便于系统内各个环节之间进行高效沟通，构建健全完善的沟通交流机制。在此基础上，物流供应链各个节点的企业就能获得更多的运营指导，解决传统模式下不同企业之间信息不对称的问题，并促进企业之间的沟通互动，减少后期的盲目决策。在具体实施过程中，应该着眼于细节，注重以下几个方面：①打造交流基础性平台，服务于企业之间的沟通交流；②不断扩大信息共享的范围，实现深层次的沟通交流；③促进各个节点之间的经验交流，为供应链运营提供指导；④倡导不同企业在文化层面的沟通互动。

（二）快速衔接科学灵活的利益分配体制

从长远发展角度来分析，物流企业应该从各个方面谋求自身利益，才能长久地立足于市场上。从本质上来说，各个经济利益参与者以特定方式对其他参与者产生影响，即为利益机制的体现。利益分配方式的作用就在于，能够对各个利益主体之间的利益关系进行协调，并促进其利益的实现。在现代物流供应链系统中，各个节点之间存在一定的利益关联是很正常的，要想促进整个供应链体系的发展，就应该协调好不同节点之间的利益关系。现阶段，虽然国内物流供应链非常重视整体发展，但各个节点上的企业仍然习惯于谋求自身利益，而其价值取向、利益诉求之间都存在明显的区别。为了让局部发展方向与整体发展方向保持一致，应该做出如下几个方面的努力。

1. 进行利益制衡管理

设定相应的制衡机制，对供应链系统内各个成员间的利益关系进行管控与制衡。

2. 制定并实施灵活的利益分配机制

由于协同运作方式能够提高整个供应链的盈利能力和服务质量，其应用范围不断拓宽。但如果供应链运营所获利润得不到科学有效的分配，在其后续发展过程中则会挫伤企业参与合作的积极性，甚至有可能引发成员之间的矛盾和冲突，对整体发展产生不利影响。针对这个问题，有必要制定合理的利益分配机制，提高利益分配的效率及其公平性。

3. 建立人性化利益补充机制

在实施协同运作的物流供应链体系中，客户想要实现自身利润的最大化，且无须考虑物流服务工序流程方面的问题。因此，要采取适当的发展措施，为客户提供相关的利益保障，并在此基础上提高供给方的利润所得，制定并实施人性化利益补充机制，处理好企业与供给方之间的利益关系。

总体来说，在现代化供应链系统中，企业之间、企业与客户之间都存在协同关系，不同的关系处理方式会对最终的协同效应产生不同的影响。在具体运作过程中，应该充分发挥优势技术的力量，对物流供应链包含的各类协同关系进行优化，致力于实现各个参与主体的最大化利益。

第四章　城市智慧配送体系分析

第一节　城市智慧配送体系的基本架构

一、城市智慧配送体系的关键要素

城市智慧配送体系作为现代城市运行的重要组成部分，既要发挥传统物流配送的基本功能，又需要现代智能技术的系统支撑；既要把握好点（节点）、线（线路）、链（网络）的科学布局，又需要激发技术、市场和社会对智慧配送体系发展的动力作用；既要抓决策、运营和绩效等业务的管理，又需要营造文化、绿色和安全等环境要素的保障。

（一）节点要素

物流配送是现代城市的一个重要功能，如果出了问题，可能造成城市的瘫痪。因而，城市商品“最后一公里”的配送问题，已引起政府、社会、企业、居民等方方面面的关注。

1. 节点的地位

城市智慧配送体系是在互联网、物联网、车联网、RFID和云平台等现代技术支撑下的一张大网络。在实体领域，它由各种节点、配送线路、供应链网络组成，而节点则是这个体系中最关键的要素之一。

在供应链管理视角下，节点是生产及流通过程中，涉及将产品或服务提供给最终用户所形成的网链结构中的各个实体。它往往以物流园区、物流中心、配送站点等供应链节点的形式出现。

“供应链管理”的概念被提出后，经过多年的发展，供应链管理的理念和方法已深深应用到生产管理之中，分别形成了由制造商、批发商、零售商和物流商等主导的供应链运营网络，尤其是由物流商建立的配送中心已成为城市智慧配送供应链网络的核心节点。由于供应链管理覆盖了从供应商的供应商到客户的客户全部过程，涉及供应商、制造商、批发商、零售商、物流商的全部业务领域，内容复杂、管理难度大。因而，供应链节点的优劣直接影响配送体系的绩效。

供应链节点及其网络的建立，将节约巨大的协议成本，增加相关边际效用。随着电子商务的推进，供应商、制造商与物流商之间的关系更加密切，实施供应链管理后使原来客观存在的供应链有机地结合起来，“链”上的各个企业都受益。供应链管理通过实现物流一体化，改变供应链节点企业之间利益对立的传统理念，在整个供应链范围内建立起强调共同利益的协作伙伴关系。供应链管理把从供应商开始到最终消费者的物流活动作为一个整体进行统一管理，始终从整体和全局上把握物流的各项活动，使整个供应链的库存水平最低。通过供应链各节点企业的优化组合，实现需求信息的获取与应对能尽量地接近实时和最终客户，将客户需求的提前期减少到最低限度，从而获取市场竞争的时间优势，增加时间效用。更加强调城市空间、产业和规模的统筹发展，更加重视创新、协调、绿色、开放、共享新的发展理念，这必然带动城市智慧配送运行体系的网络节点选址流程发生重大改变。

节点选址流程的改变必然影响智慧配送体系运行模式的变化。城市的变化不仅是空间线路节点，更深层的是促进产业的转型和升级，进而引发供应链节点资源的重组。末端配送供应链涉及纵向从制造商、供应商、批发商和最终用户的各个节点和横向的财务、金融、工商、税务，甚至延伸到货代、海关和国检等部门节点。所以，节点的选择在城市智慧配送体系中处于十分重要的地位。

2. 节点的选址

节点选址问题不论是在传统物流配送还是在现代智慧配送体系中均是一个热点话题。它是指在一个具有若干供应点及若干需求点的经济区域内，选择一个或几个地址作为物流节点的规划过程，运用科学的方法决定设施的地理位置，使之与物流运作系统有机结合，以便有效、经济地实现系统目标。

节点选址包括两个层次的问题：选位，即选择什么区域设置节点；定址，区域选定以后，具体选择在该区域的什么位置设置节点。也就是说，在已选定的区域内选定一个空间作为节点设施的具体位置。节点选址还包括两类问题：选择一个单一的节点位置；在现有的节点网络中布新点。

3. 节点选择流程

节点选择必须遵循一定流程，使其规范化、科学化、制度化。

第一，确定选址目标。根据对整个供应链网络的分析，确定拟建设施需要考虑的因素和各项要求，明确建立物流配送设施的必要性、目的和意义，以及设施的潜在作用，对拟建设施的品种和生产规模拟定建场条件的指标，以便据此查明所选厂址是否符合建设工厂或服务设施的要求，如占地面积、工厂或服务设施总建筑面积与体积、职工总人数和货物的年运输量等。

第二，明晰选址约束。在进行决策选址时，需要对选址的条件进行筛选，从而缩小选址的范围，可以从需求条件、运输条件和区域条件等对决策进行约束。需求条件主要是对物流设施的下游企业分布情况进行预测，分析物流作业量的增长率以及物流设施辐射的区域范围；运输条件主要是对运输工具是否便利，运输路线是否畅通等进行分析；区域条件主要是对所选区域相关法律法规进行分析。

第三，勘查收集资料。在做出选址决定之前，需要对各个选址的实际情况做深入的了解，这就需要对各预选址进行实地勘查。根据工厂或服务设施规模、特点，由有关专业技术人员共同制定选址基础资料收集提纲，按照提纲详细收集选址基础资料。

第四，建立优化模型。在备选地址确定下来后，根据收集的资料，针对不同情况运用运筹学的原理，选用不同的模型进行计算。通过定量计算，得到优化的方法，并求出最优解，得出预选地址。

第五，综合评价结果。结合对选址的影响因素，综合对计算结果进行评价。评价时不应只考虑一种或几种因素，应将成本因素和非成本因素都考虑进去，对结果进行评价，看其是否具有现实意义和可行性。

4. 重要节点

城市智慧配送体系作为智慧城市系统的一个子系统，节点的选择必须站在全局的视角，以实现城市各个物流节点之间的运作与城市总体规划相协调，使其信息共享度高，城市的整体付出成本低，整个城市配送系统高效。在城市智慧配送体系中，最重要的节点是物流配送园区、配送中心和末端配送站点，尤其是科学规划布局的智慧配送园区和配送中心。

（1）智慧配送园区

智慧配送园区是一种现代化的特殊物流园区（基地），它承担着为城市智慧配送体系提供货物集聚和仓储、快递邮品中继分拣、电商平台营建、配送功能孵化、配送技术研发等功能，是城市智慧配送体系的重要节点。

智慧配送物流园区是集中建设的物流配送设施群与众多物流配送业者在地域上的物流集结地，具有智慧配送物流设施集约化、智慧配送物流设施空间布局合理化、智慧配送物流运作共同化的特点。园区可以按照企业模式去运营，但要强调“服务”功能。园区既要发挥好城市与外界交往的能力，更要服务好城市的智慧配送运营。

（2）智慧配送中心

一般意义上来讲，配送中心是物流、信息流和资金流的综合设施，它在流通领域具有密切关联地位。配送中心作为运输的节点，它把干线运输与支线运输衔接起来，把运输的“线”变成了配送的“面”，把分散的物流节点编制成为密密麻麻的“网”。配送中心把单一的运输、仓储、装卸搬运、包装、流通加工和信息通信有效地结合起来，使物流各项作业之间协调运作，形成了一个十分精细而科学的运行系统，由原来单一功能的提高变成各项功能的整体发挥，使系统得到了升华。

智慧配送中心是基于“互联网＋理念”，建立在先进的物流技术和信息技术基础之上的，从事配送业务的物流场所或组织，是城市智慧配送体系的重要节点。它同时满足一般配送中心的基本要件，即主要为特定的客户服务；中心配送功能健全；拥有完善的信息网络；以配送为主，储存为辅；多品种、小批量；辐射范围小。

（3）智慧配送站点

智慧配送站点是城市智慧配送体系中最接近最终用户的末端配送服务场所。它是配送企业独立设置或与社区服务机构、具有一定规模的住宅小区、连锁商业网点、大型写字楼、企业营销机构、机关事业单位和大学校园等单位开展广泛合作设立的物流末端配送服务节点，有时还体现为自助电子快递箱、智能快递站等形式。

智慧配送站点要求现代的物流技术支撑，严格遵循城市智慧配送流程运作规范，尤其是有自动寄存功能的站点设施，还应具有自动安全监测装置。所有智慧配送站点均应具有全程监控功能。

一般来说，在城市物流配送体系中的，选址条件上，智慧配送园区的规划选址主要基于城市道路网的布局，有利于供应商、生产商和经销商等商家的集货运输；智慧配送中心的选址规划则是基于城市道路管网和配送区域用户分布的综合考量；末端智慧配送（存取）站点选址布局则侧重于用户集聚的密度。在服务功能上，智慧配送园区侧重于发挥集货调配功能，智慧配送中心侧重于专业配送功能，智慧配送站点侧重于对最终用户提供存取服务功能。

（二）动力要素

任何事物的发展都需要一定的动力，城市智慧配送体系的发展更是如此。提起动力，人们自然会联想到系统动力学原理，这是在 20 世纪中叶由美国麻省理工学院教授福瑞斯特（Forrester J.W.）创建的。它是一种以系统反馈控制理论为基础，以计算机仿真技术为主要手段，定量地研究系统发展的重要方法。将系统动力学应用于区域物流配送中心选址问题，拓展了系统动力学的应用空间，对人们的后续研究是一个启迪。

城市智慧配送体系是一个系统，是一个由互联网、云平台和大数据等现代技术支撑的，由城市管理者、公共信息服务平台、制造商、物流配送企业、用户以及城市社会为主要元素的。即由产品、物流和技术等资源的不断输入，市场信息、个性需求、科学决策和敏捷处理等要素的不断转换，以及质量保障、服务优质、资金安全、环境生态和社会和谐等绩效的不断输出而共同构成的系统。

在这个系统中，存在系统内的众多变量在它们相互作用的反馈环里有因果关系。反馈之间有系统的相互联系，通过不断改善，使系统功能和绩效持续提升。

1. 技术动力系统

技术动力系统起始于城市智慧技术的各类投入，并以产出为终点。系统中技术研发、推广、应用、建设和运营诸环节投入的增加将带来产出的增加，符合相关经济规律。

城市智慧配送系统的技术投入是城市智慧配送系统的一个起点，模型设定智慧配送技术的研发投入、推广投入和应用投入为智慧配送技术水平提升的主要指标，智慧技术的总体投入是逐年增加的。其技术水平体现在公共技术平台和专项技术应用两个方面，公共技术平台主要设定为通信传输平台、资金结算平台和信息监控平台三种类型，既然称公共技术平台，那么该平台不仅仅为城市智慧配送服务，而且承担着为整个智慧城市服务的职能；专项技术应用主要体现在订单处理系统、作业调控系统、仓储管理系统和线路优化系统四项内容，是智慧配送体系内各节点建设并管理的业务平台。这些变量随着技术投入的增加而持续更新，其智慧化程度逐年提升，应用范围逐年扩大。智慧配送技术系统的产出以智慧配送平台（包括公共服务平台和企业专项平台）的访问量为标志（公共服务平台访问量的统计以是否与城市配送发生关联为标准），最后体现在对城市智慧配送产业增加值的贡献率。

根据对城市智慧配送体系中技术系统的分析，结合系统动力学相关理论，可以得出基于系统动力学的技术系统图。

一个城市的智慧配送产业增加值对技术投入的影响系数，技术研发、推广和应用的投入增长率直接影响城市智慧配送的技术投入量，进而影响服务城市智慧配送体系的专项技术平台、公共技术平台和智慧技术其他设施设备。由于城市智慧配送是基于现代网络平台运作的，其业务量数据必然汇聚到一定的网络平台。所以，上述平台、设施设备的点击量就决定了城市智慧配送体系的访问量，这些因素在一定程度上决定了一个城市智慧配送产业的增加值。城市智慧配送体系的技术系统是影响配送产业增加值的核心力量，是支撑该体系运作的必要条件。

2. 市场动力系统

随着“互联网 +”和《中国制造 2025》的推进，用户对智慧配送的市场需求逐年提升，市场驱动城市智慧配送节点加大硬件设施和软件技术的资金投入，以支撑城市智慧配送体系的先进性。智慧配送节点在硬件设施领域的投入主要表现在场地设施和硬件设备的智能化，仓储设施和运输车辆的智能化，网络运行质量和安全监控的智慧化。节点软件技术主要表现在人员技能水平、信息挖掘利用水平和企业的智慧文化水平。

市场是资源配置的决定力量，城市智慧配送体系的发展也充分体现出市场的驱动。随着城市现代化水平的提升，人们的效率意识更加强化，特别是 O2O 电商平台的快速发展，大幅增加了人均智慧配送需求的市场容量。从整体来看，城市智慧基础设施在不断完善，这也影响着智慧配送节点的硬件设施投入和软件技术投入的信心和力度。城市的现代化、智慧化氛围影响着智慧配送市场发展速度和规模，进而影响市场环境的营造。由于节点智慧配送系统的运行和更新在一定程度上是由市场需求环境所决定的，所以，智慧配送市场需求环境的营造对驱动城市智慧配送体系发展具有重要作用。

在城市智慧配送体系的市场动力系统中，市场环境决定了人均智慧配送需求量，进而影响智慧配送节点的各项投入。在一个城市智慧配送中，智慧配送节点的创新度来自两个层面的动力：一是自身研发投入量，即研发投入在其营业额中的占比；二是市场环境和智慧城市大环境影响下智慧配送节点的投入（这项投入有时是被动的，因为欲享受外部资源带来的红利，必须配置或升级系统与之接轨）。智慧配送节点硬件的投入必然提高自身基础设施、仓储运输和网络监控等设施设备的承载量，进而增强城市智慧配送体系的技术支撑能力。

3. 社会动力系统

社会动力主要来自城市智慧配送体系的外部，主要包括社会分工的细化、社会文化的融合以及社会设施的完善等方面。从一定角度看社会资源，在一定程度上也可认为是智慧配送体系的一种投入。

从智慧配送的视角，社会分工的细化体现在企业核心竞争力的产出、员工工作绩效的提升以及居民生活节拍的加快。社会文化的融合反映在消费的个性化、居住的集聚化和竞争的供应链化。社会设施的完善则象征无线网络的覆盖、交通设施的通达以及自助终端的推普。

在城市智慧配送体系运营过程中，社会系统的拉力具有极其重要的作用。从外部资源的投入，到各种社会因素带来的增加值或节约值，结合系统动力学相关理论，可以得出社会动力系统的流图。

社会动力系统对城市智慧配送营业额的增长具有较大影响。城市交通投入增长量、无线网络覆盖面积增长量、自助终端推普增长量、城市小区数量增长量、消费个性化群体增长量、居民工作量增长量、工作绩效值在工资分配中占比的增长量和核心竞争力价值增长量均与城市智慧配送营业额的增加正相关。这些元素尽管位于城市智慧配送体系的外部，却对城市智慧配送体系的发展有着重要的影响作用。

（三）保障要素

当今社会是网络时代，对智慧配送体系而言，其保障要素主要包括网络保障、质量保障和环境保障。

1. 网络保障要素

智慧配送需要实体线路网络的支撑，尽管线路是静态的存在，但线路的占用却是动态的。在城市配送过程中容易发现，许多城市主干道在一些高峰期常常拥堵，而一些次干道或街道路巷却会畅通。这就要求在对配送线路网络设计时，要将城市的主次干道以及街道路巷通盘考虑。

对于线路网络，首先需要科学的规划，利用一个城市近几年道路通行的大数据，优化布局经典路线。由于城市配送属于末端配送的范畴，在规划时必须将工业区和生活区的道路环境考虑在内。其次，线路网络要动态管理。城市时刻处在动态运行中，企业和居民的需求在许多状况下具有即时性，尤其是配送质量的提升需要配送车辆的保障，这更要求不同的客户端在不同的时段需要调整不同的线路。最后，线路网络的设计要注重共同配送或联合配送。不论是共同配送还是联合配送均有利于配送企业节省成本，减轻对城市道路的压力，降低对社会环境的污染。因而，线路网络的设计要综合考虑企业和居民客户端的分布规律，除特殊加急业务之外，合理布局配送时间点，确定相应的线路网络。

信息网络是智慧配送体系的灵魂，离开先进信息网络的支撑，智慧配送就不可能实施。事实上，现代物流体系一直是物流、信息流和资金流的组合，信息处理也是物流活动的重要组成部分。因而，构建信息网络必然是网络子系统的核心内容。

信息网络分为企业自有的专业信息网络、行业公共物流网络和社会共享网络，智慧配送体系的信息网络则是三者的有效融合。从供应链管理的视角，信息网络尽管需要投入，但该投入为整体供应链节点带来的经济效益和社会效益的产出是巨大的。信息网络在改变社会，同时也在改变市场的划分。通过网络，使原来分散的资源整合了起来，也激活了部分闲置的资源。

城市的现代化发展离不开信息网络，特别是在国家大力推进工业化、城镇化、信息化和农业现代化的今天，对于扩大物流服务的范围、发挥物流配送的作用、提升物流配送的水平，信息网络建设更具有重要意义。

2. 质量保障要素

作为主要配送节点，其质量的内涵主要包括产品质量、服务质量和设施质量三个层面。首先，产品质量的管理。配送中心作为供应链管理的核心或重要节点，要严把产品的进货关，确保其质量符合广告的宣传和用户的期待，底线是符合行业、国家或国际认证标准。其次，服务质量的管理。配送属于现代服务业的范畴，其核心指标更要突出服务意识，企业“要向服务要效益”，这取决于服务理念、服务方式、服务设备、服务创新和服务质量等，它也反映着信息沟通、产品品质、流通加工创意、送货时间、交货地点和逆向物流保障等元素的组合程度。最后，设施质量的管理。配送的基础设施是提升质量管理的最基本条件，有些产品需要冷链配送，有些产品则需要延迟加工的组配，也有一些产品需要创意包装的加工等，若没有一流设施和设备的支撑，就难以保障相应的质量。

3. 环境保障要素

环境是一个宽泛的概念，既包括偏重硬件的生产与工作环境，也包括偏软件的人文环境。作为智能化配送体系，既要控制好节点内部的运营环境，也要营造好造福社会发展的外部环境。

加强配送节点的环境管理。第一，要重视对物的管理。在现代化物流技术迅速发展的今天，物流配送的各个环节均应注意对环境的影响，充分利用技术手段，优化运营流程，节能降耗，使用户在享受现代配送带来便利的同时，也不增加环境的负担。第二，要重视对人的管理。人文环境尽管属于软环境的范畴，但是它对整个配送流程发挥着核心作用。先进的技术需要人去操作，软环境的优劣直接影响节点的士气，影响节点的生产率。第三，要重视节点规范制度的管理。制度规范、行为准则是节点文化的重要内容。先进文化的支撑，有利于节点的可持续发展。

二、城市智慧配送体系的运作系统

作为智慧城市系统的一个重要子系统，城市智慧配送体系的运作状况直接反映着智慧城市的规划、建设、运营和管理水平。因此，深入剖析城市智慧配送体系的运作系统，具有重要价值。

（一）系统特征

城市智慧配送体系的运作系统除具有一般系统所共有的特点，即整体性、层次性、相关性、目的性和环境适应性等之外，作为大系统下的一个专业系统，同时还具有以下个性特征。

1. 敏捷性

近几年，随着大数据、云平台的发展，敏捷性的研究不断取得新进展。系统的敏捷性是对外部动态变化的环境而言的，尤其是在电商综合物流平台下，是否能够根据环境的变化做出快速反应。在电子商务背景下，敏捷性对供应链节点企业的绩效具有直接正向影响。在互联网、物联网、云计算等新兴技术平台的支撑下，人们应更加关注影响组织发展的大数据，以及大数据对组织敏捷性的影响。

由于城市智慧配送体系是建立在互联网、物联网、车联网、大数据、云平台以及 RFID 等现代技术基础之上的，各节点要素是在科学选址、优化决策的流程下进行的，必然能够对客户的个性化需求做出快速响应。作为智慧配送体系，其资源要素必然需要有效整合，节点企业竞合理念浓郁，在对外竞争时具有一致合作性，但内部节点间又存在竞争性，这种竞合理念无疑强化了配送体系的反应能力。因此，敏捷性构成了城市智慧配送体系的主要特征。

2. 协同性

协同论诞生于 20 世纪 70 年代，其宗旨是在复杂的系统中如何使各子系统协同工作。协同论研究的主题是针对远离平衡态的开放系统在与外界有物质或能量交换的情况下，如何调节系统内部的协同作用，使其自发地出现时间、空间和功能上的有序结构。

城市智慧配送体系基础设施建设基于现代信息技术，而信息技术处在快速演进形态。智慧配送体系的市场终端是具有个性特色的现代公民，在电商平台支撑下，其个性化色彩更加浓厚。因此，城市智慧配送体系的高效运作必然依赖系统各要素自发调整，在整体绩效上协同一致。所以，协同性构成了城市智慧配送体系的又一重要特征。

3. 开放性

城市智慧配送体系是一个开放的系统。通过开放，推进社会参与，在开放的公共物流配送信息平台上，实现与消费者密切相关的信息人人享有，同时，也为末端配送市场提供了一个开放、平等和便捷的平台。

在智慧城市建设背景下，与城市居民相关的产品和服务数据逐步放开，公共服务平台更加智能化。在政府宏观政策引导下，数据平台、服务流程、质量监控和诚信交易等环节更加透明。一方面公共设施的数字化水平迅速提升，城市无线网的覆盖范围快速扩大，在宏观上提供了系统开放的条件；另一方面是企业的经营管理理念更趋于供应链化，而供应链管理本身就是一种开放性管理。因此，城市智慧配送体系具有开放性特色。

4. 安全性

在互联网时代，由于通信成本的下降以及信息复制变得越来越容易，信息产业带来了一场剧变。互联网平台高效、便利，但同时在互联网营销、购买、支付、验货和收货等环节也引来了诸多风险，城市配送体系的安全性引起了人们的高度重视。

作为城市智慧配送体系，其物流、资金流和信息流必须是在安全的环境下完成的。物流的作业流程是在全程监控之下的，作业设施和设备具有较为先进的数码性，云平台时刻汇聚相关信息，不安全因素会及时排除。资金流伴随风险的预测和严密监管，第三方金融支付及监管平台确保交易双方的合法转移。信息流设置了严格的操作流程，对产品信息的假冒伪劣经过了严格的过滤。随着 O2O 商务的推进，其线下体验店进一步强化了对产品质量的监督。因此，安全性已成为城市智慧配送体系的又一内在属性。

5. 经济性

所谓经济性就是指在提供一定量的产品和服务过程中所占用的资源和费用最小。城市智慧配送体系作为智慧城市这一大系统的子系统，自身的构建和运作均达到了科学优化的水平，无疑提升了体系自身的绩效，增加了该体系的内部经济性。同时，对节点企业、城市社会、全体用户均产生成本降低，资源优化，获得便利等特征，这就产生了巨大经济性，同时构成了城市智慧配送体系的又一鲜明特征。

6. 生态性

城市智慧配送体系作为现代城市文明建设的重要组成，必然在生态性方面呈现优势。首先，优化的节点选址有利于配送路径的优化，物联网、车联网技术为配送路线的时时变更提供优化智能，这在客观上降低了能源的消耗，为城市生态做出贡献。其次，智能化的调度系统强化了共同配送和协同配送，减少了不必要的重复运输。最后，现代化的通信技术提升了配送体系节点间的信息沟通，有利于产品和服务的资源整合。因此，生态性已成为城市智慧配送体系的重要标志特征。

（二）系统功能结构

城市智慧配送体系的主要功能表现在信息技术集成应用功能、平台综合应用功能和物流配送作业功能等方面。

1. 信息技术集成应用功能

物联网技术是城市智慧配送体系的主要支撑技术之一，它用数字世界将物理世界、虚拟世界联系在一起。随着物联网技术的在线监测、定位追溯等功能的充分发挥，RFID、传感网、M2M 和两化融合的技术形态也更加普及，真实的物理世界、数字世界和人机控制的虚拟世界的集成更加凸显。真实的物理世界、数字世界与虚拟世界之间数据集成关系得到了深度的挖掘和广泛的应用。

以物联网为核心的现代信息技术的集成应用表现在三个层面。在感知层，一系列核心技术被包含在内，射频、传感、网络环环紧扣，传感器、电子标签、无线路由器及无线网关等相互配合；在网络层，多网融合支撑物联网；在应用层，将物联网技术与行业专业系统结合，实现广泛的物物互联的应用解决方案。物联网技术的推广应用，使“人—货—车—路—机”形成了密切对接，“人—机”管理提升到新的层级，无疑为城市智慧配送安装了智慧的“眼耳”，凸显了现代信息技术的集成应用功能，为城市智慧配送体系增添了强大的智慧含量。

2. 平台综合应用功能

城市智慧配送体系的核心在于平台系统的综合应用。在平台系统中，拥有电子标识、自动识别、自动交换、智能交通、智能储存、自动分拣、移动服务、可视化服务和位置服务等先进适用技术的应用。平台系统具有设备的智能化、作业的单元化、流程的标准化、交易的数据化和过程的可视化等功能。其中，深度智能感知的仓储管理系统、科学有序的智慧化商品分拨调配系统和互联互通的物流信息服务平台是智慧配送运行体系的关键指标。

平台系统一般可划分为多个层级。一般来说，有公共平台、行业平台和企业自有平台。具体到物流信息平台，具有数据交换、信息发布、电子商务和政府信息服务等功能。依次可划分为平台管理子系统、信息管理子系统、交易管理子系统、接口管理子系统、作业管理子系统和物流预测子系统六个子系统。

智慧配送节点的信息平台是指利用信息平台对配送节点内物流作业、物流过程和物流管理的相关信息进行采集、分类、筛选、储存、分析、评价、反馈、发布、管理和控制的通用信息交换平台。

智能配送信息平台一般具有以下功能。

一是智能仓储管理与监控功能。运用条码技术、无线传感技术对产品出入库、库存量和货位等环节进行智能管理；运用 GPS、GIS、RFID、智能车载终端和手机智能终端技术监控货物状态及装卸、配送和驾驶人员的作业状态，实现智能调度。

二是智能配送管理与监控功能。在运输过程中，通过运用 GPS、GIS、传感器技术实现货物及车辆的实时监控；运用动态导航技术与云计算技术实现运输路径的智能规划与调度；运用互联网、5G 通信技术实现监控与调度人员、运输人员和货主的各类信息交换功能等。

三是智能电子交易平台。运用网络安全与监控技术、电子支付平台实现在线订货与支付功能。

四是统计与智能数据分析平台。通过条形码、无线传感器、智能终端和数据库等信息技术及管理系统，实现数据采集与储存管理；运用云计算、知识数据库等技术实现各类数据信息的统计与分析预测功能。

此外，为保证信息平台的有效运作，智能配送信息平台还须具备业务流程标准、功能服务标准、数据储存标准、设备技术标准等标准体系，保证系统信息安全的安全体系以及保证正常运行和维护的运维体系。

3. 物流配送作业功能

在城市智慧配送体系中，不论是现代信息技术，还是各类服务技术平台，均在服务于物流配送作业功能的发挥。物流功能的有效发挥需要科学决策、快速响应、延迟生产和精益管理诸策略的有效配合、提前计划、严谨组织、高效协调和严格控制，确保物流功能的协同推进。

在配送作业环节，既涉及补货和拣选，也涉及流通加工、创意包装、规模定制和延迟生产，还涉及车辆的调配和线路的优化，在现代信息技术的集成和云平台的支撑下，城市智慧配送作业的质量持续提升。

物流配送功能的发挥需要末端配送节点网络的协同。城市配送用户众多、商品繁杂及需求的规律性不强，若要提升顾客满意度，达到智慧化运行，必须加强末端节点网络的协同。

根据协同论原理，在一个系统中，通过各子系统的自组织和他组织原理、役使原理和涨落定理，交错融合，旨在产生巨大的协同效应。协同的供应链更强调供应链各节点企业的合作与协调，提倡在各节点企业之间建立战略伙伴关系，变过去企业之间的竞争关系为紧密合作的伙伴关系。这种伙伴关系主要体现在共同解决问题，共同制定决策和信息共享等方面。

协同的节点网络，要求生产制造企业、商业批发或零售企业、第三方物流企业、网商和快递企业等强化与专业化末端配送企业的密切合作，基于信息化方式整合末端配送资源，实现专业化和统一化的末端配送。

三、城市智慧配送系统子系统解析

在城市智慧配送系统中，有三个重要的子系统，即技术子系统、网络子系统和管理子系统，其运行原理和规律解析如下。

（一）技术子系统运行原理

城市智慧配送的技术子系统可分成两个层级：一是信息化公共技术；二是与配送体系密切关联的专项技术。专项技术又有许多类，其重要技术表现在自动化立体仓库技术、智能交通控制技术和冷链物流技术。

1. 自动化立体仓库技术

自动化立体仓库是由立体货架、有轨巷道堆垛机、出入库托盘输送机系统、尺寸检测条码阅读系统、通信系统、自动控制系统、计算机监控系统、计算机管理系统以及其他如电线电缆桥架配电柜、托盘、调节平台、钢结构平台等辅助设备组成的复杂的自动化系统。它利用相关设备实现了仓库高层合理化、存取自动化、操作简便化。

一般来说，自动化立体仓库主要由三大部分组成：一是土建及公用工程设施。包括库房消防系统、照明系统、动力系统、通风及采暖系统和其他设施。二是机械设备。主要包括货架、货箱与托盘、堆垛机和周边搬运设备等。三是电气与电子设备。主要包括检测装置、信息识别设备、控制装置、监控及调度设备、计算机管理系统、数据通信设备和大屏幕显示器等。

此技术运行原理表现在：自动化立体仓库采用现场控制总线直接通信的方式，真正做到所有的决策、作业调度和现场信息等均由堆垛机、出入库输送机等现场设备通过相互间的通信来协调完成。每个货位的托盘号分别记录在堆垛机和计算机的数据库里，管理员可利用对比功能来比较计算机的记录和堆垛机里的记录并进行修改，修改可自动完成和手动完成。监控管理系统包括数据管理、入库管理、出库管理、查询、报表、单据与盘库、报警、监控与动画等模块。系统软、硬件功能齐全，用户界面清晰，便于操作维护。堆垛机有自动召回原点的功能，即无论任何情况，只要货叉居中且水平运行正常时，就可按照下达的命令自动返回原点。这意味着操作人员和维护人员可以尽量不进入巷道。智能的控制系统，可以实现真正的自动盘库功能，避免了以往繁重的人工盘库工作，降低了仓库管理人员的工作强度，同时保证了出库作业的出错率为零。

2. 智能交通控制技术

城市智慧配送离不开交通，只有交通的顺畅才有可能实现智慧配送。智能交通是当今世界交通运输发展的热点和前沿，它依托既有交通基础设施和运载工具，通过对现代信息、通信、控制等技术的集成应用，以构建安全、便捷、高效、绿色的交通运输体系为目标，充分满足公众出行和货物运输多样化需求，这是现代交通运输业的重要标志。

智能交通的核心是人、车与路的协同。智能交通物联网发展的重点技术包括短程通信技术、车辆运行状态检测技术、基础设施及环境性能检测技术、辅助驾驶技术和新一代交通控制系统等。智能交通的子系统主要包括交通信息系统（Automatic Terminal Information Service，ATIS），交通管理系统（Advanced Traffic Management System，ATMS），公共交通系统（Advanced Public Transportation System，APTS），车辆控制系统（Advanced Vehicle Control System，AVCS）和不停车电子收费系统（Electronic Toll Collection，ETC）等。

交通控制的关键点在于道路路口。单个路口的交通控制一般称为“点控制”；若把一条主干道若干个交叉路口统筹考虑，设计出一种相互协调的方案时，称为“线控制”；若将一定区域的交通路口统筹协调，则称为“面控制”。城市智慧配送体系运行方案无疑是要在“面控制”上做文章。面控制的关键元素一是确定感应信号灯控制参数，二是挖掘感应线圈反映的信息。

关于感应信号灯控制参数，主要包括最短绿灯时间的确定和最长绿灯时间的确定两种情况。确定最短绿灯时间的依据，是要满足行人安全过街和保障停在检测器和停车线之间的车辆全部驶出停车线所需的时间。最长绿灯时间的确定，目的是在信号周期确定的情况下，保障主路的通车时间。

城市智慧配送体系需要智能交通的配合，各个道路、道口的经验数据应作为末端配送企业线路优化的重要依据。其配送运输流程包括线路选择、线路优化、线路调整等步骤。

3. 冷链物流技术

城市智慧配送运行要求加强流程控制，加强对物流配送车辆、人员、环境及安全、温控等要素的实时监控和反馈，这就需要冷链物流的配合。冷链是为保持新鲜食品及冷冻食品等的品质，使其在从生产到消费的过程中，始终处于低温状态的配有专门设备设施的物流网络。

冷链物流由冷藏运输、冷冻储存、冷冻加工、冷藏配送四个主要环节构成。冷藏运输，包括食品的中、长途运输等，它主要涉及铁路冷藏车、冷藏汽车、冷藏船、冷藏集装箱等低温运输工具。冷冻储藏，包括食品的冷却储藏和冻结储藏，以及水果蔬菜等食品的气调储藏，它是保证食品在储藏和加工过程中的低温环境。在此环节主要涉及各类冷藏库、加工间、冷藏柜、冷冻柜及家用冰箱等。冷冻加工，包括肉禽类、鱼类和蛋类的冷却与冷冻，以及在低温状态下的加工作业过程，也包括蔬菜的预冷、各种速冻食物和奶制品的低温加工等，在这个环节上主要涉及冷链装备是冷却、冻结装置和速冻装置。冷藏配送，包括各种冷链食品被配送到最终用户，需要专用冷藏汽车或冷藏箱完成。

（二）网络子系统运行原理

在由道路实体网络、信息虚拟网络和经营供应链网络形成的网络系统中，有其独特的结构存在，其构建的影响因素及运行流程也有其特定的规律。

1. 智慧配送网络子系统结构

城市智慧配送体系中网络子系统的结构也可抽象为点和线以及它们之间相互联系所构成的网络。在道路实体网络中，“点”指商品及其配送主体、客体所在的位置，“线”指道路街巷；在信息虚拟网络中，“点”指信息中心、交换中心或信息采集处，“线”则指有线或无线的网络宽带；在经营供应链网络中，“点”是指供应链上下游节点，是涉及的商家或最终用户的集合，“线”是指商家或用户的有形或无形的联系。

2. 影响网络子系统构建的因素

网络子系统的构建是一个极其复杂的过程，受到很多因素的制约，需要经过多次的反复遴选，才能构建出比较满意的网络。尽管影响构建的因素有很多，但是总的来说可以分为两类：成本因素和非成本因素。

（1）成本因素

成本因素是指与成本直接有关的、可用货币单位衡量的因素，包括运输成本，对网络中的上下游企业来讲，网络是否优化直接影响着运输手段、运输方式等；运营成本，指网络构建完成后所需花费的各种可变费用；建造成本，即网络的建设费用。

（2）非成本因素

非成本因素是指与成本无直接关系，但能够影响成本和系统未来发展的因素主要有：交通因素，网络是否方便是在构建时一个主要的考虑因素；环境因素，宽带环境、社会环境、交通环境等都是要重点考虑的因素；政策因素，在建立网络之前，一定要到相关部门进行咨询，了解法律法规是否适合建设网络节点，是有相应的政策支持，还是对未来的发展会有限制。

（3）网络子系统运行的流程

确定目标，根据整体分析，确定网络运行需要考虑的因素和各项要求；明晰约束，研究网络运行的各种限制条件或可能发生的问题；勘查收集资料，在运行之前需要对实际情况做深入的了解，掌握相关基础资料；运行网络，在充分把握相关要求、任务、目标之后，实施网络运行；评价结果，对运行的情况展开评价，总结得失，以在下次运行中取长补短，予以改进。

（三）管理子系统运行原理

城市智慧配送管理子系统不论是对流程的管理、质量的管理，还是环境的管理，均要坚持科学管理与人性化管理的辩证统一，要实现实体企业和商品的管理与虚拟网络中心和信息化管理的有机统一。

1. 职能管理

管理子系统作为管理范畴，必然应履行计划、组织、协调和指挥诸项基本职能；智慧配送作为物流管理的子系统，又要充分发挥运输、仓储、搬运、装卸、流通加工、配送、信息处理等基本功能，还要讲求效率和效益的统一。这就需要充分利用科学决策、快速响应、延迟生产、精益管理等手段。

2. 方法管理

由于城市智慧配送系统尚在成长阶段，流程管理、质量管理和资源环境管理均须加强。在这个阶段，“PDCA”工作方法尤为适用。戴明环（W. E. Deming）将管理工作分为四个阶段，即 P（Plan）计划、D（Do）执行、C（Check）检查、A（Action）总结处理去做。每循环一次，管理质量将会提高一步，不断循环，管理工作就会不停地完善和提高。

利用戴明环管理，往往是大循环套中循环，中循环套小循环，环环转动，相互促进，城市智慧配送逐步完善。

戴明环的管理方法是螺旋式上升和发展的，每循环一次，都要有所前进和有所提高，不是停留在原有水平上，智慧化配送水平节节提升。

3. 创新管理

城市智慧配送是基于“互联网 +”、大数据、云平台、大物流、个性化之上的末端配送活动，B2B、B2C、O2O、APP 等商业模式不断涌现，实施创新管理具有重要意义。

创新管理的一般流程从观察，到准备，到酝酿，到顿悟，再到验证，五个阶段构成了一个闭环。

观察，是创新管理的第一步，主要观察智慧配送的基础设施、资源环境、产品链条、市场走向等，它决定着创新的方向和目标，在一定程度上规定了创新的价值和可行性。

准备，就是要收集和整理资料，储存必要的知识和经验，准备必要的技术、设备及其他有关条件，尤其是智慧配送的技术子系统、网络子系统要准备到位。

酝酿，主要针对智慧配送的业务环境和市场分布，提出推进智慧配送的各种假设与方案。

顿悟，经过前一阶段充分的酝酿，在长时间的思考后，思维进入“豁然开朗”的境地，从而突然想出解决问题的方案。智慧配送的解决方案必须基于大数据，遵循科学的决策流程。

验证，就是把前面所提出的智慧配送的假设方案通过理论推导或实际操作进行验证是否正确、合理和可靠，从而付诸实践。

第二节 城市智慧配送体系的总体框架

一、智慧配送体系的责任主体

（一）责任主体与主体责任

责任，有两层含义：一是作为自然人或法人应该承担的法律或社会义务；二是对自身行为后果的承担。在社会主义市场经济不断发展和经济社会进入新常态背景下，“责任”二字越来越引起人们的重视。

主体，汉语的基本释义是指事物的主要成分。从哲学的视角，主体是相对于客体而言，是客体存在意义的决定者；从法学的角度，是指享受权利或承担义务的自然人或法人。

责任主体是指实施责任行为和承担责任后果的主体，包括相应的自然人、法人。一般意义上将法人引申为国家、政府部门、社会团体和企事业单位。

主体责任也可从两个角度来诠释：一是责任的主要部分；二是责任主体要承担的责任。作为城市配送体系建设的主体责任，则是指后者。先确定责任主体，然后再厘清相应承担的责任。

（二）城市智慧配送体系建设的主体选择

就当前国内状态而言，东、中、西部三大板块经济发展基础呈梯次形态，城市综合实力和智慧配送体系基础设施差距较大，发展极不平衡。即使位于同一区域，各市的自然条件、人文底蕴、产业重点和城市化基础等也有差距。因而，各个城市对城市智慧配送体系的发展及建设定位千差万别，部分城市将该体系建设上升到了城市建设的综合工程，部分城市则列为专项工程，也有部分城市作为局部试点工程。

定位不同，其主体选择方案也不会一样。作为综合工程，建设主体应该选为城市政府；作为专项工程，应该是政府规划，部门协调，企业建设；作为局部试点工程，一般选择部门协调，企业运作。城市智慧配送体系的建设主体在发生新的改变，多元协同的主体态势日益明显。

（三）城市智慧配送体系建设主体履责原则

城市智慧配送体系建设作为一项具有部分社会公共服务工程性质的特殊项目，必须坚持政府主导，依法合规；坚持市场主体，重诺履约；坚持效益为先，兼顾公益；坚持权责对等，互利共赢。

1. 政府主导，依法合规

作为涉及全体市民切身利益的一项城市工程，政府必须主导规划，将城市智慧配送体系与这个城市规划协调一致，依照相关法律、法规，有序推进，公开透明，决策合法，程序合法，过程合法。

2. 市场主体，重诺履约

城市智慧配送体系不属于纯公益性质，市场在整合资源中的主体地位必须凸显，各建设方之间要坚持平等协商，树立契约理念，要坚守诚信，严格履约。

3. 效益为先，兼顾公益

城市智慧配送体系的建设和运营，必须树立战略眼光，考虑长期可持续发展，要树立效率和效益观念，提升盈利水平；作为具有部分公益成分的工程，要避免牟取暴利，要关注多数群体的心理承受能力。

4. 权责对等，互利共赢

遵循市场经济规律，明晰各方权利义务，确保市场主体权利，确立社会效益和经济效益的长远目标，有效平衡各方利益，达到各方发展共赢。

二、智慧配送体系的空间分布

城市规模有大有小，市、县人民政府所在地，常住人口多于2000人，非农业人口超过50%的；工矿点人口超过1000人，非农业人口超过75%的即可定为城市居民点。随着社会的发展，国家民政部分别于1984年、1993年调整了城市设立标准，2014年发文调整城市规模划分标准，标志着我国对城市的管理越来越务实。

根据城市建设合理规模的“门槛理论”，城市基础设施容量的供给具有门槛性，一方面显示城市发展与城建投资不是一个线性函数关系，另一方面也说明城市设施的应用能力是具有范围限制的。城市智慧配送体系作为城市物流的核心组成，在空间布局上必须精心设计核心圈，科学规划支撑圈，战略布局关联圈。

（一）城市智慧配送体系建设的核心圈

城市智慧配送体系的核心圈即城市智慧配送运营区。该圈层的建设需要围绕三大关键要素，精心建设好技术子系统、网络子系统和管理子系统。一要成立相应的组织机构或行业协会、研发机构，专司该项工作的研究、管理推进。二是需要建设完善的智慧城市基础设施，包括网格化的实体道路，通畅的宽带网络，科学规划建设的居民点，密集的商业、金融及其他服务业等。三是需要有精心布局的配送中心和末端存取货站点，城市交通智能控制信息采集点，城市智慧配送相关信息平台等。四是预留与智慧配送发展区有序拓展的接口，建设与支撑圈内物流园区相连通的快速通道。

（二）城市智慧配送体系建设的支撑圈

城市智慧配送体系的支撑圈也是圈层结构理论的中圈层，是城市智慧配送的发展区。一是智慧配送产业的发展支撑，要科学布局可提高跨区域服务且创新能力较强的物流园区（基地）、物流中心，推行先进物流技术和产业装备在园区内企业中的运用，加强园区的互联互通功能，提高园区物流服务整体水平；要加强智慧物流产业孵化功能建设，重视园区的对外合作，孵化推广智慧配送功能。二是智慧配送区域的拓展支撑，随着城市规模的膨胀，智慧配送体系的强大，城市智慧配送体系需要逐步向外延展，该圈层将是未来发展的重点区域。

（三）城市智慧配送体系建设的关联圈

城市智慧配送体系的关联圈也是圈层结构理论的外圈层，是城市智慧配送的影响区、辐射区。一是城市配送产业配送品的生产供应区，为城市生产、生活提供原材料和产品供应。二是城市智慧配送产业相关用品的制造基地，紧密连接支撑圈层，随时准备承接支撑圈相关产业的转移。三是城市智慧配送理念的影响区，是未来智慧配送体系潜在的发展区。

三、智慧配送体系的表现形式

在构建和运作实践中，智慧配送体系因城市条件的不同，而呈现出不同的表现形式。

（一）政府主导的城市公共智慧配送体系结构

城市智慧配送水平直接决定城市各种商品的流通量及流通的畅通性，进而影响企事业单位的运作及居民的生活状况。所以城市智慧配送本身具有公共性质。在不同的经济背景下，政府起着主导或者引导作用。城市公共智慧配送体系指在政府规划指导和监管下，由政府单独出资建设或者政府直接融资建设公共配送中心。该体系也可以是政府出资建设、企业经营与管理，面向社会提供现代配送服务，并按照核准的公共价格来收取一定费用的配送模式，往往涉及基础设施的制度安排，强调政府与企业、社会共赢的现代公共服务特性的供给方式。在具体运作方式上采取公共性与市场化相结合的运行机制，初期政府主导运作，中后期则以企业的运营管理为主导，发挥企业所拥有的行业资源和专业管理经验的作用，向社会提供配送服务。政府主要发挥指导、监管和约束作用。城市公共智慧配送体系具有公共性、行业性与企业性特点。在采用政府主导的城市公共配送模式时，可以根据城市发展的需要建设最现代化的基础设施，采取先进的技术和设备，同时执行与完善先进的服务标准，完善城市公共智慧配送系统，提高城市配送的整体服务水平。

（二）交通运输部门主导的城市公共智慧配送体系结构

交通运输部门主导的货运转运型智慧配送体系主要指政府的一些主要交通运输部门，包括民航、港口、铁路和公路等，依托空港、海港、货运站、集装箱堆场和公路枢纽等，利用其自身的集疏运网络通道将货物迅速配送给用户（智慧物流园区、智慧配送中心、末端配送站点以及其他收 / 发货人），而无须等待用户自行提取，从而形成转运型智慧配送体系。交通运输部门主导的货运转运型智慧配送体系建设往往需要一些从事集拼业务的货运代理参与其中并发挥重要的作用。他们依托在空港、海港、货运站点等建立的智慧配送中心，将相应运输方式下众多用户的货物进行集拼，按照不同用户的配送地点，设计合理的配送路线，进行统一配送，在集约使用运输工具的基础上大大提高运输装卸效率，达到提高顾客服务水平和降低物流费用的目的。

（三）IT 与物流企业联合主导的城市智慧配送体系架构

部分 IT 企业，在智慧城市建设领域积聚了丰富的经验，具有制作城市智慧配送体系建设方案的优势，技术力量雄厚。部分第三方物流企业，在城市配送领域有专长，物流基础扎实。这两种企业有效结合，打造出的智慧配送体系可称为 IT 与物流企业联合主导的智慧配送体系。

如中国邮政、一些快递公司等物流企业，可以联合 IBM、中国移动等 IT 企业，联合主导建设。物流企业专门承揽物流服务，通过与制造商、零售商和批发厂商建立长期的业务关系。IT 企业建设信息网络，二者利用高效的信息系统将生产、加工企业及零售企业或者收货人等信息进行统一组合、处理后，按客户订单的要求，快速、稳定、高效率和低成本完成满足用户的配送需求。

由于具有专业化优势，第三方物流企业承担多家厂商 / 发货人的物流配送任务，往往建有配送中心。而配送中心的规模取决于第三方物流企业的业务量规模，以配送中心为辐射中心将货物配送给多个零售商 / 收货人，所以，容易形成规模经济，同时能够满足客户的多种配送要求，因此能够适应当前电子商务的发展需要，提高物流配送服务水平。

IT 企业利用现代信息技术优势，不断更新信息化平台和网络，对第三方物流企业的配送中心升级改造，即可成为智慧配送中心。二者相互补充、相互支撑，形成了独特的配送体系。

（四）大型制造商主导的智慧配送体系

作为供应链的上下游节点，制造商与零售商之间的竞争从来没有停歇过，为了在一定程度上减轻零售商的控制，大型制造商不断扩展自己在销售渠道及物流运作活动中的实力。一些大规模且拥有分布较广的营销网络的制造商直接将生产的产品按照零售商所要求的时间、数量等送达零售商的一种配送方式，构成了大型制造商主导的智慧配送模式。随着现代消费者需求的个性化程度不断提高，零售商对多频度、少批量订货要求的增强以及制造商转变生产方式，将过去的推式生产方式转变为以客户需求为主导的拉式生产方式，批发商、代理商等中间流通渠道不断被缩减，销售渠道呈现缩短趋势，特别是在电子商务飞速发展的当今经济环境下，基于网络的在线销售额不断攀升，客户对商品的时间性服务要求提高，制造商根据各零售商甚至是消费者的订货要求直接配送已逐渐成为一种主流。我国知名家电企业海尔、联想、宝洁、长虹、康佳、TCL、科龙、美的、格力等在建设自己的网络与零售直销渠道的同时，纷纷建设自己的物流配送体系。

大型制造商主导的智慧配送模式往往由几个层级构成。首先大型制造商构成以生产地为中心的一级配送网络，在此基础上形成辐射状的区域内分拨网络。然后根据销售的具体省市，采用轴辐原理在全国构建集散分拨中心，从而形成区域间分拨网络体系，共同担负成品分拨、备件配送及逆向物流配送任务。这些网络，在城市智慧配送体系中，发挥着极其重要的作用，构成了城市智慧配送体系的重要组成部分。

（五）大型零售连锁企业主导的城市智慧配送体系

在与制造商的竞争与合作过程中，有些零售商专注于零售环节，将物流配送环节交给制造商统一管理运作，但是一些大型零售商则在竞争中掌握了物流配送权。因此，与大型制造商主导的物流配送模式相对应的是大型零售连锁企业主导的物流配送模式，它是指一些大型零售企业通过利用自身在零售运作过程中通过不断铺设城市门店，构成星罗棋布的城市销售网点而产生的销售规模经济效应，逐渐掌握销售的控制权，自建城市智慧物流配送中心，统一采购、统一仓储、统一配送、统一管理和经营的一种智慧物流配送模式。

我国的一些大型电器连锁企业也在自建区域物流或城市物流网络，实现自营配送，它们在全国各地拥有自己的配送中心，构建先进的信息系统，通过与制造商合作，将所销售商品的下单、提前期控制、配货、分放、配装、送货及下一级的消费者配送和货物逆向物流等环节进行协调统一运作，实行严格规范的配送业务流程，物流、信息流、资金流和谐有序流通。

由于零售商直接面向最终消费者，所以由大型零售企业主导的物流配送模式在降低物流配送成本，减轻牛鞭效应，提高服务水平等绩效指标方面具有更佳的表现。

（六）多元融合的城市智慧配送体系

随着020电商营销模式的迅速蔓延，电商物流的业务量激增，无形中增加了城市智慧配送的业务量。客户通过互联网或电话订货，然后期望在自己指定的地点取货，这就要求制造商、批发商、零售商和物流商之间建立战略合作伙伴关系，在末端物流环节合理布局建设智慧配送存取站点。该站点需要设置自动化存取货设备，必须与智慧物流园区内的存储货物的分拨中心、智慧配送中心深度联合、信息共享、资源共享。此建设经费可采用多元化融资建设，制造商、供应商、零售商与平台运营商的共同支撑，物流商扮演着配送、协调、管理等角色，是产品质量、服务质量问题的直接责任人，是产品移动整个过程中质量反馈的记录者和协调者。

多元融合的智慧配送体系建设管理模式一般涉及五个层级：第一层级为制造商，他们生产的产品一般委托给供应商去发货；第二层级为供应商，他们承接制造商的产品，然后分类去处理；第三层级为平台运营商、批发商和零售商，他们将商品信息传送于物流商和顾客；第四层级为物流商，通过一系列末端配送站点，放置相应的订购商品，这些配送站点需要多元融资建设，其融资途径可来自制造商、供应商、批发商、零售商、平台运营商和物流商等渠道，有些城市也可以利用政府补贴；第五层级为顾客，是负责提货的最终消费者。

在现代智慧城市中，其智慧配送体系的表现形式不仅呈多样化状态，而且有时又是多种模式的组合体。因此，在现代信息技术快速发展的今天，政府、行业以及配送体系中的各节点企业均应加大创新力度，不断完善城市智慧配送的模式、架构，以进一步促进城市智慧配送产业的发展。

第三节　城市智慧配送体系关键要素优化

一、城市智慧配送体系配送路径的优化

节点和路径是城市智慧配送体系的两大核心要素，在配送中心及其终端站点确立之后，配送路径的优化就成了主要问题。

（一）问题的产生

城市智慧配送路径的优化，在不考虑其他因素的前提下，只需衡量路径最短，即可使用节约里程法或 Dijkstra 算法来选择或评价配送行驶路线。但是，在实际配送运作中，尤其是随着信息技术的推广和应用，用户的需求不断提升，这时，配送商必须考虑带时间窗、需求可拆分问题。

1. 引论 1：带时间窗的城市配送路径的优化

随着“互联网 + 环境”的优化，人们的时间观念越来越强。物流服务本身应该是快速响应，但一旦考虑物流配送成本，就需要在服务时间和服务成本之间寻找平衡点。基本前提是需要构建出带时间窗的配送路径优化模型，才能应对硬时间窗口和软时间窗口的服务需求。

设有智慧服务站点的集合 $V=\{v_0,v_1,\cdots,v_n\}$，其中，v_0 为城市智慧配送物流园区或智慧配送物流中心，其他为城市末端智慧配送存取站点，服务车辆集合 $C=\{c_0,c_1,\cdots,c_m\}$，D_i 为末端智慧配送存取站点 v_i 的需求量，$[a_i,b_i]$ 为末端智慧配送存取站点 v_i 的服务时间窗，t_i 为服务车辆送达末端配送存取站点的时刻，l_i 为服务车辆在末端配送存取站点 v_i 的服务时间，S_{ijc} 为第 C 辆车的路径 r_c 上的末端配送存取站点 v_i 和 v_j 之间的运行距离，Q 为车辆的装载容量，设定决策变量：

$$x_{ijc}=\begin{cases}1,\text{路径}r_c\text{中含有区间}(v_i,v_j)\\0,\text{路径}r_c\text{中不含有区间}(v_i,v_j)\end{cases}$$

则可建立：

$$\min\sum_{c\in C}\sum_{v_i\in V}\sum_{v_j\in V}s_{ijc}x_{ijc}$$

（4-1）

$$\sum_{c\in C}\sum_{v_i\in V}x_{ijc}=1\quad v_j\in V$$

（4-2）

$$\sum_{c\in C}\sum_{v_j\in V}x_{ijc}=1\quad v_i\in V$$

（4-3）

$$\sum_{v_j \in V} x_{jic} - \sum_{v_i \in V} x_{ijc} = 0 \quad v_i \in V; c \in C$$

（4-4）

$$\sum_{v_i \in V - V_0} x_{0ic} \leqslant 1 \quad c \in C$$

（4-5）

$$\sum_{v_i \in V - V_0} D_i \sum_{v_j \in v} x_{jic} \leqslant Q \quad c \in C$$

（4-6）

$$x_{ijc}\left(t_i + l_i + s_{ijc} - t_j\right) \leqslant 0 \quad c \in C$$

（4-7）

$$a_i \leqslant t_i \leqslant b_i \quad v_i \in V - V_0$$

（4-8）

式（4-1）是智慧配送路径优化模型的目标函数，代表最小化的运输行驶成本费用。约束条件（4-2）和（4-3）表示每个城市末端智慧存取站点都恰恰被一辆车送达或取货一次；约束条件（4-4）为网络流平衡条件；约束条件（4-5）表示每辆车被限制最多使用一次；约束条件（4-6）代表车辆容量的限制条件；约束条件（4-7）代表在同一条配送路线上两个连续的末端智慧存取站点间，前一个站点的车辆到达时刻不超过后一个站点的车辆到达时刻；约束条件（4-8）代表末端配送存取站点的服务时间窗口限制条件，确保按照末端客户在约定的需求时间内得到配送服务。

带时间窗的末端配送问题是城市智慧配送的基础问题，智慧配送首先是时间上的快速响应。因而，带时间窗智慧配送模型在城市智慧配送体系建立初期具有较为广泛的应用空间。

2. 引论 2：城市配送中大客户拆分服务配送路径的优化

设有智慧服务站点的集合 $V = \{v_0, v_1, \cdots, v_n\}$，其中，$v_0$ 为城市智慧配送物流园区或智慧配送物流中心，其他为城市末端智慧配送存取站点，服务车辆集合 $C=\{c_0,\ c_1,\cdots,\ c_m\}$，$D_i$ 为末端智慧配送存取站点 v_i 的需求量，S_{ijc} 为第 C 辆车的路径 r_c 上的末端配送存取站点 v_i 和 v_j 之间的运行距离，Q 为车辆的装载容量，设定决策变量：

$$x_{ijc}=\begin{cases}1,\text{路径}r_c\text{中含有区间}\left(v_i,v_j\right)\\0,\text{路径}r_c\text{中不含有区间}\left(v_i,v_j\right)\end{cases}$$

$y_{ic}\left(y_{ic}\geqslant 0\right)$ 为分配在第 c 辆车的路径 γ_c 上末端智慧配送存取站点 v_i 的部分物品量，则可建立：

$$min\sum_{c\in C}\sum_{v_i\in V}\sum_{v_j\in V}s_{ijc}x_{ijc}$$

（4-9）

$$\sum_{c\in C}\sum_{v_i\in V}x_{ijc}\geqslant 1\quad v_j\in V$$

（4-10）

$$\sum_{v_j\in V}x_{jic}-\sum_{v_j\in V}x_{ijc}=0\quad v_i\in V;c\in C$$

（4-11）

$$\sum_{v_i\in U}\sum_{v,\in U\,ijc}\leqslant|U|-1\quad c\in C;U\subseteq V-V_0$$

（4-12）

$$y_{jc}\leqslant D_i\sum_{v_j\in V}x_{ijc}\quad v_i\in V;c\in C$$

（4-13）

$$\sum_{c\in C}y_{ic}=D_i\quad v_i\in V$$

（4-14）

$$\sum_{v_i \in V-V_0} y_{ic} \leqslant Q \quad c \in C$$

（4-15）

式（4-9）为城市配送中大客户拆分服务配送路径优化模型的目标函数，代表配送运输的最小成本费用。约束条件（4-10）是要保证每个末端配送存取站点至少获得被一辆车送达或取货一次；约束条件（4-11）表示网络流平衡条件；约束条件（4-12）是为了保证配送线路上出现子回路；约束条件（4-13）、（4-14）、（4-15）代表只有配送路径上含有按规定需要服务的末端配送存取站点，车辆才能对其服务；约束条件（4-14）还代表末端配送存取站点需求量全部得到满足；约束条件（4-15）表示配送量需要接受车辆容量的限制。

在城市智慧配送体系中，由智慧物流配送园区到各智慧配送物流中心，或者由智慧配送物流中心到末端智慧配送存取站点，在未来业务量剧增的情况下，该模型有着巨大的应用潜力。

随着城市智慧配送体系的完善，人们对市场客户的满意度更加重视。期望配送服务的个性化、创意性愈加凸显，随机配送路径的优化问题也将越来越被人们重视，这也是本部分在引论的基础上提出要研究的主要问题。

3. 基本问题：智慧配送体系中随机配送路径的优化

在互联网、物联网、车联网和云平台等现代信息技术支撑下，配送体系的运作具有动态性，配送路径的管理呈现多变性，因而，近几年，随机配送路径的优化引起了国内外学者的关注。

关于这类问题的研究有两个视角：一是从人的角度，强调顾客的随机需求引起的配送路径优化，即 SVRP 问题；二是从物的角度，强调车载量增减或动态车辆引起的配送路径优化，即 DVRP 问题。事实上，现实中的城市智慧配送体系，既面临顾客的随机需求，也面临市场的随机客户，还面临服务的随机时间，人的随机及车的动态，在这个配送体系中是交织在一起的。将侧重于人的视角和侧重于物的视角综合起来，又可重新划分为附带时间窗的配送路径优化、随机需求下可拆分服务的配送路径的优化、随机服务时间下的配送路径的优化等问题，这里，不失一般性，将针对随机需求背景下的配送路径优化问题，充分考虑智慧配送的时间性要求，将重点研究随机需求下带时间窗的配送路径优化问题。

问题分析：设有智慧服务站点的集合$V=\{v_0,v_1,\cdots,v_n\}$，其中，v_0为城市智慧配送物流园区或智慧配送物流中心，其他为城市末端智慧配送存取站点，服务车辆集合$C=\{c_0,c_1,\cdots,c_m\}$，D_i为末端智慧配送存取站点v_i的需求量，S_{ijc}为第c辆车的路径r_c上的末端配送存取站点v_i和v_j之间的运行距离，Q_c为车辆c的装载容量。由于末端智慧配送存取站点v_i的需求量D_i具有随机性，服务车辆c_j到达v_i时的累计容量若超过车辆容量限制，则称车辆服务失败，σ为保证每条配送服务路径上服务失败次数小于两次的概率阈值。由于末端智慧配送存取站点有时具有客户服务时间窗口的约束，提前或延迟到达均会产生额外费用，t_{ic}为c车路径上在v_i站点上服务的时间，T_{ic}表示车辆c配送路径上从站点v_i离开的时刻。

需要实现如下目标：每条配送存取路径起始和终止点均在同一配送中心；每个末端存取站点的需求都能得到满足，有且只有一辆配送车辆为其服务；每条线路上服务失败的情况至多发生一次；优化的最终目标是所有车辆服务费用包括额外费用最小。

（二）期望值

在城市配送过程中，因为末端配送站点需求的随机性，往往发生站点需求量超过车辆到达该站点时转载累积量的情况，这时就出现了服务失败。为研究方便，将服务失败划分为两种类型：当配送服务车辆到达某配送站点时，该站点的服务需求已超过车辆此时的累积量，称为第一类；当配送服务车辆到达某配送站点时，该站点的服务需求量加上路径上前列站点的需求累积量正好等于车辆容量，车辆不能继续前行服务，称为第二类。

约定当车辆在配送站点发生服务失败时，车辆要返回到配送中心卸（装）载货物，然后继续回到原路径上完成任务。假设各配送服务路径上服务失败的情况最多只允许发生一次。

引理1：假设D_{ic}为路径r_c上客户站点v_i产生的服务需求，X_{ic}为站点v_i上所积累的服务总需求，当需求为离散随机变量时，则其发生概率的表达式为：

$$Px_{ic}(t) = \sum_{j=0}^{t} P\left(x_{(i-1)c}(t-j)\right) P\left(D_{ic}(j)\right)$$

（4-16）

边界条件 $Px_{1c}(t) = P\left(D_{ik}(t)\right)$；

当需求为连续随机变量时，则其发生概率函数的表达式为：

$$f\left(x_{ic}(t)\right) = \int_{j=0}^{t} f\left(x_{(i-1)c}(t-j)\right) f\left(D_{ic}(j)\right) dj$$

（4-17）

边界条件 $f\left(x_{1c}(t)\right) = f\left(D_{1c}(t)\right)$。

证明：根据初始条件的规律，路径 r_c 上第一个站点的配送服务累积需求量与该站点的服务需求量相同，即 $X_{1c} = D_{1c}$。所以，在站点 v_i 的配送服务累积需求量为站点 v_{i-1} 之前路径上所有站点需求量之和再加上站点 v_i 的配送服务需求量，即

$$X_{ic} = \sum_{j=1}^{i} D_{jc} = \sum_{j=1}^{i-1} D_{jc} + D_{ic} = X_{(i-1)c} + D_{ic}$$

因此，配送站点客户 v_i 所累积的配送服务需求量值为 t 的发生概率 $P\left(x_{ic}(t)\right)$（或概率函数 $f\left(x_{ic}(t)\right)$）为：

$Px_{ic}(t) = \sum_{j=0}^{t} P\left(x_{(i-1)c}(t-j)\right) P\left(D_{ic}(j)\right)$ 且 $Px_{1c}(t) = P\left(D_{ic}(t)\right)$（当需求为离散随机变量时）；$f\left(x_{ic}(t)\right) = \int_{j=0}^{t} f\left(x_{(i-1)c}(t-j)\right) f\left(D_{ic}(j)\right) dj$，且 $f\left(x_{1c}(t)\right) = f\left(D_{1c}(t)\right)$（当需求为连续随机变量时）。

引理 2：在末端配送路径 r_c 上，在站点 v_i 上的配送服务失效率 P_{ic} 为：

$P_{ic} = \sum_{t=0}^{Q-1} P\left(x_{(i-1)_c}(t)\right) - \sum_{t=0}^{Q-1} P\left(x_{ik}(t)\right)$（当配送服务需求为离散随机变量时）

（4-18）

$P_{ic} = \int_{t=0}^{Q} f\left(x_{(i-1)c}(t)\right) dt - \int_{t=0}^{Q} f\left(x_{ic}(t)\right) dt$（当需求为连续随机变量时）

（4-19）

证明：一般来说，对路径 r_c 上站点 v_i，配送服务失败的情况有三种类型：

一是在站点 v_i 之前超量导致失败，即 $X_{(i-1)c} \geqslant Q$；二是在站点 v_i 上超量形成失败，即 $X_{(i-1)c} < Q$ 且 $X_{ic} \geqslant Q$；三是在 v_i 之后超量导致失败或者不超量没有失败，即 $X_{ic} < Q$。其概率为：

$$\begin{aligned} P_{iic} &= P\left\{x_{(i-1)c} < Q \quad and\ x_{ic} \geqslant Q\right\} \\ &= 1 - P\left\{x_{(i-1)c} \geqslant Q\right\} - P\left\{x_{ic} < Q\right\} \\ &= P\left\{x_{(i-1)c} < Q\right\} - P\left\{x_{ic} < Q\right\} \end{aligned}$$

（4-20）

所以，在配送服务需求为离散随机变量时，

$$\begin{aligned} P_{ic} &= P\left\{x_{(i-1)c} < Q\right\} - P\left\{x_{ic} < Q\right\} \\ &= \sum_{t=0}^{Q-1} P\left(x_{(i-1)c}(t)\right) - \sum_{t=0}^{Q-1} P\left(x_{ic}(t)\right) \end{aligned}$$

（4-21）

当配送服务需求为连续随机变量时，

$$\begin{aligned} P_{ic} &= P\left\{x_{(i-1)c} < Q\right\} - P\left\{x_{ic} < Q\right\} \\ &= \int_{t=0}^{Q} f\left(x_{(i-1)c}(t)\right) dt - \int_{t=0}^{Q} f\left(x_{ic}(t)\right) dt。 \end{aligned}$$

（4-22）

引理 3：若配送车辆在路径 r_c 上的站点 v_i 时发生服务失败，则额外回归费用为：若为第一类服务失败，即 $\sum_{j=1}^{i-1} D_{jc} + D_{ic} > Q$，则额外回归费用 $C_{ic} = 2c_{i0c}$；若为第二类服务失败，即 $\sum_{j=1}^{i-1} D_{jc} + D_{ic} = Q$，则额外回归费用 $C_{ic}^{o} = c_{i0c} + c_{(i+1)0c} - c_{i(i+1)c}$。

证明：由于各配送服务路径上服务失败的次数不能超过一次，所以，当 $\sum_{j=1}^{i-1} D_{jc} + D_{ic} > Q$ 时，车辆的剩余容量不能满足当前站点的服务需求，出现第一类型失败。这时，配送车辆在达到自身容量即满足该站点部分服务需求后，返回配送中心进行卸（装）货，然后再继续服务。所以，该车辆的额外回归费用为

$C_{ic}=2c_{i0c}$。当$\sum_{j=1}^{i-1}D_{jc}+D_{wc}=Q$时，车辆的剩余容量刚好满足当前站点的服务需求，但不能按计划继续提供服务，即发生第二类服务失败。这时，配送车辆在完全满足当前站点服务需求后，返回配送中心进行卸（装）货，然后再返回为下一个站点进行服务，因此，该车辆的额外回归费用为$C_{ic}^{o}=c_{i0c}+c_{(i+1)0c}-c_{i(i+1)c}$。

定理：若配送站点需求为离散分布，则配送车辆行驶路径 r 上的期望额外总费用可表示为：

$$E\left[\varphi\left(r_{c}\right)\right]=\sum_{i=2}^{n_{c}}\left(\pi_{ic}\left(s_{ic}+\beta\sum_{v\in W_{1}(i,c)}\left(c_{0xc}+c_{v0c}\right)\right)+\mu_{ic}\left(C_{ic}^{c}+\beta\sum_{v\in W_{2}(i,c)}\left(c_{0xc}+c_{v0c}\right)\right)\right)$$

（4-23）

式中：π_{ic}为第一类配送服务失败的发生概率；μ_{ic}为第二类配送服务失败发生的概率。

证明：根据引理 1 和引理 2，π_{ik}和μ_{k}两种概率可由下面两个公式获得，即

$$\mu_{ic}=\sum_{t=1}^{Q}P\left(D_{ic}(t)\right)Px_{(i-1)c}(Q-t)$$

（4-24）

$$\pi_{ic}=\sum_{t=0}^{Q-1}P\left(x_{(i-1)c}(t)\right)-\sum_{t=0}^{Q-1}P\left(x_{ic}(t)\right)-\mu_{ic}$$

（4-25）

车辆配送服务路径r_{c}上的期望总费用包含两个部分：一是因为配送服务失败所引起的额外路径行驶费用；二是因误过时间窗口而产生的为站点提供直达服务的费用。当发生第一类配送服务失败时，由引理 3 中C_{ic}为额外路径行驶费用，$\beta\sum_{v\in W_{1}(i,c)}\left(c_{0xt}+c_{t0t}\right)$为直达服务费用。这种情况下，在$v_{ic}$上的期望费用为这两项费用的总和，再乘以第一类配送服务失败在v_{ic}上的发生概率π_{ic}。

同理，当第二类配送服务失败发生时，C_{ic}为额外路径行驶费用，

$\beta\sum_{v\in W_1(i,c)}\left(c_{oic}+c_{voc}\right)$为直达服务费用。此时，在$v_{ic}$上的期望费用为这两项费用的总和，再乘以第二类配送服务失败在v_{ic}上发生的概率μ_{ic}。

在v_{ii}上的期望总费用则为两类配送服务失败情况下期望费用之和。由于$P\{\gamma_i<Q\}\approx 1$，在路径r_c上的期望总费用应该为第一个站点之后的所有站点上的期望回归总费用的求和。

对于解Y，期望总费用可计算为

$$E[\varphi(Y)]=\sum_{c=1}^{m}E\left[\varphi\left(r_c\right)\right]$$

（4-26）

二、城市智慧配送体系配送车辆的调度

（一）问题的产生

在现实城市配送过程中，常常出现配送车辆数量的不确定性、客户需求的不确定性以及运输网络畅通与否的不确定性。由于城市敏捷配送体系中诸多要素的不确定性，现实中的配送系统成为一个十分复杂的系统。动态网络配送车辆优化调度更具有理论意义和实践意义。

动态网络配送车辆优化调度的时间性。由于网络的时间依赖性和不确定性是系统固有的特性，因而要充分考虑发车时间、访问顺序、离开客户的时间等与时间有关的因素以及一些其他随机因素。在有时间窗要求的动态网络中，更必须使网络的时间依赖性与客户要求的供需时间窗相契合。

动态网络配送车辆优化调度的多变性。由于在配送过程中，路段运行速度、配送时间等受交通流量、突发事故等因素影响，这些随机变化事前无法确切得知，造成制订车辆配送路径计划时的网络运行成本不能完全确定，在执行配送路径计划过程中需通过接受网络信息不断调整路线。

动态网络配送车辆优化调度的复杂性。由于时间依赖和随机因素偏多，精确算法难以应用，加上时间要求的限制，往往一个问题不能找到满足所有约束条件的最优解，甚至无可行解存在，足以显示其复杂性。

（二）遗传算法设计

将改进遗传算法对动态网络配送车辆优化调度问题进行计算。

1. 基本要素

染色体采用自然编码，现设计一个长度为 $J+m$ 的染色体结构（$0, i_{11}, i_{12}, \cdots, i_{1s}, 0, 0, i_{21}, i_{22}, \cdots, i_{2t}, 0, \cdots, 0, i_{m1}, i_{m2}, \cdots, i_{m0}, 0$）。

以染色体 03102480576 为例，则表示为：子路径 1：0-3-1-0；子路径 2：0-2-4-8-0；子路径 3：0-5-7-0。

在这种染色体结构中，一般来说子路径内部是有序的，因而如果在其内部交换位置将会导致目标函数值变化；而子路径相互之间又是无序的，其位置的交换或变化一般不会直接影响目标函数值。

2. 设计适应度函数

解的适应度是进化过程中进行选择的唯一依据，是对解的质量的一种度量，常常以函数的形式出现，表示目标或费用。

不妨设适应度函数如下：

$$f_k = \frac{bc^*}{c_k}$$

（4-27）

式中，b 为常数，c^* 为初始群中最好的染色体的运送成本，C_k 代表染色体 v_k 的运送成本，$f_k \geqslant 0$。

3. 初始群选择

确定 $m = \sum_{i=1}^{L} \frac{q_i}{C} + 1$，随机产生 J 个站点的全排列，若 $\sum_{j=1}^{k-1} q_j \leqslant C$ 且 $\sum_{j=1}^{k} q_j > C$，则将 0 插入（$k-1$）和 k 之间。接着将剩下的（$J-k$）个站点依次类推，就得到一个（$J+m$）的染色体。

4. 确定复制、交叉、变异算子

不妨采用最佳保留的轮盘赌复制法进行染色体的复制。

交叉可采用以下过程：若染色体交叉点处的两个基因都为 0，可直接进行顺序交叉运算；若染色体交叉点处的基因不全为 0，则将交叉点左移或者右移，直到左右两个交叉点处的基因都为 0，再进行顺序交叉运算。变异算子可采用交换变异。

5. 设定控制参数和终止条件

控制参数包括交叉率 p_c 和变异率 p_m，计算过程均可采用自适应策略调整。算法终止，只需满足下列选项之一：①当某代群体适应度的方差小于规定的值时；②当某代群体适应度的均值与最佳适应度的比值大于某值时；③当最佳染色体保持的代数达到一定代数时；④迭代次数达到规定的值时。

第五章 城市绿色物流发展

第一节 城市绿色物流发展需求及价值

一、城市绿色物流发展环境分析

（一）内部环境分析

现代物流作为一种先进的组织方式和管理技术，被广泛认为是企业降低成本、提高利润、增强竞争优势的重要因素，城市则历来就是经济社会的中心和经济发展的骨干力量。分析城市内电商物流企业、商超配送企业、城市餐饮配送企业等第三方物流企业的发展现状，可以很好地掌握城市绿色物流发展的内部环境，同时进一步确定推行城市物流绿色化的重要性和必要性。

1. 物流设施的建设缺乏统筹规划

首先，与国外发达城市的物流基础设施相比，我国大部分城市的物流设施规模偏小、现代化水平低、功能少，建设任务繁重。目前国内城市已建、在建和拟建的物流基地、物流园区、物流中心项目很多，在已建成投入使用的物流中心中，有一部分是亏损经营的。这说明，我国城市物流设施的规划和建设带有一定的盲目性，存在重复建设、缺乏更大范围的统筹规划的问题。

其次，宏观规划不够系统。在我国，目前大多数城市已有的局部建设发展规划缺乏整体性和长远眼光。区域内的物流供需对接和区域物流联动平台缺乏整体发展规划，现有的基础设施规划多由某个行业或企业独立完成，处于分割状态，距离一体化、规模化的现代物流技术要求还有很大差距。在发展方式上，专业化物流、第三方物流发展差距较大，组织化、集约化程度依然较低；在发展后劲上，物流业运营成本不断增加，业内实体间物流服务价格竞争加剧，企业经营难度加大。

2. 城市物流企业自身运营水平不高

当前，城市物流正面临转型期，城市物流企业正经历从粗放式的管理模式过渡到精细化运作的阶段。但是，首先目前城市第三方物流企业的观念保守、管理手段落后、技术含量低。大多数物流企业是在过去的运输、仓储业基础上改造发展起来的，缺乏现代经营理念，且自身经营规模小、硬件和软件设施水平低，使城市物流经营处于低效率、高消耗的状态，满足不了城市绿色化发展的需要。

其次，管理水平的落后。我国部分物流企业管理层的思想理念还未彻底转变，不能适应市场需要，导致物流企业的运输效率低下，大多数企业的货物实载率在 50% 以下，浪费大量的运输资源。

最后，企业规模较小。物流企业规模较小时，其运营成本会较高。受传统的“大而全、小而全”模式影响，我国物流企业规模普遍较小，造成管理机构和管理人员的重复设置，无形中增加了管理成本。

3. 城市物流企业间协作程度低

大多物流企业服务项目主要集中在运输、配送、仓储、保险和报关等传统业务领域，由于受企业规模、专业化程度及资本构成等因素的影响，物流企业服务功能的扩张与创新受到制约，导致经营相同业务的物流企业间竞争异常激烈，行业内甚至出现低水平恶性竞争，企业彼此之间不愿沟通协作，物流资源整合困难，难以形成专业化分工明确、相互协作程度高的物流产业链，导致无法形成规模化效应，整体服务水平不高。

行业的恶性化竞争，加之城市物流信息化程度很低，企业普遍存在市场营销能力差、运作成本高、资金不足和信息化水平低等问题，很多物流企业仍采用最原始的信息传递和控制方法，物流企业之间没有信息共享平台，物流资源难以共享。企业之间的合作障碍，导致城市的规模效应和整体协同效应不能充分发挥，降低了物流服务水平，不利于物流资源的充分利用。

4. 城市物流企业化程度低

首先，目前城市物流企业仍处于信息化建设初期阶段，已采用的信息技术主要是满足一般业务操作，物联网、云计算、大数据等新技术、新成果实际应用比较缓慢。其次，城市内缺乏统一的物流信息平台，很大一部分中小型物流企业没有建立自己的内部信息平台，在产业层面也缺乏统一的公共信息服务平台。企业信息化程度不均衡，尤其是大量小型企业物流信息化水平较低。物流企业和企业物流的信息化发展不平衡，大量小型企业物流信息化水平较低制约着物流的发展。企业之间难以实现良好的互联互通和信息无障碍交换与共享，信息孤岛现象明显。

（二）外部环境分析

通过外部环境分析，城市绿色物流经营平台可以很好地明确自身面临的机会与威胁，从而决定促进城市绿色物流发展能够选择做什么。对外部环境的未来变化做出正确的预见，是战略能够获得成功的前提。

1. 政策环境分析

（1）国家政策对城市绿色物流的扶持

要以加快转变交通运输发展方式为主线，以服务绿色交通建设为目标，以优化交通运输能源消费结构为核心，创新推广应用模式、落实扶持政策、完善体制机制，加快推进新能源汽车在交通运输行业的推广应用，重点在城市公交、出租汽车和城市物流配送领域，积极拓展到汽车租赁和邮政快递等领域。

（2）政府主管部门对城市绿色物流发展的鼓励

为促进城市绿色物流发展，各政府主管部门人员纷纷以论坛、大会等形式提出发展绿色物流的重要性，表明其支持倡导态度。发展绿色物流是全社会共同的责任。主要体现在制定绿色物流的发展战略、规划、标准，出台引导激励政策，发现并总结推广好的创新模式和经验做法，规范绿色物流的市场行为等方面。

以北京为例，北京市在促进城市物流绿色发展方面出台了有力的政策。作为首都，北京在各方面都具备带头作用，可作为绿色发展示范推广城市，北京企业和公众会更加迅速地接受并实行绿色物流。北京整体经济环境良好，资金、政策都为城市绿色物流的发展提供了一个好的环境。

2. 经济环境分析

在近几十年里，我国现代物流发展迅速，产业规模迅速扩大，引进了不少先进的物流技术和管理理念，为绿色物流的发展打下了坚实的基础，尤其是对物流的资金投入，极大地促进了城市绿色物流的推广，提高了物流运作效率。

（1）城市物流产业规模快速增长

2021年，全国社会物流总额335.2万亿元，年均增长率逐年提高，城市物流业增加值占社会物流总额的比重有所提高。随着国家经济发展进入新发展阶段，城市物流业加快产业调整升级，将发展的重点逐步从追求成本和速度转到质量和效益上来，并采用多种方式助推物流产业向绿色转型。

（2）对城市绿色物流项目投入大量资金

要发展城市绿色物流，需要发挥政府、行业组织和企业等全社会的力量，凝聚共识，群策群力，多措并举。在其走向成熟和大规模商业化之前，离不开大量的项目研究和资金支持。城市绿色物流发展的经济环境主要体现在近年来现代城市对其项目建设的资金投入。

根据《北京市物流业发展规划》，北京进一步投入大量资金建成结构合理、设施配套、技术先进、运转高效、绿色环保的物流体系，成为亚太地区重要的物流枢纽城市，这意味着北京市的物流作业将更加集中，物流活动将更加频繁，人口也将更加密集，对环境的压力也将加大，体现了发展城市绿色物流的必要性，同时这也是发展契机。

3. 社会环境分析

任何一种新模式的产生和发展应用，不仅应得到政策、经济上的支持，也需要有一个良好的社会环境促使其发展。当政府着力促进城市绿色物流发展时，社会公众都较为关注其发展，尤其是感兴趣的学界人士、受影响的当地社区、非政府环境组织、相关工业团体等。城市绿色物流发展的社会环境，可以从社会环境背景和民众的参与及认知情况等方面反映。

（1）公众对环境污染反响热烈

城市物流的发展对社会环境及居民产生了严重的影响，对北京而言，物流发展对运输机动车辆的需求造成了交通拥堵，同时其尾气排出多种有毒物质，虽然大范围的大气污染并非完全由运输产生，但运输量的迅猛发展是不可忽视的重要原因。有资料显示，有86%的公众认为环境污染对现代人的健康造成了较大影响，39% 的公众认为环境污染给自己和家人的健康造成了很大影响。

（2）绿色物流的观念还未普及

虽然环保意识日益深入人心，但绿色物流的概念在城市居民中还未能得到完全普及，一些群众甚至不知道什么是绿色物流。即使有部分企业已开始注重绿色生产，但绝大部分企业认为绿色物流只是一种环保理念，是不切实际的幻想，不能为企业带来任何经济效益，也不想应用高端的物流技术（增加物流成本），也有一些企业认为绿色物流是政府的事情，和企业无关。

（三）科技环境分析

城市绿色物流健康发展需要多种关键物流技术的支持。促进物流信息系统发展和标准化体系建设，完善的物流信息平台是发展绿色物流的重要基础，有助于提高物流资源的利用率和经济性。

1. 物流信息化

随着互联网时代的到来，信息的传播、交流发生了巨大的变化。互联网技术所推动的信息革命使得物流现代化的发展产生了巨大的飞跃。物流信息化受到空前的重视，具体表现为物流信息的商品化、物流信息收集的数据库化和代码化、物流信息处理的电子化和计算机化、物流信息传递的标准化和实时化、物流信息存储的数字化等。

物流信息化对于我国物流产业具有重要意义。物流信息化是物流国际化、物流现代化的基础；随着以电子化、网络化和数字化经济为特征，以电子商务为核心的时代的来临，物流信息化面临挑战与动力。物流作为一个涉及投入和产出的重要环节，在企业经营管理中起着重要作用，物流信息化的重要性也越来越被人们认同。

2. 协同优化技术

随着经济全球化和信息化进程的不断加快，物流企业已经形成了以协同优化技术为核心，以信息技术、运输技术、配送技术、装卸搬运技术、自动化仓储技术、库存控制技术、包装技术等专业技术为支撑，以云计算、大数据、移动互联等新信息技术为延伸的物流技术格局。现代物流技术进一步朝信息化、自动化、智能化、集成化、系统化方向发展。

协同优化是指各子系统或元素围绕系统总体目标进行协作配合，由此形成系统整体良性循环态势。协同优化技术的本质是企业物流资源的最优化，它将物流企业内部部门、物流企业合作伙伴、供应商、生产商、分销商、零售商和终端客户联系起来，形成动态联盟与协同。协同优化技术的目标是实现多目标协同，不仅是降低总的物流成本和提高效率，还包括支持新的营销策略、提高市场反应能力等。

3. 新型物流装备技术

新型智能化的物流装备是集机、电、光技术于一体的系统工程，具有代表性的现代物流技术主要包括物流信息采集与识别技术、电子数据交换技术、物流信息空间技术、物流信息处理技术等。它由多种信息技术集成，对物品在包装、运输、装卸、搬运和仓储及流通加工等各工作环节的作业中产生的全部信息进行及时、有效的收集、分析和处理等。

目前，随着现代物流技术的发展，新型智能化的物流装备正得到越来越广泛的应用。例如，社区配送、绿色配送和共同配送是城市物流配送的发展趋势，新能源物流车以其独特的优点应运而生。新能源物流车是纯电动、零排放的绿色环保车辆，是政策支持和民众期待的运输工具，可以大幅降低城市空气与噪声污染。作为智能型汽车，其天生就与互联网技术高度整合，可以更好地保障实现城市共同配送对物流信息技术的要求。

（四）环保趋势分析

在全社会大力倡导节能环保的今天，现代物流逐渐从高能耗、高污染的困境中走出来，更加强调全局和长远的利益，强调全方位对环境的关注，更加注重企业的绿色形象，社会物流也逐步朝着绿色化的方向发展。城市物流作为社会物资流通的重要环节，同样也存在高效节能、绿色环保等可持续发展问题，在物流过程中降低或抑制物流对环境造成危害的同时，实现对物流环境的净化，使物流资源得到更加充分的利用是城市物流产业发展的大趋势之一。

1. 企业和公众的环保意识已开始形成

我国自 20 世纪 90 年代以来一直致力于环境污染方面的政策和法规建设，但针对物流行业的政策和法规还不是很多，企业的非绿色物流作业往往屡禁不止。但是，进入21世纪以来，在国家可持续发展的政策指导下，许多企业的社会责任意识已逐步形成。它们从企业的社会责任和社会效益出发，推进企业物流的可持续发展，其中部分企业环保意识强烈，将生产绿色产品作为企业的竞争优势。它们已经按环境标准实行清洁生产，并在物流的各个环节尽可能地降低对环境的污染。例如，海尔集团就已经建立了环境管理系统，并获得了ISO 14001标准认证，从制度上保障物流的绿色化；同时，海尔也是国内率先开展家电废弃物回收物流的企业，它与青岛的各大家电商签订回收协议，建立稳定的家电回收渠道，为家电物流绿色化发展做出了巨大贡献。可见企业和公众的绿色环保意识已经逐步开始形成。

2. 绿色环保技术不断发展

绿色物流技术主要包括标准化技术、信息和通信技术、新材料技术、生物技术、环保技术、安全防卫技术、监控技术、保鲜技术、各种垃圾处理和废物利用技术、各项物流功能的专用技术、质量管理和流程再造等。世界上一些发达国家十分重视此项工作的研究与应用，如美国的一般企业在实际物流活动中，对物流的运输、配送、包装等方面应用诸多的先进技术，如电子数据交换（EDI）、准时制生产（JIT）、配送规划、绿色包装等，为物流活动的绿色化提供强有力的技术支持和保障。

近年来，随着我国经济和社会的不断发展，环保技术水平也不断提高，通过自主研发与引进消化相结合，我国环保技术与国际先进水平的差距不断缩小，掌握了一批具有自主知识产权的关键技术，主导技术与产品可以基本满足市场的需要。尤其是新能源汽车的研发与应用技术，在很大程度上促进了城市绿色物流的发展。

二、城市绿色物流发展需求分析

近年来，我国城市物流获得了迅速的发展，在提升城市功能、促进城市发展等方面发挥了重要的推动作用。但由此带来的对城市环境的影响却不容忽视，如今城市物流运输和配送带来的噪声污染、废气污染、交通拥挤和交通安全等问题日趋严重，已经影响到人们的生活质量和区域经济的协调发展。因此，在发展现代物流过程中如何降低城市物流对环境的负面影响，促进城市物流向绿色转型，已经成为政府、企业、研究机构及普通民众所关注的热点之一。城市绿色物流发展需求的业务主体主要包括政府、企业、社会、市场四大类，结合四大业务主体也分析了城市各类资源整合对城市绿色物流发展的需求。

（一）政府需求分析

在发展城市绿色物流的过程中，政府作为管理者和政策的制定者，最主要的作用是推动与支持城市物流系统的建设与发展，具体表现是为企业物流活动的绿色化或物流企业的绿色化创造良好的环境，这也是政府的责任与义务，所以政府是城市绿色物流发展的重要需求主体。政府一般通过颁布法律、政策、规章等来规范物流行业走向绿色化，并鼓励企业在绿色物流方面的发明创造和技术创新。推进城市绿色物流发展的相关主导部门包括交通委、运输管理局、邮政局、环保局等。

1. 符合国家利益，是国家法律法规的要求

至今我国已经制定了《中华人民共和国环境保护法》《固体废物污染环境防治法》《环境噪声污染防治条例》等多部法律法规，这些法律法规都要求生产商必须对自己的产品造成的污染负相应的责任，并采取措施；2008 年北京奥运会对北京绿色物流的发展起到了催化剂的作用，政府在政策层面加强了对绿色物流的关注，特别是针对物流园区信息化建设和专业化程度加强等方面的政策《关于物流园区发展的政策建议》的出台，促进了绿色物流的发展和物流效率的提高；把体现绿色物流思想的“创新物流服务方式、提升服务水平”作为物流发展的基本原则，将发展绿色物流上升到国家战略层面，发展绿色物流体现了国家的利益和意志。

2. 满足中国城市参与国际竞争的需要

在经济全球化背景下，设置的各种绿色壁垒，如设置 ISO 14000 系列标准，辐射全球商业、工业、政府、非营利性组织和其他用户，其目的是约束组织的环境行为，达到持续改善环境的目的。ISO 14000 俨然已成为企业进入国际市场的通行证，企业产品必须获得此标准认证才能出口到目标市场，这对我国的出口贸易带来了很大影响。因此，发展绿色物流是我国企业参与国际竞争的必要条件；同时，我国发展绿色物流也有来自国际环境保护要求的压力。现今世

界范围内的城市物流运输绝大多数依赖化石燃料动力汽车，它们是温室气体的主要制造者，2009 年哥本哈根世界气候大会要求各国承诺减排目标、制定减排措施，以减少对全球气候变化的影响，为了实现减排的目标我们也必须进一步推进绿色物流的发展。

（二）企业需求分析

作为发展绿色物流的核心主体，城市物流企业发展绿色物流既是企业应对市场竞争、开拓目标市场的需要，也是实现自身可持续发展战略的内在要求。城市绿色物流作为提高企业信息化水平，促进城市物流发展的催化剂，在企业中扮演着重要的角色。发展绿色物流就要从协同配送、绿色包装、绿色供应链管理、智能仓储和发展专业化第三方物流等几个方面采取相应的对策，所以企业是城市绿色物流发展的主要需求主体。

1. 符合城市物流企业的利益

绿色物流不仅重视降低城市物流企业的生产成本，更重视绿色化和由此带来的节能、高效、低污染。企业通过对资源的节约利用，对运输和仓储的科学规划和合理布局，可以大幅降低物流成本；原材料和废弃物的循环利用可以降低企业的原料成本，增强企业的竞争优势；绿色物流还有助于企业树立良好的企业形象，更容易获得环境标准认证，增强企业的市场竞争力，培养客户的忠诚度。因此，它对生产经营成本的节省可以说是无可估量的。

从综合的角度来看，绿色物流有利于优化产业结构和资源配置，城市主导产业或具有创新能力的企业在特定区域集中，使这一特定区域的经济比周边地区发展得更快，从而对周边地区产生促进其经济发展的强大辐射作用。我国企业应加快发展绿色物流，以取得新的应对竞争优势，以应对未来挑战。

2. 满足企业可持续发展的需要

物流要发展，一定要与绿色生产、绿色营销、绿色消费等绿色经济活动紧密衔接。人类的经济活动不能因物流而过分地消耗资源、破坏环境，以致造成重复污染。以往我国的企业都在重复先污染、后治理的老路，企业的行为由市场决定，过去企业的经营更加注重发展，以发展为导向带来了严重的环境问题；但是，在大力倡导可持续发展的今天，企业在发展中会更多地关注环境等其他因素的影响，它们更加愿意尝试与政府协作的方式来改善物流环境。

此外，绿色物流还是企业最大限度地降低经营成本的必由之路。一般认为，产品从投产到销出，制造加工时间仅占10%，而几乎90%的时间为仓储、运输、装卸、包装、流通加工、信息处理等物流过程。因此，绿色物流无疑为物流相关企业的可持续发展奠定了基础。

（三）社会需求分析

随着城市经济的不断发展，人类的生存环境也在不断恶化，具体表现为能源危机、空气污染、环境遭受破坏、生态系统失衡，所以社会迫切需要发展城市绿色物流来替代传统的粗放型物流生产方式，改善物流运营的大环境。发展绿色物流是净化城市环境，缓解城市交通压力，服务社会民众，满足城市居民物流需求的新途径。因此，社会民众是城市绿色物流发展的主要需求主体，也是受益人。

1. 社会可持续发展的需求

可持续发展战略是指社会经济发展必须同自然环境及社会环境相联系，使经济建设与资源、环境相协调，以保证社会实现良性循环。发展绿色物流是可持续性发展的需要，绿色物流与绿色制造共同构成了一个节约资源、保护环境的绿色经济循环系统，两者之间是相互渗透、相互作用的。目前，我国的经济社会发展面临着环境污染等社会问题。城市物流产业采用粗放的发展模式，其储存、运输、包装等环节对环境造成了不同程度的危害。其作为社会物资流通的重要环节，同样也存在高效节能、绿色环保等可持续发展问题，在物流过程中抑制物流对环境造成危害的同时，实现对物流环境的净化，使物流资源得到充分利用是城市物流发展的大趋势之一。所以城市急需发展绿色物流，减少行业发展对环境的负面影响，保证城市经济健康、可持续发展。

2. 民众绿色消费的需求

在新的物流模式下减少车辆行驶次数，减少无效行驶，合理布局物流节点等可以减少物流活动对居民的影响，提高居民的生活质量。随着城市化进程的加快，城市生活质量也越来越受关注，解决城市居民生活质量问题是建立和谐社会的必要条件。物流活动所涉及的一系列环节，如运输、加工、包装和储存等由于处理不当会给环境造成不同程度的破坏，恶化生存环境，从而影响国民的生活质量。绿色物流作为生产和消费的中介，是满足人民物质和文化生活的基本环节。绿色物流伴随着人民生活需求进一步提高，如果没有绿色无污染物流的维系，绿色消费就难以进行。可见，绿色物流在人民生活中所占的分量是何等重要。

（四）市场需求分析

长期以来，以经济发展为中心的城市物流市场发展模式导致城市资源的浪费及环境的污染，已经不适应现代市场对绿色健康发展的需求。为了改变这一现状，城市物流市场应以客户需求为导向，有效利用物流技术，并且在其发展过程中，强化绿色物流的思想。

1. 城市物流企业间的利益竞争

我国企业经营者和消费者对物流绿色经营消费理念非常淡薄。经营者展现给我们的是绿色产品、绿色标志、绿色营销和绿色服务，消费者追求的是绿色消费、绿色享用和绿色保障，而其中的绿色通道物流环节，却未能引起人们足够的重视。在全球绿色节能环保的时代背景下，绿色物流顺应时代发展的步伐，因此城市物流产业应当重视绿色环保产业的发展，尽快提高认识，更新思想，把发展绿色型物流，应用城市配送新能源汽车替换传统燃油车作为企业绿色革命的重要组成部分，运用一系列物流协同优化技术，降低各物流环节的内耗，通过树立自身的绿色形象来达到市场开拓的目的。谁在这方面做得好，谁就能赢得顾客，谁就能把握市场先机。

2. 城市物流企业节能减排收益

在国际社会广泛呼吁发展低碳经济的同时，碳关税、碳标签等概念随之提出。碳关税是指对高耗能产品的进口征收特别的二氧化碳排放关税。与欧盟对航空业的碳排放收费如出一辙，碳关税将是卡在能耗大户——外贸物流咽喉处的一根刺。同时，在国内外大力倡导低碳经济的大背景下，学者们逐步提出了“低碳物流”的理念，将“可持续发展”和“碳排放”融入物流的各个环节中，最终达到资源利用效率最高、对环境影响最小和系统效益的最优化。

此外，在中国很多城市已试点加快建设碳排放权交易市场，发展城市绿色物流，推广应用城市配送新能源汽车可以很好地满足城市物流企业节能减排的需求，实现碳交易收益。

（五）资源整合需求分析

我国传统的仓储、运输等大型传统物流企业积极进行资源重组，经过多年发展，已经在交通运输、仓储设施、物流园区等物流基础设施和装备方面取得了很大的进步，为物流业发展奠定了重要的物质基础。但是城市物流方面，物流资源由于缺乏整合，多数物流项目建设属于供应能力的扩张，而不是整合原有的资源来提升供应能力，低水平的重复建设很多，浪费了资源。因此，城市绿色物流资源整合势在必行。建立城市绿色物流经营平台可以有效整合绿色物流发展各类资源，包括政府、企业、社会资源，物流节点资源，城市配送运力资源等。

1. 政府、企业、社会资源整合需求

现代物流是城市经济发展的大动脉，它连接着社会生产各个部分并使之成为一个有机整体。任何一个城市都由众多的产业、部门和企业组成的，它们之间相互供应产品，用于生产性消费和生活性消费，它们既相互依赖又相互竞争，形成极其错综复杂的关系，城市物流就是维系这些错综复杂关系的纽带和桥梁。它的发展涉及多方利益体，建立统一的城市绿色物流经营平台，可以有效联结政府、企业、社会资源，优化城市物流系统。

2. 物流节点资源整合需求

前文在内部环境分析中已经提到我国大部分城市物流设施的规划和建设带有一定的盲目性，存在着重复建设，缺乏在更大范围的统筹规划。因此，在现有物流节点资源基础上满足各产业物流服务的需求，必须利用现代物流信息技术，建设城市绿色物流经营平台，整合区域内现有的物流节点资源，实现物流供需双方信息与资源共享，从而提高物流服务质量与效率。

3. 城市配送运力资源整合需求

随着城市物流市场的蓬勃发展，运力整合在近段时间内也被推到风口浪尖上。目前比较热门的城市物流运力整合手段有货运巴士、货运的士和共同配送三种方式。它们对不同的货物属性及货物配送里程有不同的适应程度。对城市

物流而言，可以另辟蹊径，开发适合特定城市的运力资源整合。例如，城市绿色物流经营平台可以借用互联网、物联网、云计算等先进的信息技术手段，把真实的运力信息放在一个互联平台上，有效整合电商物流企业、商超配送企业、城市餐饮配送企业等第三方物流企业的运力资源，高效共享，提升配送效率，降低单位配送成本。

三、城市绿色物流市场分析

城市绿色物流的发展对社会、环保、市场有着多方面的积极意义，城市绿色物流市场分析是对行业市场潜力、市场需求、市场政策及市场产品等调查资料进行的分析，通过绿色物流市场调查和供求预测，根据行业产品的市场环境、竞争力和竞争者，分析、判断城市绿色物流在限定时间内是否有市场，为后续章节提供基础支撑以决定采取怎样的营销战略来实现推广目标或采用怎样的投资策略进入市场。

（一）市场潜力分析

我国现代物流业近十年在经济发展的推动下保持了较快增长，发展环境与条件不断改善，现代物流业已成为促进第三产业发展的支柱产业。伴随着节能减排这一基本国策在全国各地不断落实，城市物流也朝着绿色环保这一方向全力进发，城市绿色物流发展市场潜力巨大。从我国现代物流市场、城市物流市场和电动物流车市场三个方面出发，分析城市绿色物流的市场潜力。

1. 我国现代物流市场

（1）社会物流需求加速增长

物流产业是国民经济的动脉系统，连接经济的各个部门并使之成为一个有机的整体，其发展程度成为衡量一个国家现代化程度和综合国力的重要标志之一。近年来，我国物流业面对复杂多变的市场形势，积极调整应对，加快转型升级，主动适应经济发展“新常态”，较好地发挥了基础性、战略性作用。基于我国产业结构调整初见成效与多项产业复苏等因素，我国物流业整体运行态势良好，社会物流总费用显著上升，说明社会经济发展对物流的需求呈加速增长态势。

（2）物流运行效率亟待提高

在我国物流业的发展过程中，物流成本一直处于较高水平。近年来在我国政府和物流企业的共同努力下，社会物流总费用占国民生产总值的比例呈下降趋势，我国的物流费用总量和物流总费用占GDP的比例都处在较高的水平。

随着各地物流园区的规划和建设趋于合理，一批适应不同需要、定位明确的专业物流园区的开工建设和一些功能健全的综合物流园区逐步发挥重要作用，物流网络组织节点开始形成，能够有效地促进各种物流功能和要素的集成整合，社会物流总费用占国民生产总值的比例将进一步下降，有利于我国物流行业的可持续发展。

（3）物流业与商贸业、制造业联动发展趋势明显

物流业作为新兴的复合型产业，与其他产业形态发展具有极高的关联度，伴随社会化分工与服务的专业化需求，越来越多的生产制造业、商贸业抛弃了“大而全、小而全”的运作模式，通过供应链整合、外包物流业务等方式实现与物流业的联动发展，特别是物流业与钢材、机械制造业的联动发展效果显著。

物流企业联动发展是制造型企业降低成本和提升竞争力的需要；而与制造型企业联动发展则是物流企业优化物流市场和优化供应链的需要。据统计，通过释放产业链仓储、包装、运输等环节，制造业企业运营成本可下降约12%，利润可上升约8%。为了推动物流业与商贸业、制造业联动的更好发展，政府应在融资、用地、税收等方面创造完善的政策环境；行业协会应发挥渠道建设的作用，以使物流业与制造业能够实现充分的沟通与衔接；制造型企业应更新观念，开启并顺应物流外包时代；物流企业应不断提升增值性业务服务能力，积极融入供应链。

2. 城市物流市场

中国城市物流正面临着市场经济发展所带来的城市经济的高速增长对城市物流提出新的更高要求的挑战。以市场经济充分发展为特征的现代社会化大生产的发展反映在物流领域，表现为商品的大进大出和快进快出。然而，在我国，由于长期重生产、轻流通，在流通中又重商流、轻物流，我国物流尤其是城市物流存在明显的不协调状况，成为城市经济及整个社会经济效益提高的一

大障碍。

城市物流是城市发展经济的新增长点。发展我国城市物流产业，将会带动新一轮物流基础设施、技术改造、技术创新投资；将会带动机械、电子、信息、通信、互联网等行业的进一步发展；将会促进城市产业结构、产品结构、企业组织结构的调整与变化；将会推动流通领域的现代化，提升消费者服务水平，有利于扩大内需和提高人民生活质量。所以城市急需发展绿色型物流，以提高物流运作效率，促进城市经济发展。

3. 电动物流车市场

随着电商物流用车需求的逐年增加，以及国家政策的引导支持，电动物流车取代燃油车辆及三轮车的呼声越来越高，与萧条的燃油商用车市场相比，业界及媒体对电动物流车市场预期一致看好。

（1）市场空间与政策驱动电动物流车趋势明朗

单纯以快递件数作为计算基数，可能会有偏差。有些快件如衣服、文件、书本等，占用空间不大，有些货物如大冰箱一类，需要厢式货车及微卡微面等实现配送，以上估算只是当前电商快递物流用车市场一个估算，这个计算还没有把商超配送、餐饮连锁配送等城市物流用车需求计算在内。

正是因为电商物流持续高速发展，快递物流用车占整个城市物流用车比例越来越大，给城市交通、环境等带来影响，限制货车进城也成为常态。而电动物流车可以实现零排放，同时比电动三轮车、微型面包车装载量大，获得主管部门的青睐。例如，北京市、天津市、广东省、山东省、上海市、江苏省、福建省等纷纷出台了电动物流车辆补贴政策，希望以此来推动高效、低碳城市物流发展。除了财政扶持，成都、深圳等地正在探索为电动物流车开放路权，出台电动物流车城区不限行及市区免费停车等政策，借此引导城市物流企业对电动物流车的应用。

（2）技术与成本成为企业应用两大障碍

对于电动物流车的应用，三通一达等企业车辆管理人员一致表示，电动物流车适合城市配送作业，相比较购车成本和充电桩设施，当前的电池技术及车辆运营成本是限制电动物流车普及应用的关键因素。

（二）市场产品分析

根据城市绿色物流发展市场需求分析，其提供的市场产品主要包括城市绿色物流服务和城市物流服务。不同的需求主体对城市绿色物流市场提供的服务有不同需求。

1. 城市绿色物流服务

（1）绿色仓储

绿色仓储是指以节约资源、保护环境与减少污染为原则设计与建设仓库，并配套应用节能环保的仓储设备技术从事仓储活动，要求仓库布局合理，以节约仓储成本。布局过于密集，会增加出入库的次数，从而增加资源消耗；布局过于松散，则会降低出入库的效率，增加出入库流程。仓库建设前还应当进行相应的环境影响评价，充分考虑仓库建设对所在地的环境影响。绿色仓储的核心要求是节能环保，如节地、节电、节水、节材、减少碳排放，主要包括规划建设绿色仓库建筑，仓库选址、设计立体仓库、充分利用自然光等，选择绿色仓库建筑材料（环保材料、可循环利用等），推广应用节能环保的仓储设备与技术（货架、叉车、托盘、信息化设施）与冷库节能技术，利用仓库屋顶实施光伏发电。

（2）绿色配送

绿色配送是指在配送过程中抑制对环境造成危害的同时，实现对配送环境的净化，配送作业环节和配送管理全过程的绿色化，使配送资源得到最充分利用。从配送运输管理过程来看，主要是从环境保护和节约资源的目标出发，实现配送运输全过程的绿色化。绿色配送主要包括三个方面：一是对物流配送污染进行控制，即在物流配送系统和物流活动的规划和决策中尽量采用对环境污染小的方案，如采用排污量小的货车车型、近距离配送、夜间运货等。国家提倡基于绿色物流理念配送的对策是在污染发生源、交通量、交通流三个方面制定相关政策。二是建立工业和废料处理的物流系统。三是创新城市配送体系与模式，实施城市共同配送，选择环保配送车辆等。

（3）绿色包装

绿色包装是指以天然植物和有关矿物质为原料研制成对生态环境和人类健

康无害，有利于回收利用，易于降解、可持续发展的一种环保型包装，也就是说，其包装产品从原料选择、产品的制造到使用和废弃的整个生命周期，均应符合生态环境保护的要求。实现绿色包装可以采用以下几种方式。

一是包装模数化。即确定包装基础尺寸的标准，各种进入流通领域的产品需要按模数规定的尺寸包装。模数化包装有利于小包装的集合，如利用集装箱及托盘装箱、装盘。包装模数如能和仓库设施、运输设施尺寸模数统一化，也有利于运输和保管，从而实现物流系统的合理化。

二是包装的大型化和集装化。此种方式有利于物流系统在装卸、搬迁、保管、运输等过程的机械化，加快这些环节的作业速度，也有利于减少单位包装成本，节约包装材料和包装费用，有利于保护货体。例如，采用集装箱、集装袋、托盘等集装方式。

三是包装多次、反复使用和废弃包装的处理。采用通用包装，不用专门安排回返使用；采用周转包装，可多次反复使用，如饮料、啤酒瓶等；梯级利用，一次使用后的包装物，用毕转作他用或简单处理后转作他用；对废弃包装物经再生处理，转化为其他用途或制作新材料。

（4）绿色流通加工

绿色流通加工是指在流通过程中继续对流通中的商品进行生产性加工，以使其成为更加适合消费者需求的最终产品。流通加工具有较强的生产性，也是流通部门对环境保护可以有大作为的领域。

绿色流通加工的途径主要分两个方面：一方面是变消费者分散加工为专业集中加工，以规模作业方式提高资源利用效率，以减少环境污染，减少浪费和空气污染；另一方面是集中处理消费品加工中产生的边角废料，以减少消费者分散加工所造成的废弃物污染。随着社会的发展，节约资源、保护环境已不仅是企业出于对公众利益的关切而进行的一种公益事业，而且已成为企业必须履行的社会义务。通常，企业可采取的绿色流通战略包括绿色流通作业战略、绿色企业文化与形象战略等。

2. 城市物流服务

（1）城市物流信息平台

城市物流信息平台是以高科技智能化为支撑，强化信息技术在物流配送中的作用，实现城市物流车、货物最有效资源配置的一种新型物流配送服务体系。它包括两个方面的内容：一是由政府参与开发并为社会公众提供免费信息服务的呼叫系统；二是由市场化运营的城市车辆配送系统。

城市物流信息平台的建设强化了信息技术在物流配送中的作用，该平台可以通过信息网络互联实现物流信息共享，帮助生产企业和销售企业与物流企业有效沟通、整合资源，促进物流业和城市经济的发展。城市物流信息平台可以通过对物流信息的采集、处理、传输、发布等，将信息转变成规范可用的信息，为用户提供物流信息服务，实现货物跟踪、在线交易、车辆路径优化等功能。同时，该平台也能进一步缓解城市道路拥堵，减少环境污染，降低经营成本，为社会、市场、电子商务等用户提供方便、快捷、安全的配送信息服务。

（2）物流技术

我国物流装备技术发展经历了从低端到高端，从手动到自动，再到高度自动化的渐进式发展过程。客观地说，个别行业虽已引领潮流，但我国物流技术总体仍处于信息化和自动化发展的初期，整体水平仍然比较落后，还远没有达到高度信息化和高度自动化的程度。对于物流的研究和应用，更是处于探索时期。在物流行业实现智能化，还需要更多的尝试。物流要求具备信息化、数字化、网络化、集成化、可视化等先进技术特征，采用最新的编码、定位、数据库、传感器、RFID、无线传感网络、卫星技术等高新技术，同时整合物联网、大数据、云计算等信息化新技术，实现物流系统的管控。

准确地说，国内目前还没有一个企业实施了真正的物流系统，也没有一家供应商研究出了物流技术。有些企业可能应用了 RFID 技术，实施了自动拣选系统、“货到人”拣选系统，这些都仅属于信息化与自动化的范畴，我国对物流的研究还有很长的路要走。

（3）协同配送

协同配送把过去按不同货主、不同商品分别进行的配送，改为不区分货主和商品集中运货的“货物及配送的集约化”。也就是把货物都装在同一条路线运行的车上，用同一台卡车为更多的顾客运货。协同配送的目的在于最大限度地提高人员、物资、金钱、时间等物流资源的效率（降低成本），取得最大效益（提高服务）。

无论是对客户还是物流服务供应商，协同配送都有优势。对客户来说，协同配送可以提高物流效率。例如，中小批发业者各自配送，难以满足零售商多批次、小批量的配送要求。通过协同配送，使得送货的一方可以实现少量物流配送，收货一方可以进行统一验货，从而达到提高物流服务水平的目的。市内的物流服务供应商多为中小企业，不仅资金少，人才不足，而且运输量少、运输效率低、独自承揽业务，在物流合理化及其效率上受到限制。如果通过协同配送实现合作化，开展大宗运货，通过城市物流信息平台提高车辆使用效率，进行往返运货等问题均可得到较好解决。

（4）智能仓储系统

智能仓储系统是由立体货架、有轨巷道堆垛机、出入库输送系统、信息识别系统、自动控制系统、计算机监控系统、计算机管理系统及其他辅助设备组成的智能化系统。系统采用集成化物流理念设计，通过先进的控制、总线、通信和信息技术应用，协调各类设备共同工作实现自动出入库作用。

智能仓储的应用，保证了货物仓库管理各个环节数据输入的速度和准确性，确保企业及时、准确地掌握库存的真实数据，合理保持和控制企业库存。通过科学的编码，还可方便地对库存货物的批次、保质期等进行管理。

（5）节点资源整合

城市大部分物流节点存在分布不均、专业化程度低，呈现“小、弱、散、乱、差”的状况，因此，在现有物流节点资源基础上满足各产业物流服务的需求，必须利用现代信息技术，建设城市绿色物流经营平台，以整合区域内现有的物流节点资源，实现物流供需双方信息与资源的共享，从而提高物流服务质量与效率等。

（三）市场政策分析

社会成员的理性是有限的，完全借助市场配置机制，靠市场经济自身约束和调节，不可能实现绿色物流的帕累托效率。因此，政府的干预对于推进绿色物流是必不可少的。根据社会物流系统的构成，分为宏观指导政策、物流行业政策、城市物流政策和物流配套环境政策四大类。

1. 宏观指导政策

中央政府高度重视绿色物流的发展，先后在多个高层级、纲领性文件中提及要发展绿色物流。21 世纪初期，为应对国际金融危机对我国实体经济的冲击，国务院颁布《物流业调整和振兴规划》，在推动重点领域物流发展中，规划提出“鼓励和支持物流业节能减排，发展绿色物流”。可见，政府已经将发展绿色物流提升至国家战略层面。

2. 物流行业政策

我国虽然还没有统一的物流法，更没有专门针对绿色物流的法律法规，但各级政府、各个行业、各相关部门针对物流系统的单项功能要素制定的制度已经相对丰富，尤其在运输、仓储和包装领域。交通运输业作为国家应对气候变化工作部署中确定的以低碳排放为特征的三大产业体系之一，其节能减排受到政府的高度重视。仓储和包装业也是政府政策关注的重点物流行业。引导仓储企业由传统仓储中心向多功能、一体化的综合物流服务商转变。2016 年 7 月，国家发改委印发《国务院关于积极推进“互联网 +”行动的指导意见》，该《意见》旨在大力推进“互联网 +”高效物流发展，提高全社会物流质量、效率和安全水平，意见中设立了“物流信息互联互通工程”“智能仓储和协同配送工程”“便捷运输工程”三个专栏，分别从物流大数据信息系统集成和数据交换标准推广、智能化仓储物流和城市共同配送、无车承运人试点和骨干信息平台试点等多个方面来加强国家物流信息化、物流化方向的建设。

3. 城市物流政策

制定城市物流产业发展相关政策时，必须站在城市整体发展的高度上来认识，将整个物流产业的发展与城市的发展结合起来，创造良好的环境，促进城市现代物流产业绿色化发展。充分应用现代化物流信息技术整合配送资源，实现城市内部的协同配送。

近几年来，我国政府针对新能源汽车的发展也出台了相关政策，表明对新能源汽车的发展给予支持和鼓励。通过强化城市配送运力需求管理和车辆技术管理，并规范发展城市货运出租汽车的方式来提升城市配送运输服务水平。

4. 物流配套环境政策

物流信息化和标准化政策是城市绿色物流发展需要重点关注的配套环境政策。我国的物流信息化和标准化基础薄弱，已成为物流业发展的障碍。因此，政府发布了一系列相关政策推进物流信息化和标准化的发展，如《全国物流标准专项规划》等。

四、城市绿色物流价值分析

（一）城市绿色物流的价值内涵

在微观经济学中，企业的本质在于降低交易成本，其目标在于利润的最大化。利润是价值的一种外在表征，因而，可以说企业管理最根本的是价值管理。对于城市物流企业而言，物流活动的存在在于追求以最低的成本投入创造能够保证客户满意的时间价值和空间价值。城市物流活动由运输、储存、装卸搬运、包装、流通加工、配送和信息处理等组成。其中，运输、配送、装卸搬运创造空间价值，仓储、流通加工创造时间价值，信息处理、包装兼而创造时间价值和空间价值。

城市绿色物流从绿色环保、管理的角度提升物流系统各环节的价值。绿色化可减少运输、储存、装卸搬运、流通加工、配送等活动资源消耗，降低城市物流运作成本；信息化可提升信息处理效率，用更为有效的手段协调统一管控城市物流。两者为的都是以最低可能的总成本来产生最大的价值，进而实现整个城市物流系统更大的增值。

（二）基于物流价值链的概念分析

1. 价值链的概念分析

价值链理论最先由美国哈佛大学教授、著名战略管理专家迈克尔·波特（MichaelE. Porter）于 1985 年在《竞争优势》一书中提出。一定水平的价值链是一个特定产业内各种活动的组合，反映了企业历史、战略、战术及这些活动本身的根本经济效益。高效的价值链设计、价值链成员间的信息共享、库存的可见性与生产的良性协调，会使库存水平降低、物流作业更为有效。

2. 物流价值链的概念分析

物流价值链是价值链理论在物流领域的应用，是价值链战略中被生产制造企业或销售流通企业视为“非战略活动”外包给物流企业之后，物流企业中所形成的价值链。

物流价值链是指在物流流程价值关系中，一系列物流环节依顺序相互连接、具有内在价值利益关系的网链。物流价值链是物流活动内相关利益关系的本质反映，是物流的原动力。而通常意义上的物流合同则是价值链关系被具体化后的一种约束形式，也是博弈后的一种行为规范。

物流价值链存在于企业内以及企业间一系列相互作用和关联的物流活动中。在企业内，这些物流活动分布于运输、配送、仓储、装卸与搬运、流通加工、包装和信息处理等环节；在企业间，这些物流活动分布于采购、供应、生产、分销等环节。这些物流环节相互关联并相互影响，形成以物流价值为核心的链条结构。

（三）基于价值链的城市绿色物流系统分析

城市绿色物流不仅仅是为了环保，它的存在合乎物流的本质属性——资源的有效利用，它的实施在保护环境的同时，还为企业创造了价值。价值链分析就是对价值链中的每一个子系统和每个子系统中的每项业务活动加以详细的考察和分析，为的是以最低可能的总成本来产生最大的价值，进而使整个价值链更大地增值。基于价值链的城市绿色物流系统形成了包括物流中心、城市物流企业、社区、商超、餐饮、再生资源利用中心在内的闭环式物流系统。

城市绿色物流系统体现了 3R 原则，即减量化（Reduce）、重用（Reuse）、再循环（Recycling），真正实现了以城市需求为基础的物流活动与环境、经济、社会共同发展，通过绿色技术使城市发展过程中的废物量达到最少，并使废物实现资源化与无害化处理，通过技术综合管控城市物流系统，减少资源消耗，提升物流运作效率。总体上说，整个系统包括入城物流的绿色供应，物流中心的绿色配送、绿色装卸搬运、绿色流通加工、绿色包装、绿色仓储，城市物流企业的协同配送以及基于再生资源的逆向物流实施等环节可实现节约成本，创造城市物流社会价值。

1. 入城物流绿色化价值分析

入城物流是整个城市物流系统的开始，大部分城市配送物品都来自城市以外。按照绿色物流的减量化原则要求，城市所需的入城供应物资都必须具有环境友好的特性，不仅无毒、无副作用，而且也是减量化的、便于拆卸和再循环的。

（1）绿色供应商的选择与管理

在此阶段需要考虑到供应商提供的材料是否具有污染性、生产制造过程是否是清洁的，运输过程是否能够节省能源等因素。通过与供应商的沟通，企业对供应商的产品提出要求，目的就是降低材料使用，减少废物产生。最大限度地关心产品的使用效率及环境效益，尽可能地减少产品对环境带来的损害，以实现需求方、顾客和城市环境的“三赢”。

（2）实行协同采购

协同采购是指城市内企业和城市外供应商在共享库存、需求等方面信息的基础上，企业根据产品的供应情况实时在线地调整自己的计划和执行交付的过程。供应商根据企业实时的库存、计划等信息实时调整自己的计划，可以在不牺牲服务水平的基础上降低库存。

2. 物流中心绿色物流环节价值分析

无论是生产或流通企业建设的自用型物流中心，还是第三方物流或地产商建设的公共物流中心，都是城市物流网络的重要节点，城市物资的集散场所也是城市物流系统的价值点，可通过绿色装卸搬运、绿色流通加工、绿色包装、绿色仓储进一步降低物流运作成本，提升价值。

（1）绿色装卸搬运

绿色装卸搬运是为了尽可能减少装卸搬运环节产生的粉尘烟雾等污染物而采取的现代化的装卸搬运手段及措施。可通过消除无效搬运，提高搬运活性，创造易于搬运的环境和使用易于搬运的包装等手段节省搬运成本，同时注意货物集散地的污染防治工作，保证装卸搬运的绿色高效。

（2）绿色流通加工

流通加工具有较强的生产特性，容易创造附加价值，对环境的影响主要表现在分散的流通加工过程能源利用率低，产生的边角余料、排放的废气、废弃物等污染周边环境，还有可能产生二次污染等。可通过绿色流通加工途径，以规模化、专业化的作业方式提高资源利用率。

（3）绿色包装

绿色包装指采用节约资源、保护环境的包装。可使材料最省，废弃物最少，且节省资源和能源，易于回收再利用和再循环，废弃物燃烧产生新能源而不产生二次污染，包装材料最少和自行分解，不污染环境。

（4）绿色仓储

绿色仓储要求仓库布局合理，以节约运输成本。布局过于密集，会增加运输的次数，从而增加资源消耗；布局过于松散，则会降低运输的效率，增加空载率。仓库建设前应当进行相应的环境影响评价，充分考虑仓库建设对所在地的环境影响。

3. 城市物流企业协同配送价值分析

协同配送指通过统一的城市物流信息平台综合管控，由多个企业联合组织实施的配送活动。它主要是针对某一地区的客户所需要物品数量较少而使用车辆不满载、配送车辆利用率不高等情况。协同配送可以最大限度地提高人员、物资、资金、时间等资源的利用效率，取得最大化的经济效益。同时，可以去除多余的交错运输，并取得缓解交通拥堵、保护环境等社会效益。对企业界而言，向物流绿色化推进就必须实行共同配送，以节约能源，防止环境污染。

4. 逆向物流价值分析

在城市中构建逆向物流服务体系，将主要区域和主要行业、主要企业的逆向物流活动进行有效整合和统一，形成逆向物流一体化发展模式，可以提高逆向物流的作业效率与经济收益，减少物品的无效移动。运用逆向物流对电子产品、汽车产品、生产生活废弃物等进行直接再利用、修理或修复和再处理，从而实现减少环境污染、提高资源利用效率和创造经济价值的目标。

（四）城市绿色物流总体价值分析

城市绿色物流发展不仅对环境保护和经济的可持续发展具有重要的意义，还会给企业带来巨大的经济效益。国内外实践证明，绿色物流是有价值的，这种价值不仅体现在概念层次上，还体现在实实在在的经济价值上。

1. 城市绿色物流的社会价值

城市绿色物流的社会价值主要体现在概念上，包括环境的保护、社会资源的节约、企业形象的提升几个方面。

（1）城市绿色物流有利于社会经济可持续发展

绿色物流是建立在保护城市环境和可持续发展的基础之上的，强调在物流活动全过程采取与环境和谐相处的理念和措施，减少物流活动对城市居民生存环境的危害，避免资源浪费，因此有利于社会经济的可持续发展。

（2）城市绿色物流有利于树立企业形象

绿色物流对于企业来说，也具有明显的社会价值。企业在追求利润的同时，还应该努力树立良好的企业形象、企业信誉，履行社会责任。随着可持续发展观念深入人心，绿色理性消费成为一种新的消费理念，消费者对企业的接受和认可不再仅仅关注其是否能够提供质优价廉的产品和服务，越来越关注企业是否具有社会责任感，即企业是否节约利用资源，企业是否对废旧产品的原料进行回收，企业是否注意保护环境。因此，发展绿色物流有利于提高企业在消费者心目中的形象。

2. 城市绿色物流的经济价值

城市绿色物流的经济价值体现在城市物流企业实体发展，降低企业物流成本，提升品牌形象，增强其竞争力。

（1）城市绿色物流有利于企业获得竞争优势

如果一个企业想要在竞争激烈的经济市场中有效发展，它就不能忽视日益明显的环境信号。对各个企业来说，肩负这一责任并不意味着经济上的损失，因为符合并超过政府和环境组织对某一工业的要求，能使企业减少物料和操作成本，从而增强其竞争力。实际上，良好的环境行为恰是企业发展的马达而不是障碍。绿色物流的核心思想在于实现企业物流活动与社会和生态效益的协调，以此形成高于竞争对手的相对优势，从而在激烈的竞争中获得发展。

（2）城市绿色物流有利于企业降低成本

绿色物流是企业最大限度提高运作效率、降低经营成本的必由之路，强调的是低投入、大物流的方式。显而易见，绿色物流不仅能实现一般物流所追求的降低成本的目标，更重要的是实现物流的绿色化和节能高效、少污染，由此可以带来物流经营成本的大幅度下降。

（3）城市绿色物流可以提高企业的品牌价值

品牌价值是由市场占有率、品牌的超值创利能力、品牌的发展潜力等因素决定的。绿色物流从产品的开发设计，整个生产流程，到其最终消费都纳入了对环境因素的考虑，其构建不但可以降低旧产品及原料回收的成本，而且有利于提高企业形象、企业声誉，提高市场占有率，从而增加品牌价值和寿命，间接地增强企业的竞争力。

3. 城市绿色物流的环保价值

城市物流活动的诸多方面都会对环境造成负面影响，这种影响的程度随着经济的发展而加剧，会对社会经济的可持续发展产生消极影响。物流要发展一定要与社会的可持续发展相互配合，人类的经济活动绝不能因物流而过分地消耗资源，破坏环境，以致造成重复污染。大力加强对物流绿色化的政策和理论体系的建立和完善，对物流系统目标、物流设施和物流活动组织等进行改进与调整，实现物流系统的整体最优化和对环境的最低损害，有利于减少能源消耗、降低碳排放和促进经济与环境协调发展。

第二节　城市绿色物流经济特性与要素

一、城市绿色物流经济特性分析

为全面了解城市绿色物流的经济特性，明确城市绿色物流各经济特性产生的原因及其之间的因果关系，可以从绿色化、信息化两大基本点出发分析城市绿色物流所涉及的经济特性。

城市绿色物流是面向市场提供的兼具公益和盈利性质的服务，其服务对象广泛，包含城市内居民、商超等；而城市物流的发展规模与速度也是本书重点研究的内容；城市物流的信息化和绿色化将有效促进城市物流资源的整合，降低城市物流成本，成为城市新的经济增长点。因此，本书认为城市绿色物流的经济特性主要有市场规模与发展速度、服务对象、规模经济、资源整合和边际成本控制等。

（一）市场规模与发展速度

我国社会物流总费用的放缓对应于高速发展的经济市场来看，一方面，随着人们消费水平的提升和国家产业转型等，单位物流成本的承载力提升，且提升速度高于电商发展速度；另一方面，由于物流区域化、规范化，物流速度大幅提升，仓储成本也得到一定程度的节约。

城市物流配送服务的占比提高，一方面是响应了国内物流区域化的发展方向；另一方面是国内电商市场在全国范围内的布局逐步开展，尤其是在三、四线城市的站点铺设，大大节约了运输成本。预计未来城市物流市场规模将继续扩大，城市绿色物流作为城市物流未来的发展方向，还处于起步阶段，占城市物流市场份额较少，但其市场规模与发展速度将会在近几年快速增长，以适应城市物流未来的发展需求。

（二）服务对象

城市绿色物流的服务对象主要有城市商超企业、城市餐饮连锁企业、城市电商企业、城市生产企业和城市居民等。

城市商超企业作为城市内分布最广泛的商业群体，是城市绿色物流服务最广泛的对象之一。通常城市物流为商超企业提供百货商品的运输与配送服务。商超企业也分为连锁型商超和个体经营商超，不同类型的商超企业享受的服务也不相同。连锁型商超更加依赖城市物流的运输服务，必须通过城市物流来完成商品的储运和门店之间的补货，连锁型商超物流需求更加稳定，城市绿色物流能够很好地切合商超企业的发展需求。

传统城市餐饮连锁企业在原材料的采集上更加依赖城市物流，但是随着近几年城市外卖市场兴起，越来越多的餐饮企业正在寻求餐饮配送的新模式，如借助第三方配送企业完成外卖配送。相信在未来，城市绿色物流将成为“互联网＋餐饮”的新宠。

城市电商企业作为近几年电子商务环境热潮中的后起之秀，逐渐成为城市配送需求的主力军，部分电商企业也开始采用自建物流的形式来加强城市物流的末端配送。随着平台化和规模化的深入，城市绿色物流将会充分发挥智能化的特性，为电商企业的末端配送提供新的动力。

城市工业企业是传统行业城市物流需求的代表，城市物流提供的主要服务是工业原材料及产品的运输和配送，与电商企业相似，城市绿色物流将进一步促进工业企业的发展。

城市居民是城市物流的最直接受益者，城市居民主要通过快递企业获得物流服务，未来城市绿色物流市场将随着快递市场不断走向繁荣。

（三）资源整合

城市绿色物流以资源高效利用为目标，借助先进的信息技术和化的管理方式，通过高效的仓储管理和科学的分拨调配，应用协同配送、线路优化等手段，实现城市物流系统资源整合，达到消除重复作业、减少资源消耗、提高物流设施和配送车辆的利用率等目的，对减轻城市交通和污染压力起到了重要作用。

资源整合的内容主要分为两个方面：内部资源整合和外部资源整合。内部资源整合主要是针对主体企业内部，城市物流的服务主体包括物流企业、快递公司、交通运输企业及商业企业等。内部的资源整合即消除组织障碍，挖掘企业接合部价值。城市物流企业许多活动与其内部多个部门有关，企业内部资源整合就是通过智能化的信息管理系统，由物流企业内各部门对物流企业的物流作业全过程进行统一管理，厘清部门之间的利益，进行总成本权衡，并且剔除部门衔接处的重复操作和多余环节，以挖掘部门之间接合部的价值，降低物流总成本。

外部资源整合是针对城市内的各类物流企业，强调物流企业之间的合作关系，包括能力资源和信息资源的整合。在政府主导的形式下，进行物流设施设备的建设，推出新的服务模式，建立广泛的战略联盟来建立和完善物流服务网络。以物流服务模式创新来整合城市物流企业能力资源，将有效地避免仅仅是为了“做大”所进行的整合和整合以后的“貌合神离”。所谓“1+1 ＞ 2”的部分就源于物流服务模式的创新。信息资源整合则是通过建立统一的信息平台，加强竞争企业的信息共享，加强供需双方的信息交换，以此来完善城市绿色物流的“神经网络”。

（四）规模经济

城市绿色物流规模经济的含义是城市绿色物流在城市物流网络中随着自身物流产出的扩大而使得物流成本降低的现象。城市绿色物流将现有小而散的城市物流企业整合为一个整体，提高城市物流市场的专业化、标准化水平，通过物流资源整合，扩大城市物流业的规模，有助于城市物流企业降低成本、提高效益。

具体而言，要实现城市绿色物流的规模经济需要有以下三类要素的支持。首先是物流各个功能的技术发展水平。物流的功能主要包括运输、储存、搬运、包装、流通加工、配送、信息处理等。在技术经济上单个物流功能的规模经济性和它们之间的协调程度决定了整体上城市绿色物流规模的经济性。在现代城市物流中，要想提高物流效率，就要提高物流各个功能子系统模块的运作效率，如配备专业化、高水平的自动化物流设施，并将这些功能模块进行很好的衔接与协调。

其次是组织管理能力。城市绿色物流兼具公益和商业性质，其服务主体是城市物流企业。物流企业组织具有综合效应，这种综合效应是组织中的成员共同作用的结果，组织管理就是通过建立组织结构，规定职务或职位，明确责权关系，以使组织中的成员互相协作配合、共同劳动，有效实现组织目标的过程。随着城市物流时空的扩大，其复杂性急剧增加，所以有效的管理是物流企业追求规模经济不可缺少的必要因素。

最后是资本规模。规模经济优势很大程度上是借助一些成熟的技术，城市绿色物流各个功能子系统的技术发展水平直接决定了物流系统的规模经济性。城市绿色物流如果要短时间内在运营过程中实现更大的规模经济性，那就离不开雄厚的资本投入。所以，资本的积累及集聚能力是城市绿色物流是否能够实现规模经济的重要因素。

（五）边际成本控制

城市绿色物流的边际成本是指每新增一单物流服务，给城市绿色物流总成本带来的增量。城市绿色物流的建设初期需要投入大量成本，但随着城市绿色物流体系的不断成熟，城市绿色物流的收益逐渐增加，边际成本不断降低，最终总收益将大于总成本，达到盈利目标。

换言之，从长远来看，城市绿色物流市场的参与者会不断涌现，参与者的增加最直接的结果就是物流市场竞争加剧，绿色物流服务提供商们会寻求技术进步以获得发展，它们将带来技术突破，提高生产率，降低绿色物流产品或服务替代品的售价，从而动摇既有体系企业市场中的地位。这样的竞争过程可以带来“生产率极限”和经济学家所说的“最优公共福利”。这就像一个游戏的残局，激烈的市场竞争迫使终极技术诞生，将生产率提高到理论上的最高点，在这种情况下，每新增一单物流服务的成本接近于最低值，这意味着整个城市绿色物流系统趋于稳定。

二、城市绿色物流发展要素分析

城市绿色物流的发展是一个逐渐走向成熟的过程，各种发展要素在发展过程中起到不同的作用，其中合作竞争性是发展的基础，不确定性是发展面对的挑战，创新是发展的动力，标准化是发展的基本要求，自主可控、快捷高效、绿色环保和可持续性是发展的最终目标。

（一）初期阶段城市绿色物流构成要素

城市绿色物流在发展的初期阶段面临着市场的不确定性、运营体系的不规范性和竞争与合作性等问题与挑战。

1. 合作竞争性

城市物流企业是城市绿色物流的经营主体，在城市绿色物流系统中不同的城市物流企业在竞争的同时，更多地表现为相互合作，城市物流企业之间的合作竞争是城市绿色物流体系构成的基础。城市物流企业通过合作竞争，建立城市物流联盟，实现了城市绿色物流的规模经济效应；城市物流企业通过合作竞争，降低了城市物流企业的外部交易成本和内部组织成本，实现了城市绿色物流的成本效益；城市物流企业通过合作竞争，实现了物流资源的互补，实现了城市绿色物流的协同效应；城市物流企业通过合作竞争实现了企业间的相互学习，实现了城市绿色物流的创新效益。

2. 不确定性

不确定性是城市绿色物流发展所面临的挑战，主要包括城市物流企业对城市绿色物流的接受程度不确定、新技术的创新与应用程度不确定、城市物流市场需求的不确定性和城市物流信息安全的不确定性。

（1）城市物流企业对城市绿色物流的接受程度不确定

城市绿色物流的概念刚刚提出，各种配套的理论体系还未建立，城市物流企业对城市绿色物流的建设还处于观望阶段。城市物流企业对城市绿色物流的接受程度，直接影响其建设的效果，接受程度的变化是一个重要的不确定性因素。

（2）新技术的创新与应用程度不确定

城市物流技术的创新与应用是城市绿色物流发展的动力，但技术创新的方向和应用后的效果具有不确定性，可能对城市绿色物流的发展产生质的影响，从而影响到整个城市绿色发展的进度。

（3）城市物流市场需求的不确定性

随着现代城市物流规模的不断扩大和服务内容的持续增加，客户对城市物流服务的需求朝着多样化、个性化方向发展，物流服务市场和需求的不确定性越来越大，给城市物流企业的经营管理带来巨大挑战。

（4）城市物流信息安全的不确定性

城市绿色物流的建设需依靠物流信息资源的高度共享来实现，城市物流信息资源包括城市物流企业和客户的关键信息，由于信息安全技术的不确定性，这些信息存在外泄可能，信息安全的不确定性也给城市绿色物流系统的建设带来极大挑战。

（二）发展阶段城市绿色物流构成要素

城市绿色物流发展阶段的主要任务是通过生产、管理、技术的创新及城市绿色物流标准化体系的建立，解决初期阶段的问题与挑战，保障城市绿色物流最终发展成熟。

1. 创新性

创新是城市绿色物流发展的动力，根据物流创新的内容和作用，可归结为物流生产创新、物流管理创新、物流技术创新三个方面。其中物流技术创新是核心，生产创新是前提，管理创新是保障。

（1）城市物流生产创新

城市物流生产创新是指在现有的城市物流业务过程中，通过改善城市物流作业设备或优化作业流程来创造新的物流业务过程，以实现城市物流生产成本的降低或作业效率和服务质量的提高。

（2）城市物流管理创新

城市物流管理创新是创造一种新的更有效的方法来整合城市物流企业内外资源，以实现既定管理目标的活动。城市物流企业管理创新是一项复杂的系统工程，是企业的管理者根据市场和社会变化，利用新思维、新技术、新方法、新机制，创造一种新的更有效的资源组合方式，以适应和创造新物流市场，从而促进城市物流企业管理系统综合效益的不断提高，最终实现城市绿色物流管理机制的形成。

（3）城市物流技术创新

城市物流技术创新是指创新技术在城市物流企业中的应用过程。通过新技术在城市物流企业生产中的应用，实现城市物流作业工具和设备的创新升级，促进城市物流业务过程的不断变革。

2. 标准化

城市绿色物流标准化体系的建立是城市绿色物流快速、健康发展的保障，城市绿色物流标准化体系的构建主要从设施设备的标准化、业务过程的标准化和物流信息的标准化三方面进行。

（1）设施设备的标准化

城市绿色物流的发展需要新能源设施与设备的支撑，对城市物流新能源设施与设备进行标准化管理，可降低物流设施与设备的采购成本，增强城市物流企业之间的互通性，有利于协同配送模式的推进。

（2）业务过程的标准化

城市物流业务过程的标准化有利于城市物流企业对自身物流过程的管理，通过制定合理的标准化业务过程，也增强了企业对各部门组织的管理，提高了城市物流企业的作业效率，为城市物流企业共同配送奠定了基础。

（3）物流信息的标准化

城市物流信息的标准化能够使城市绿色物流的各个子系统数据实现标准化，减少各系统之间的沟通障碍，同时也可以增强不同城市物流企业之间信息的可用性，使物流信息的价值增加，为协同配送等协同模式提供信息支持。

（三）成熟阶段城市绿色物流构成要素

城市绿色物流发展的最终目标是建立一个自主可控、快捷高效、绿色环保和可持续发展的城市物流系统。成熟阶段的城市绿色物流兼具初期和发展期的一些技术特征，同时也具有以下几个特性。

1. 自主可控性

城市绿色物流系统的特性主要表现为整个系统的自主可控。自主可控有两层含义：首先是自主，其次才能达到真正的可控。现阶段我国在物流领域的技术实践尚不能完全实现自主化，高端物流技术的应用大部分兴起于国外，产品的国产化还停留在基于国外核心技术的基础上，这并不是真正的自主化，信息的安全性也得不到保障。真正的自主化是具备能够掌握和修改现有物流产品和技术、能完全自主开发、完全拥有自己产品知识产权并能自主控制产品和技术的发展。

因此，从狭义上讲，城市物流系统的自主可控主要是相关产品技术的自主可控，即在城市物流系统的建设中，使用真正具有国产自主化的软硬件产品和技术，这是城市物流系统自主可控的实现基础。广义上的自主可控则是城市物流系统通过信息化网络，实现对全部物流环节的监控，并以城市物流系统整体最优为原则，自主地对各个物流环节进行调控管理。

2. 快捷高效性

城市绿色物流系统通过使用新能源配送车辆和节能环保型物流设施、优化物流作业过程、促使企业展开协同配送等手段，提高整个城市物流系统的作业效率和资源的利用率，从而为客户提供快捷高效的物流配送服务，满足客户个性化的需求。

成熟阶段城市绿色物流的快捷性主要体现在城市绿色物流系统的运作可视化，在数字化的物流路径追踪系统中，无论是物流服务提供商，还是物流服务的使用者，都能看到当前的物流产品状况，服务使用者能够根据自身物流需求选择不同的服务类型和内容，服务供应商则根据顾客需求迅速做出反应，从整体最优的角度分配服务人员、规划配送路径。快捷性强调了物流的速度，物流活动更加贴近客户。高效性主要体现在整个物流过程的高效，凝聚多个城市物流企业，凭借优秀的信息处理和路径规划能够提高系统配送效率，减少电动物流车的空载运输，使物流成本进一步降低。城市绿色物流系统的便捷高效性更加依赖现代物流技术手段的应用。

3. 绿色环保性

城市绿色物流绿色环保性主要体现在节省大量化石燃料消耗，可以减少PM2.5及CO_2的消耗。电动物流车的投入及统一调用减少了货车运行次数与城市内部运输时间、距离，能够缓解城市交通压力，同时减少车辆引发的环境问题，能够增加城市居民城市内部出行幸福感。

相对于传统城市物流，城市绿色物流在物流业务的各个环节中降低了对城市环境的影响，抑制了物流对环境造成的危害，节约了社会资源，降低了污染处理的成本；不仅带来城市环境绿色化生态效益，也能够减少城市内部运输成本，降低城市企业与居民支付委托运输服务成本；不仅可以增加城市软实力、竞争力，也能够减少企业与居民经营与生活成本压力，促进城市经济和消费生活绿色健康发展。

4. 可持续发展

城市绿色物流行为的主体是城市内专业物流企业或企业的物流部门，也包含相关的生产企业与消费者。在可持续发展的过程中，绿色物流是必不可少的环节，其具备保护环境和节约资源的能力。城市绿色物流强调全局和长远的利益，强调全方位对环境的关注，体现了企业绿色形象，是现代物流发展的新趋势。绿色物流的理念与可持续发展的观点相契合。

城市绿色物流减少了对环境的污染，同时减少了资源的浪费消耗，通过升级物流设施与设备、使用绿色能源、优化城市物流作业流程等方法，使当前阶段的城市物流作业降低了对自身及其他方面的不良影响，改变了原有经济发展与物流之间的单向作用关系，节约了社会资源，抑制了物流对环境造成的危害，实现了城市物流的可持续发展。

三、城市绿色物流发展技术

城市绿色物流的建设离不开现代物流技术与装备的支撑，通过绿色化技术和智慧化技术的融合应用，实现城市绿色物流的建设。城市绿色物流发展的智慧化技术有城市物流信息平台、物流技术、过程监控技术和资源整合技术，绿色化技术有绿色装备技术、协同配送技术、流程优化技术和其他绿色化技术。

（一）智慧化技术

1. 城市物流信息平台

城市物流信息服务平台可整合城市物流供需资源，为用户提供采购、交易、运作、跟踪、管理和结算等全流程服务，具有城市物流联网调度和物流资源整合的功能。城市物流信息平台需经过合理的规划，系统的建设和科学的运营，才能满足城市物流的发展需求，为城市物流和城市经济的发展注入新动力。

2. 智慧物流技术

物流需依靠物流技术的支持来实现，物流技术主要包括物联网技术、云计算技术和大数据技术。

（1）物联网技术

在城市物流领域，城市物流企业以提高效率、减少人为错误为目标，通过物联网感知到的货物信息、道路交通信息、物流设备信息等为优化运输方案提供决策依据，安全、高效地完成物流运输。利用物联网技术可在运输过程中实现实时运输路线追踪、货物在途状态控制和自动缴费等功能，极大地提高了货物运输的安全性和智能性。通过物联网技术，最终形成物联网环境下的智能运输、自动仓储、动态配送、信息控制等城市物流功能。

（2）云计算技术

云计算是一种基于互联网的超级计算模式，通过网络将庞大的计算处理程序自动拆分成无数个较小的子程序，再交由多部服务器所组成的庞大系统，经搜寻、计算分析之后将处理结果回传给用户，拥有每秒超过 10 万亿次的运算能力。城市物流企业主要利用云计算技术分析处理海量的城市物流数据，通过城市物流信息平台为客户提供符合当前环境的应用与服务，实现城市物流资源共享、资源自动分配和动态调整的功能，提高城市物流系统的运行效率。

（3）大数据技术

城市物流大数据是由数量巨大、结构复杂、类型众多的数据构成的城市物流数据集合，是基于云计算的数据处理与应用模式，通过数据的整合共享，交叉复用形成的城市物流智力资源和知识服务能力。城市绿色物流利用大数据技术进行物流商务预测、物流数据挖掘等应用，实现分析、预测和诱导交通流，客户选择服务提供建议，极大地促进了城市物流产业优化和管理的透明度，实现城市物流产业各个环节的信息共享和协同运作，以及社会资源的高效配置。

3. 过程监控技术

为实现城市物流过程的透明化和可视化，需利用各种感知和监控设备对城市物流活动的各个环节进行全程监控，并应用物流技术对监控数据进行分析处理，实现各个物流环节的动态调整，提高城市物流系统的作业效率。城市物流过程监控主要包括仓储环节监控、配送环节监控和包装及流通加工环节监控等。

4. 资源整合技术

城市物流企业资源整合包括客户资源整合、能力资源整合和信息资源整合。

（1）客户资源整合

城市物流企业必须创建并维护良好的客户关系，从而延长客户的使用寿命，达到客户的寿命周期价值最大化。通过分析客户资料、客户的购买行为，对客户实施分类管理，实施专家营销，提供个性化服务、帮助客户重整业务流程等都是整合客户资源的有效方法。

（2）能力资源整合

城市物流企业的能力资源不仅包括城市物流设施与设备这样的实体资源，还包括物流知识、管理方法等无形资源。城市物流企业能力资源整合主要通过推出新的服务产品和建立广泛的战略联盟来实现。以物流服务创新来整合能力资源，将实现资源的高效利用，提高各城市物流企业的经济效益。

（3）信息资源整合

物流信息资源整合是指运用现代计算机和网络技术，利用信息流整合物流，利用信息处理方面的专业化优势调控物流，使物流的各方面运作得到全方位的提升。物流信息资源的整合可在降低成本的同时，保证供货速度的提高，以良好的服务品质，增加客户满意度，提高市场占有率，从而提高城市物流企业的竞争力。

（二）绿色化技术

1. 绿色装备技术

城市物流设施与设备是实现城市物流活动的物质基础，为实现城市绿色物流，对现有的物流设施与装备进行绿色化升级是必要的。通过使用新能源配送车辆和绿色仓储设备、建设一体化节能冷库等途径，改变物流设备能源的消耗方式，提高设备的工作效率和能源的利用率，实现城市物流设备的绿色化。

2. 协同配送技术

针对城市物流企业配送车辆利用率低、配送服务效率低、造成城市交通拥堵和环境污染等现状，城市绿色物流发展过程中可采取建立城市物流信息服务平台，对配送车辆、货源、道路等进行实时监控，促使多家城市物流企业形成战略联盟，以推进协同配送，实现配送车辆的动态调度和配送路线的实时优化，最终达到提高配送车辆利用率、减少交通拥堵、缓解城市环境污染压力等目的。

3. 流程优化技术

城市物流流程优化的主要途径是物流设备的更新、能源消耗方式的改善、作业环节的简化和时序的调整等。城市物流企业流程的优化主要分为城市物流企业内部流程优化和城市物流企业间协作流程优化。城市物流企业内部流程优化主要通过更新配送设备、优化各个物流环节的衔接和人员操作过程，来提高城市物流企业内部作业效率；城市物流企业间协作流程优化主要通过建立标准化的城市物流作业流程、简化企业间的协同作业环节、提高信息的共享能力来实现不同城市物流企业间的高效协作，为城市物流协同配送模式奠定良好基础。

4. 其他绿色化技术

（1）绿色仓储技术

绿色仓储要求仓库布局合理，充分考虑仓库建设对所在地的环境影响，通过采用现代储存保养技术、使用环保型的仓储设备和高效的仓储信息管理系统，提高仓储系统的利用率，减少仓储过程对环境的影响，最终实现绿色仓储。其核心要求是节能环保，包括节地、节电、节水、节材、减少碳排放。主要包括规划建设绿色仓库建筑，如仓库选址、设计立体仓库、充分利用自然光等，选择绿色仓库建筑材料（环保材料，可循环利用等）；推广应用节能环保的仓储设备与技术（货架、叉车、托盘、信息化设施）与冷库节能技术；利用仓库屋顶实施光伏发电。

（2）绿色包装技术

绿色包装指采用节约资源、保护环境的包装。通过使用有利于回收利用、易于降解、可持续发展的环保型包装材料和自动高效的包装机械，可减少物流包装对环境的影响。其中，新型包装材料的研发和合理的包装设计是实现物流包装绿色化的关键。

（3）绿色流通加工技术

绿色流通加工是在流通过程中继续对流通中的商品进行生产性加工，以使其成为更加适合消费者需求的最终产品。绿色流通加工技术主要通过变消费者分散加工为专业集中加工，以规模化作业方式提高作业效率和资源利用效率，并集中处理加工过程中产生的边角废料，减少消费者分散加工所造成的资源浪费和环境污染，以达到绿色流通加工的目标。

第三节 城市绿色物流实现途径

一、城市绿色物流体系构建途径

（一）优化城市物流企业服务模式

城市物流主要分为轴辐式模型与点对点模型，类比网络文件传输，存在内网文件传输（点对点传递）和外网文件传输（从一级路由器再次信息匹配分配传递）。当前国内外城市绿色物流主要有三种发展模式——货运巴士、共同配送、货运的士。针对不同情况，三类模式的适用性不同。对时效性要求高，物流需求量较大的服务可以采用共同配送的服务模式，时效性和物流需求量均在较低水平时可考虑货运巴士模式，货运的士模式的运用则更加灵活。无论是采用上述哪一种模式，都离不开物流公共信息服务平台的支持。

（二）升级城市物流设施与设备

城市物流设施与设备是城市物流活动的物质基础，物流设施的布局水平、物流设备的选择与配置是否合理，都直接影响城市物流的运作方式和运行效率。城市物流设施与设备的升级是实现城市绿色物流的基础，通过建设绿色智能化的城市物流配送中心、设置城市物流配送专用通道、使用自动化的装卸搬运设备和新能源配送车辆等措施，可实现对现有的城市物流设施与装备的智能化、绿色化升级，从而推进城市绿色物流建设。

（三）推进城市物流化建设

实现城市物流智能化的基础是建立完善的城市物流系统。为推进城市物流化建设，要以建立完善的城市物流化配送网络，将所有的配送环节和节点高效、智能衔接为基础，制定物流作业标准化体系为目标，通过城市绿色物流公共信息服务平台，将城市物流业务整合化管理，并结合决策系统对城市物流活动进行统一的协调调配，保持城市物流系统高效运转，进而实现城市绿色物流的建设。

二、电动物流车租赁信息平台

基于城市物流发展现状分析，结合城市绿色物流发展需求，综合考虑城市绿色物流实施途径，初步设计依靠政府扶持，建立电动物流车租赁信息平台，以推进电动物流车快速应用，改善城市物流企业作业方式，优化城市物流配送体系，引导传统城市物流企业向现代城市物流企业转型的方案作为推进城市绿色物流建设的落地点。

（一）政府政策支持是城市绿色物流建设的保障

政府在整个城市绿色物流建设过程中扮演着引导者的角色，政府通过制定合适的优惠政策，吸引城市物流企业积极参与到城市绿色物流的建设中，支持电动物流车租赁信息平台的建立，推进电动物流车的普及运用。

（二）电动物流车是实现城市绿色物流建设的载体

电动物流车作为城市绿色物流的末端配送设备，综合化的城市物流调度控制系统，可高效、环保地完成城市物流配送作业，满足城市物流发展要求。电动物流车的技术性能必须满足城市物流配送作业的要求，才能高效完成城市物流配送作业。电动物流车要具备较强的温度适应性、较长的里程续航能力、较强的路面适应性、较大的装载能力、快速充电能力及配备完善的电子信息系统，才能满足城市物流配送的需求。

（三）电动物流车租赁信息平台是电动物流车推广的途径

由于电动物流车的一次性购车成本过高，大部分城市物流企业无法承担，建立完善的电动物流车租赁信息平台便成为推广电动物流车的重要途径。

1. 电动物流车租赁信息平台的主要功能

电动物流车租赁信息平台是一个集融资租赁服务、业务协作服务、绿色物流服务、物流服务功能于一体的综合性信息服务平台。它除了为城市物流企业提供电动物流车租赁服务，保障城市物流企业长期稳定地使用电动物流车进行物流配送作业外；还提供车辆的维修保养、定期检查、充电设施的建设、维护、运营等服务，为城市物流企业提供一体化的配套服务；它还为城市物流企业提供车辆监管调配等信息服务，通过平台的资源优化能力，实现城市物流运力整合，为城市物流企业创造更高的效益；基于平台的规模效益，有助于实现配送车辆的标准化和进行统一的监管。

2. 电动物流车租赁信息平台与购车方案

一次性付款购买的一次性支出金额过于巨大，大多数物流企业不能承受如此巨额的支出；分期付款购买不必一次性支出巨额的费用，可缓解资金链的压力，但是分期付款的最终购入成本要远大于一次性购买的成本；政府补贴购买可直接为城市物流企业节省一部分购车费用，缓解城市物流企业的购车压力，但政府财政补贴有限，不能从根本上解决城市物流企业的购车成本压力。相较于以上三种购车方式，通过租赁信息平台租用电动物流车有着租赁费用小、使用成本低、规模效应高的优势。

电动物流车的顺利推广是城市绿色物流实现的基础，电动物流车租赁信息平台的建设是方案实施的核心，通过政府的政策鼓励和资金支持，引导城市物流企业使用电动物流车，改善原有配送作业方式，可完成城市绿色物流系统的建设。

第六章 电子商务与城市物流配送

第一节 电子商务与城市物流配送概述

一、电子商务与城市物流配送概述

在电子商务环境下，信息化、网络化、电子化渗透了我们生活的方方面面。大到企业之间的B2B贸易，小至消费者之间的C2C交易，无不涉及网络交易，而网络交易带来的实物空间位置的变化，必须通过物流配送来实现，城市物流配送则成为在这一过程中实现“门到门”配送的关键部分。

移动互联网平台能够对消费者进行最直接的沟通与服务，同时也是提升企业用户体验的快捷平台。

借助LBS定位技术和App服务，便能将用户和快递员连接起来，从而做出一个轻量而高效的快递公司。通过手机中的App，用户能够更好地掌握自己投递快件物品的各种信息，以最直接的方式得到自己所需的服务；而快递物流企业则能够通过手机App发布各种最新的企业信息、为客户提供更加优质全面的服务并能够直接从消费者处得到各种反馈，同时也能够及时了解客户的各种潜在需求，获取更多待挖掘消费和潜在消费者，是企业与消费者实现双赢的一项举措。

二、电子商务的交易流程及特征

电子商务主要是随着计算机的广泛应用、网络技术和信用卡的普及应用、电子安全协议的制定而发展起来的，经历了应用电子数据交换技术（EDI）与应用因特网两个阶段。

供应链金融（Supply Chain Finance）指银行向客户（核心企业）提供融资和其他结算、理财服务，同时向这些客户的供应商提供贷款及时收达的便利，或者向其分销商提供预付款代付及存货融资服务。供应链金融在目前有应收账款融资、保兑仓融资、动产质押融资三种模式。

电子商务有以下三个基本特征：①以因特网为基础的网络环境，搭建跨国界的实际市场环境；②以计算机网站为基本单元，虚拟实际市场的商店、银行、税务部门等市场基本单元；③实际的商务事务处理信息化，信息处理电子化，即实际的商务事务处理，包括订货、销售、支付、认证等都变成了网络上的信息处理。

三、电子商务与城市物流配送的关系

在电子商务环境下，一个完整的商务活动必须包含信息流、商流、资金流和物流四个流动过程有机构成。物流学者王之泰教授提出“电子商务 = 网上信息传递 + 网上交易 + 网上结算 + 物流配送”，形象地表现了电子商务的大致功能及与物流配送的关系。

电子商务的出现，推进了城市物流配送的发展，企业的物流配送服务大致经历了以下三个显著变革：一是从坐地等客户走出家门，提供门到门式的服务；二是电子商务下的城市物流配送；三是城市物流配送的信息化。

电子商务的出现刺激了城市物流配送的发展，城市物流配送的发展进而又促进电子商务的发展，二者是互相促进的辩证关系。

（一）电子商务促进了城市物流配送的发展

城市物流配送活动并非随着电子商务活动产生的，但是，城市物流配送活动之前一直未受到人们足够的重视。直至最近几年，随着电子商务的快速发展，人们对城市物流配送活动需求的日益增加，越来越多的人开始关注城市物流配送。

近年来，我国电商物流保持较快增长，企业主体多元发展，经营模式不断创新，服务能力显著提升，已成为现代物流业的重要组成部分和推动国民经济发展的新动力。随着国民经济全面转型升级和互联网、物联网的发展以及基础设施的进一步完善，电商物流需求将保持快速增长，服务质量和创新能力有望进一步提升。渠道下沉和“走出去”趋势凸显，将进入全面服务社会生产和人民生活的新阶段。加快电商物流发展，对于提升电子商务水平，降低物流成本，提高流通效率，引导生产，满足消费，促进供给侧结构性改革都具有重要意义。

电子商务对城市物流配送系统的影响主要体现在以下几个方面。

1. 对城市物流配送供应链节点的影响

在电子商务环境下，客户可以绕过传统物流渠道中的批发商、零售商等中间商通过网络直接面对制造商或供应链上游供应商，这给企业的实际交货能力带来很大挑战。由于货物在长途运输过程中所消耗的时间变化不大（依实际运输工具、天气状况等不定因素稍有浮动），因而城市物流配送作为连接长距离运输和最终消费者之间的纽带，是减少配送时间、降低配送成本的关键点。因此，在城市物流系统规划设计中，系统节点、运输线路等的布局、结构和功能，都将随着城市配送系统的发展而面临较大的调整改变。

2. 对城市配送系统即时信息交换提出更高要求

电子商务的发展在很大程度上改变了消费者的购物方式。城市物流配送充分体现了现代物流的新特点，如配送品种极为繁多、批量小、多批次、高频率。这种特点使得电子商务对城市配送的即时信息交换提出了更高的要求。由于城市配送运输活动的复杂性、多变性，运输信息即时共享成为提高配送速度的关键，而电子商务的发展为运输信息的即时共享提供了可能。在很大程度上，城市物流配送信息系统的效率，也决定了电子商务的实际应用价值。

3. 对城市配送存货控制技术的影响

在寸土寸金的城市里，企业建立大量的仓库储存货物是非常不实际且不经济的运营方式，而城市对各类货物的需求量又是非常大。如何在这两者之间寻求一个平衡点，成为城市物流配送快速发展的关键点。电子商务的应用提高了城市物流配送系统中各环节对市场变化反应的灵敏度，从而相对减少了对城市仓储数量的需求，同时也大大减少了大部分企业的库存数量及库存压力，节约了企业成本。而灵敏度的提高需要相应先进的库存管理控制技术手段的支撑，如配送需求计划（DRP）、重新订货点计划（Re-order Point Planning，ROP）和自动补货计划（Automatic Replenishment Planning，ARP）等，这些技术都是基于对需求信息做出快速反应的决策系统，充分体现了电子商务便捷、时效的特点。

（二）城市物流配送是电子商务的保证

受城市空间、环境、政策等因素的制约，电子商务对城市经济发展和城市居民生活的作用更加显著。然而，无论信息技术如何发展，电子商务活动所交易的有形商品的送达最终必须通过有形的交通工具实现。因此，城市物流配送是电子商务实现的保证。

城市物流配送以城市中心、近郊、远郊为配送范围，尽管城市物流配送活动服务于城市地区的经济与生活，然而由于货运对城市环境及交通的不良影响，城市管理者往往设置各种交通条例和规章限制货运配送车辆的自由运营。这些限制条件使得城市物流配送的节点之间的可达性受到较大影响。

第二节　电子商务环境下的城市物流配送

一、电子商务环境下的城市物流配送服务框架

电子商务环境下的城市物流配送服务框架包括电子商务系统虚拟物流服务和实物配送服务。

电子商务环境下的城市物流配送服务框架的核心是电子商务环境下的物流信息处理，又可以称为“虚拟物流服务”，其包括以下四个部分。①电子商务平台和呼叫中心：部分消费者通过该系统了解商品信息并下订单，必要时通过它了解订单执行情况。②城市物流配送管理信息系统：负责商品准备、配送人员安排及消费者信息的传递。③供应链管理（SCM）系统：负责商品的采购、品质保证并和相应的供应商协商配送到相应的配送中心仓库、超市、便利店等。④辅助管理和决策支持系统：包括客户关系管理（CRM）系统和决策支持系统（DSS），消费者的个性化需求要求物流配送以消费者为中心，关注和满足消费者需求成为企业的核心任务之一。

实物配送系统包括仓储管理、配送点、配送队伍管理和回收物流中心。城市物流配送管理信息系统通过网络方式把配送任务分配到距离存放相应商品的仓储点和离消费者最近的配送地点，且可以管理到配送人员；使配送地点的相应人员定时、定点、定量地安全配送商品给消费者，确认订单处理及收集意见；

并按照相关规定进行回收物流处理。

电子商务最后一站是电子商务和送货上门关系的最后一个环节。在电子商务最后一站的实现过程中，需要着重考虑以下几点要求。

（一）送货快捷

电子商务实现了客户通过网络快捷便利地订制订单，并且能够通过网络实时追踪电子商务交易情况及货物配送运输情况。在电子商务带来便利性的同时，其“零距离”的特点亦增加了消费者对时间的敏感度，消费者期望他们购买的货物能够像电子商务交易那样快捷迅速交付。即便实际操作中物流绝不可能像网上虚拟物流那般迅速，然而能满足客户对送货时间的要求，快捷迅速地交付货物，是电子商务最后一站配送成功的关键所在。

（二）交付可靠

电子商务企业的信息管理平台实现了电子商务最后一站的信息化，RFID 技术、条码技术、自动分拣系统、自动存取系统、货物自动跟踪技术等实现了最后一站的自动化，GPS、GIS 等技术实现了最后一站的智能化，为配送路径的决策提供了判断依据。正是电子商务环境下城市物流配送的信息化、自动化、网络化、智能化等特点，使得最后一站按照客户预订的交付时间和地点，交付相应的货物变得更加准确。

（三）灵活选择交货地点与时间

城市物流配送体系正逐步完善，电子商务信息可实时更新，使得客户根据自身需要更改交货地点成为可能。例如，客户只需在电子商务企业实施配送业务之前，通过网络临时调整交货地点，或者客户可以根据自身需求选择更为便利的交货地点，如住所、单位、储物仓或自提点等。类似的，客户可选择交货时间，如天猫超市日用百货类商品可以选择定日达，即抵达时间可选择下单隔日后 7 天内任何一天送达。

（四）物流信息透明化

基于客户期望即时了解货物物流配送情况的心理，物流配送企业、电子商务企业都建立了相应的信息查询平台，客户可以通过网络、电话及短信等形式，实现对电子商务最后一站的实时追踪，以便客户做好接货准备等。

二、电子商务环境下的城市物流配送特征

电子商务环境下的城市物流配送具有以下几个特征。

（一）信息化

物流配送信息化主要表现为配送信息的商品化、信息收集的系统化、信息处理的电子化和计算机化、信息传递的标准化和信息更新的实时化、信息存储的数字化以及数据库、数据挖掘技术在城市物流配送信息处理中的应用等。

（二）自动化

一方面，电子商务环境下城市物流配送的仓储、运输、装卸、搬运等作业活动标准化；另一方面，诸如条码、RFID、语音自动识别系统、自动分拣系统、自动存取系统、货物自动跟踪系统等技术的应用，提高了城市物流配送的响应速度。

（三）网络化

网络化主要指物流配送体系的计算机通信网络化和企业组织网络化。传统的物流配送过程由多个业务流程组成，受人为因素和时间的影响很大；新型的物流配送业务流程都由网络系统连接。当系统的任何一个神经末端收到业务信息的时候，该系统可以及时做出反应并拟订详细的配送计划通知各作业环节执行。城市物流配送中心能够灵活组织和实施物流作业，充分实现配送活动的柔性化。新型的物流配送业务还可以实现整个过程的实时监控和实时决策，并且这一切工作都是由计算机根据人们事先设计好的程序自动完成的。

（四）智能化

面对城市土地资源紧缺、城市交通拥挤等现状，城市物流配送系统必须充分实现智能化，以满足电子商务环境下城市物流配送发展的要求。近年来，在汽车业和智能交通双重驱动下，车载导航应用产业迅速发展。目前先进的车载导航系统结合了GPS和GIS技术和现代计算机技术，实现车辆的实时定位、智能导航，使车辆在陌生的地理环境中顺利通行，极大地提高了车辆的运行效率和安全，降低了驾驶员的工作强度，使驾驶员能够准确及时地控制车辆到达预

定的目的地。此外，物流配送作业中需要运用大量的运筹学和决策方法解决一些企业实际运作问题，如库存水平的确定、运输搬运路径的选择、自动导向车的运行轨迹和作业控制、配送中心经营管理的决策支持等。

（五）个性化

城市末端物流配送具有“多品种、多批次、少数量、短周期”等特点。城市配送企业若要满足客户个性化需求，必须与城市物流配送服务链的上下游客户保持良好的实时联系与沟通，并及时地进行信息交换。

（六）增值化

除了传统物流配送的拣选、加工、包装、分类、整理、分拣、组配等作业以外，电子商务环境下的城市物流配送还向配送服务链的上游延伸到市场调研与预测、协助商品采购及订单处理、消费者信息传递等服务功能，向下延伸到物流咨询、物流方案决策支持、库存控制决策、客户关系管理、物流教育与培训等附加功能。

第三节　电子商务的配送模式解决方案

一、企业主导的配送模式

（一）自营物流配送

企业自筹资金建立属于自身的配送系统并且由自身承担所有的配送业务。采用这种配送模式的企业不仅要负责城市配送的最后一站，还要负责货物从供应商到配送中心的运输业务。

（二）第三方物流配送

淘宝网的电子商务模式是 C2C 模式，其配送业务往往完全由第三方物流配送企业承担，由其完成最后一站的配送业务，而淘宝网的卖家通常情况下不承担任何一部分运输业务，只专注于店铺的管理工作。其中，第三方物流企业承担运输业务。

（三）与第三方物流配送企业共同承担

在配送模式上当当网选择了第三方物流企业承担部分配送业务的配送模式。

当当网的做法是航空、铁路、城际快递、当地快递公司齐上。尽管管理和协调的难度增加，但却解决了最短时间内送货上门的问题。当当网主要是依靠专业快递公司进行配送，与民营快递公司合作，并在一些大城市扩建了自己的仓储中心，通过选择配送公司，以更快的速度为消费者提供更高质量的服务且降低了运营成本。

与第三物流配送企业分工合作，共同承担物流配送业务。在这种解决方案中，电子商务企业往往负责城市配送过程中集货、仓储、分拣等工作，而运输工作（城市配送最后一站和远程运输）则由第三方物流企业承担。

（四）企业联盟共同配送

电子商务企业之间为了实现整体配送的合理化，以互惠互利为原则，结合较为稳定的集约化配送联盟，它主要体现在配送的共同化、物流资源利用的共同化、物流设施设备利用的共同化、物流管理的共同化，这使得联盟里的企业降低了物流成本，同时也节约了社会资源。

电子商务企业与当地零售商形成合作伙伴，并且由当地零售商承担物流配送的任务。采用这种形式，电子商务企业可以根据客户需要，从当地合作的零售商处进行调货，大大缩短了配送时间，降低了物流成本，如新零售平台多点在北京地区与物美集团的合作。

二、政府主导的配送模式

政府应运用其“有形的手”，合理配置社会资源，并出台一些相关政策辅助城市配送最后一站的发展。

在城市物流配送最后一站发展的起步和培育时期，为弥补市场机制的缺陷政府干预非常必要。政府可以出台一些相关政策鼓励，保证城市配送最后一站快速健康地发展，并积极引导民营企业加强对最后一站的关注等。

伴随着电子商务、城市物流配送的发展，我国城市物流配送的一个重要发展方向是社区配送。

社区服务是一项社会区域性的便民措施。在我国，城市社区服务是指地方政府倡导，以街道居民委员会、小区物业等基层性质社区组织为依托，为满足社区成员的多种需要，解决社区问题而开展的具有福利性质的新兴事业。社区服务业是在社区服务的基础上逐步发展起来的，是城市化、社会化大生产和社会分工专业化的产物，是各类社会主体共同兴办的以满足社区成员的生活需要和扩大就业、拉动经济发展、保持社会稳定为宗旨的，以基层社区为依托的具有公益性、经营性、地缘性的多元化服务体系。

中国邮政作为中国传统的物流运输业者，尤其在我国偏远地区及广大农村，其服务网络覆盖范围极广的巨大优势是一般第三方物流企业所无法比拟的。

农村电子商务是转变农业发展方式的重要手段，是精准扶贫的重要载体。通过大众创业、万众创新，发挥市场机制作用，加快农村电子商务发展把实体店与电商有机结合，使实体经济与互联网产生叠加效应，有利于促消费、扩内需，推动农业升级、农村发展、农民增收。

2020 年，初步建成统一开放、竞争有序、诚信守法、安全可靠、绿色环保的农村电子商务市场体系，农村电子商务与农村一、二、三产业深度融合，在推动农民创业就业、开拓农村消费市场、带动农村扶贫开发等方面取得明显成效。

有关政策措施提出加快完善农村物流体系。加强交通运输、商贸流通、农业、供销、邮政等部门和单位及电商、快递企业对相关农村物流服务网络和设施的共享衔接，加快完善县乡村农村物流体系，鼓励多站合一、服务同网。鼓励传统农村商贸企业建设乡镇商贸中心和配送中心，发挥好邮政普遍服务的优势，发展第三方配送和共同配送，重点支持“老少边穷”地区物流设施建设，提高流通效率。加强农产品产地集配和冷链等设施建设。

三、客户主导的配送模式

最后一站解决方案中充分调动消费者配合完成的方式。这种解决方案不仅满足了消费者的需求，也大大提高了最后一站配送的灵活性。

这种方式具有其他解决方案所无法比拟的优势，即其可以充分利用社会已有资源，建立一个可以深入城市各个角落的城市配送网络，电子商务企业将客户需求的商品配送到客户指定的网点（连锁超市、便利店、报亭、邮局等），这些网点可以在客户家的附近，亦可以是客户上下班途经的地点。

第七章 城市物流产业集群生态系统

第一节 城市物流产业集群生态系统的理论基础

一、产业集群相关理论研究

（一）产业集群的理论溯源

随着需求的拉动和社会分工的细化，产业集群得到了迅速发展、崛起和壮大，逐步成为产业组织的新发展和地区经济发展的新现象。产业集群是一个多主体（涉及产业、企业和政府）、多空间（涉及经济空间和纯地理空间）、多学科属性（涉及经济学、地理学、社会学）、多机制的复杂经济集聚现象，是推动区域经济发展的一种模式。伴随着经济一体化与全球化发展趋势，产业集群已经成为当前区域经济和产业组织发展的一种重要形式，其表现出来的强劲竞争优势和发展趋势引起了有关国际组织和许多国家及地方政府的高度关注和重视。产业集群这种独特的经济集聚现象最早产生于西方发达国家，关于产业集群的理论研究也在美国和其他西方国家经济学界最早开展。随着产业集群的出现，产业集聚、集群问题一直受到众多经济学家、管理学家和产业政策制定者的高度关注，成为经济学研究的重要焦点和热点问题。由于不同领域学者、管理者的学术背景及研究视角的不同，对产业集群的内涵和发展的认识也有所差异，有关产业集群的理论也出现了不同的学派观点。

最早从分工的角度描述产业集群现象的学者是经济学的主要创立者亚当•斯密。亚当•斯密（Adam. Smith）在《国民财富的性质和原因的研究》中基于绝对利益理论（Absolute Advantage）深刻论述了产业集群的含义，分析了产业集群产生的内在动因，认为产业集群是由一群具有专用分工性质的企业，通过生产价值链的有机关联和衔接，共同完成某种生产任务集结而成的群体，并且认为产业专业化分工是产业集群形成的理论依据所在，产业专业化分工起因于交换能力，但受到市场范围的限制。新古典经济学的代表人物马歇尔（Alfred Marshall）是公认的“新古典经济学”的集大成者，也是“演化经济学”的先驱。他在继承亚当·斯密劳动分工思想的基础上，从新古典经济学角度，第一次基于分工理论系统解释了产业集群现象及其形成原因，揭示了外部规模经济（External Economies）与产业集群之间的关系。马歇尔认为产业集聚最根本的原因在于获取地方化的外部规模经济地方化经济（localization Economies）优势，同时认为产业与地方社会具有不可分割性。他基于对英国纺织工业区的调查研究，提出“产业区”概念，认为同一产业中大量小企业通过地理集聚能够获得大规模生产的许多好处，主要包括降低运输和交易成本、获得专业化分工效应、刺激外部经济和新的企业家精神等。

一些学者基于区位理论对产业集聚现象的原因进行了探索和解释。工业区位经济学家韦伯（Weber）在《工业区位论》中阐述了集聚经济的概念，认为运输成本和工资是决定工业区位的主要因素，并首次建立了有关产业集聚的一套规则和概念体系。科斯（Coase.R）认为产业集聚中的企业是适应市场而诞生的经营个体，它基于一定的企业组织管理体系来统筹利用各类资源，外部靠市场价格机制合理安排生产计划、协调控制生产，降低企业和市场运作成本。区域经济学家胡佛（Hoover）在《经济活动的区位》中指出产业集聚经济的形成是源于聚集形成单一企业达不到的规模经济效应。

部分学者运用新竞争优势理论对产业集群的形成进行了探索，从竞争优势出发揭示集群式的产业集聚现象形成的动因和过程。迈克尔·波特（Michael E.Porter）基于企业获取竞争优势的视角，对美国、英国、德国等国家的产业聚集现象进行了调查和梳理分析，对其形成动因进行了总结归纳，系统性提出了新竞争经济、产业集群等理论体系，在此后的《集群与新竞争经济学》中，进一步解释了产业集群的概念和内涵特征，利用建立的产业国家竞争优势“钻石体系钻石模型”对产业聚集及产业集群的形成进行了探索，认为生产要素条件、国内需求条件、相关产业和支持产业的表现以及企业的战略、结构、竞争对手的表现等影响因素共同作用，促进或阻碍一个国家某一产业竞争优势的形成。

20 世纪 90 年代后，新经济地理学（New Economic Geography）理论学派基于报酬递增和不完全竞争，运用主流经济学的方法来对经济活动的空间集聚动力、空间产业集聚的发展变化及其均衡等问题进行了经济学的解释，从而促进了产业集群理论的发展。此外，还有一些学者试图用社会资本概念解释产业集聚现象。由企业优势、新企业进入、企业孵化增长以及气候、基础设施、文化资本等共同作用形成的正反馈系统，是技术创新集群的重要动力机制。学者在定量分析和波特的钻石模型的基础上，从社会学视角将产业集群的发展总结为七种动力机制的共同作用，具体包括人力资本积累、非正式接触引起的信息流动、公司间相互依赖、公司间合作、当地资本市场、公众舆论和当地政策。以上研究分别从不同的角度解释了产业集群的含义，分析了产业集群形成动因及发展机制，对拓展产业集群的研究视角、建立和完善产业集群理论体系具有里程碑式的影响。

（二）产业集群的生命周期

生命周期是生态学中一个重要的概念，具体是指生物个体从出生、成长、成熟、衰老直至死亡的全过程。世界上任何事物的发展都存在着生命周期，产业集群与所有的产业发展或产品开发一样有其客观存在的生命周期。产业集群的生命周期是每个产业集群都要经历的一个由诞生、成长到衰退的演变过程，具体是指从产业集群形成、发展壮大到完全退出社会经济活动所经历的时间过程。产业集群的生命周期是影响产业集群演化发展过程和竞争力的一个重要动态因素。国内外许多学者从不同视角对产业及产业集群的生命周期进行了讨论和论证。

产业集群生命周期划分为以下三个阶段：第一阶段，集群的形成通常由外界环境因素的变化而触发形成，集群企业通过向外界环境不断释放企业盈利、成长壮大的信息，从而形成集聚核，吸引上下游及配套服务机构的加入；第二阶段，随着集群企业的增多，集聚经济性和共生效应成为集群发展壮大、产业结构调整和转型升级的主要原因；第三阶段，集群可能发展成一个国家 / 地区的技术创新的主导力度，能够抵挡外部市场、技术的冲击影响，也可能由于技术创新乏力，陷入路径依赖从而逐步走向衰落。根据产业集群的调查和演变历程的梳理分析，把产业集群生命周期划分为产业诞生、产业发展、产业衰亡三个演化过程和阶段。

与生物种群进化相似，产业集群发展也要受到外部资源环境容量的制约和限制。基于此思路，结合产业集群的形成、演变的过程和特征，把产业集群生命周期划分为形成阶段、成长阶段、成熟阶段和衰退或僵化阶段。

1. 形成阶段

产业的形成时期，一般是指产业培育发展的初级阶段。该阶段核心企业发展吸引生产同类商品或提供相似服务的少数企业开始集聚发展，但所有企业总体规模较小，专业化程度不高，生产标准化体系尚未建立，企业之间的信息共享、分工协作、资源整合利用的协同效应还不明显。此时，产业集群的生产规模不大，市场竞争力、影响力和占有率较低。

2. 成长阶段

产业的成长时期，一般是指产业迅速吸引上下游企业及配套服务机构集聚而快速发展壮大的阶段。此阶段，产业集群扩充迅速，生产达到一定的规模，市场竞争力、影响力和占有率逐步提高，初步形成了上下游分工协作的产业链和价值链，同时一些核心企业得到快速成长和壮大，形成集聚核，参加产业聚集势和磁场的形成。随着越来越多的企业加入到产业集群，产业链专业化分工进一步细化，生产标准化程度提高，企业之间的竞争开始加剧，同时集群内部一些公认的流程、规则、制度、标准、准则等开始发展完善，基于信息共享、分工协作、资源整合利用的协同效应进一步显现，促进了产业集群良好秩序和管理体系的加快形成。

3. 成熟阶段

产业集群的成熟时期，一般是指产业集群在经历了高速增长以后逐步过渡到有节制的增长或者平稳增长的时期，且是一个相对较长的发展时期。在这一时期，一些核心企业开始专业化、规模化、标准化生产，同时注重新知识、新技术、新管理模式的应用。产业集群成熟时期的特征表现为产业总体规模增长缓慢，市场拓展空间受到外资环境空间制约明显，行业的竞争更趋激烈，专业化分化趋势明显。此外，各种经济资源如资本、技术、信息、人才等大量聚集在集群内，但产业集群对各种资源要素的吸引力开始下降，企业进出频率有所放缓，但总体退出比加入稍多。

4. 衰退阶段

产业的衰退时期，一般是指某产业集群由于国家政策、区域规划、技术创新乏力、产业配套不健全、主导企业管理危机等因素的影响，导致集群产值规模下降，市场萎缩，利润下降，集群吸引力下降，内部企业大量往外迁移或退出，失去对市场的灵活反应，开始走向衰退。

上述理论从不同角度分析和解释了产业集群的生命周期演化过程和成长特征，但是产业集群的演化发展受到多种内外因素的影响，其演化发展生命周期过程相当复杂，而且这些影响因素并非孤立地单独作用，而是相互影响、相互制约，共同推动产业集群的演化发展。

（三）物流产业集群理论分析

1. 物流产业集群的内涵

随着市场经济的发展，物流产业上升为引导生产、促进消费的先导行业。物流产业是随着社会经济发展从社会经济活动中分离出来，融合运输、仓储、货代、信息等产业的复合型服务业，是支撑国民经济发展的基础性、战略性、先导性产业。随着物流产业结构的调整，物流产业集群成为重要的发展趋势。物流产业集群是指在一定地理空间范围内，以各类物流园区、货运枢纽、物流信息平台等为依托，以服务的制造业、流通业等为目标，由纵横交错、相互关联的运输、仓储、装卸搬运、包装、流通加工、配送、信息服务等物流企业及其相关配套服务机构在空间上集聚发展的经济现象。一方面，物流产业集群依靠社会网络、物流网络及信息技术，以社会多样化物流需求为导向，对零散的物流资源进行整合，优化社会物流资源的配置，发挥最大效用，实现最高效率；另一方面，在特定的区域范围内，依靠当地区位优势或产业优势，提供不同物流功能的物流企业在该区域范围内形成物流链并相互共生，共享物流资源，获取规模效应和竞争优势。

2. 物流产业集群的特征

物流产业集群是由众多生产性服务企业集聚而形成的，除了具有一般服务业的特性，还有自己特有的性质。与传统产业集群相比，物流产业集群具有以下几方面的特征。

（1）地理集中性特征

地理条件是特定地域的一种资源禀赋，它对物流企业的集聚有着巨大的吸引力，对物流产业集群的形成起着重要的影响。例如区域中心城市、交通运输枢纽设施是各种运输方式的交汇点，其衔接不同运输方式、不同物流企业，同时也是区域物流交易市场、信息交换枢纽和物资集散分拨中心。依托一定的地理区位，物流产业链上相关企业深深地扎根于当地经济发展过程中，融入当地的社会、法规、政策及文化环境之中，与当地城市规划、交通基础布局、产业空间分布、商贸流通网点布局等相适应，并使外来迁入的物流企业本地化。

（2）空间区位选择性

物流产业的特殊性决定了物流产业的集聚区独特的空间特点。物流产业的集聚区一般依托工业园区、商贸批发市场或者综合交通枢纽集聚而成，具体可分为货运枢纽型、工业生产型、商贸流通型、综合服务型等物流产业集聚区。物流产业的集聚区的空间区位和选址条件要求高，一般选择在区域中心城市的城郊接合部，需要土地资源开发较好，用地充足，成本较低，同时能够有效衔接多种交通运输方式。

（3）专业化分工特性

随着社会经济的发展，物流产业集群专业化分工趋势更加明显。通过产业链纵横关联、协作，物流产业集群内物流企业、生产生活配套企业及政府服务部门等实现了专业化分工，特别是大量专业化运输、仓储、配送、货运代理、物流信息服务、第三方物流等企业聚集在一定空间区域，实现规模化、专业化、集约化生产。由于地理位置靠拢、信息流通顺畅、信用机制持久等方面的优势，在物流产业集群内部往往需要多个物流服务集成商参与物流资源整合，这些专业化的物流企业通过内部化交易来降低交易成本、增加合作机会，提高交易效率，增强群内企业之间交易的可靠性。

（4）服务的派生性

随着专业化分工，物流活动逐步从工业企业生产和商业流通领域中分离出，特别是制造、商贸、消费、加工活动所引发的包括对物的移动、储存、加工及信息等在内的一系列要求。因此，作为连接生产和消费的桥梁，物流对生产活动和消费活动具有派生性和共生性。物流产业的本质就是根据客户的需求，将适当数量、适当产品、适当的时间、适当的地点、适当的条件、适当的用户和适当的成本交付给客户。物流产业的需求由制造业、商贸业等其他产业派生出来，因此，物流产业集群是跨物流业、生产制造业、零售业等多产业的集群，其他产业活动规模、结构、空间分布、生产组织、流通模式等会对物流产业集群需求、发展模式、技术变革等产生重要影响。

（5）社会网络特征

物流产业集群是城市物流产业上、中、下游企业及相关组织基于价值链联系形成本地化社会网络。物流产业集群中个体成员之间因为互动而形成的相对稳定的关系体系，他们的结网行为依赖各种强弱联结关系，如依赖物流合同、契约、协议以及无形与非正式的组织关系，推动物流产业集群企业之间各种信息、技术、贸易、组织等交流、合作，进而提升物流产业集群的凝聚力和网络效率，推动物流产业集群的可持续发展。

（6）知识溢出与创新特征

产业集群之所以具备持续发展的动力，是因为产业集群能通过相互学习，产生知识溢出效应。物流产业集群内部通过有效整合基础设施网络、物流组织网络和物流信息网络等资源，增强了物流链中各个主体、生产环节的连续性、畅通性和融合性，最终实现了物流功能的有机集成，极大地提高了物流产业服务能力。在物流产业集群内部整合过程中，物流运作理念、模式、技术、技巧、信息等迅速地传播、流动，带动了其他物流企业的技术变革，使物流产业集群服务创新能力得到快速提升。

3. 物流产业集群功能

（1）获取产业竞争优势

物流产业集群能通过资源整合的手段，有效集聚物流市场需求、港口资源、铁路资源、公路资源、第三方物流企业资源等，将各类资源吸引到物流服务网络中，扩大了区域供给能力，降低成本，提高效率。由于物流产业链较长，业务环节众多，单个物流企业物流服务范围、所拥有的资源及核心竞争力十分有限，但在物流服务网络中，通过物流产业集群的作用，物流企业之间能实现资源共享、优势互补，从而有效满足物流市场多元化、一体化、个性化的需求，获取更大的经济效益，实现物流系统整体最优化。因此，通过物流产业集群发展，能推进物流产业竞争优势的形成，具体表现在资源整合利用优势、物流效率优势、物流成本优势、模式创新优势、组织管理运作优势等方面。

（2）促进产业专业化和合理化

物流产业集群是社会经济发展中专业化分工的产物，在集聚演化发展的过程中，企业之间的协作促进了专业化分工的进一步细化。物流企业通过集聚，降低了交易成本，促进产业链上下游分工与协作，使得物流企业更加突出专业化生产能力和比较优势的构建。同时，物流专业化发展也带动了配套服务和相关产业的发展。例如物流市场繁荣可以有效带动车辆装备、集装化器具、托盘的生产、租赁，批发市场、商贸零售企业、流通加工服务企业等相关的需求也会增加。因此，物流产业集群发展，可以进一步加深物流产业链上下游分工协作，推动物流产业进一步专业化和合理化，实现物流相关主体的协同发展。

（3）有利于产业的协同创新

物流产业集群发展为物流模式、物流技术、服务运作、组织管理等创新提供了良好的契机。物流产业集群吸引了大量资本、信息、技术、物质、人才等资源集聚，集群内企业通过分工协作、沟通交流、信息共享、团队合作和大量的非正式交流，使得集群内部相关主体、组织的联系更加紧密，同时也促进了知识溢出现象的产生，有助于物流产业协同创新能力的形成和专业化水平的提高，从而有利于形成一种不断创新的路径依赖，产生更强的竞争力和外部经济性。由于物流产业集群是一个循环发展、螺旋上升的过程，物流产业协同创新能力也在循环过程中不断地增强，从而使得物流产业可持续性发展能力得到提升。

（4）促进区域经济的发展

物流业是一个服务性产业，物流产业的形成和建设与当地经济发展水平和物流市场的需求紧密相关。物流业与制造业、商贸业等互为依托，他们相互依存，相互促进。制造业、商贸业等是物流业发展的前提和基础，物流业是制造业、商贸业发展的加速器。只有区域经济发展能产生释放足够的物流市场需求，才能吸引相关物流企业及配套服务组织和机构进入，具备进一步发展形成物流产业集群的可能性。在物流产业集群自身发展的同时，其作为战略性、基础性产业对区域经济的带动促进、反哺作用也会更加突出。作为其他产业集群的支撑服务产业，物流产业集群通过自身专业分工效应、“乘数效应”、第三利润源，推动工商企业物流服务外包，增强工商企业专注于核心竞争优势，促进工商企业物资流通、供应链优化和核心竞争力形成，从而成为调整区域产业结构、转变经济增长方式的重要途径。因此，各地方都十分重视优化物流产业发展环境，加快现代物流服务体系建设，期望通过培育一批物流产业集群，带动整个地区产业结构调整和转型升级，降低社会物流成本，增强区域经济的竞争能力。

二、生态学相关理论研究

（一）生态系统的内涵

生态系统（ecosystem）是生态学中具有大小和类型属性的结构与功能单元。生态学认为生态系统是指在一定的地域空间范围内，由相互影响的各类生物及其生存的外界环境构成的有机统一整体，各生物个体嵌套于相互影响的一系列环境系统之中，他们相应影响、相互制约、相互适应，实现自我调节和共生进化。通过生态系统内涵可以看出，生态系统是一个多成分的极其复杂的大系统，主要包含两大重要的构成要素，即生物群落及其所处的非生物环境。根据生物群落在食物链中的位置、角色和分工，可以把生物群落进一步细分为生产者、消费者和分解者。在生态系统中，生物群落占据主导和核心地位，这也是区别于任何其他非生命系统的显著差异，同时各种生物之间、生物与环境之间通过能量流动、物质循环和信息传递，形成相互影响和制约，并达到相互适应、协调和统一的相对动态平衡的状态。

动态生态平衡是生态系统发展到一定程度的一种稳定状态，它是通过生态系统的自调节、自适应、自组织和自更新的机制来达到和实现的，主要通过反馈手段使生态系统达到和保持平衡或稳态。生态系统普遍存在着正反馈、负反馈现象，它们既存在于生物群落内部各要素之间，也存在于生物群落和非生物环境之间等。任何生态系统都不是孤立的，都会与外界发生直接或间接的联系，同时生态系统内部构成要素也在不断地发展和变化，其中的生物有生有死，有迁进也有迁出。许多研究成果表明，如果外部环境条件保持相对稳定，生态系统会通过自组织、自调节机制，按照一定规律由一种结构、功能向更加高级、更加有序的结构、功能演化发展。在生态系统的初级阶段，生物种群类型少，种群规模数量少，生物链结构简单，生产效率低，对外界的适应能力差，相对比较脆弱。当生态系统逐渐发展到成熟阶段时，生物种群类型增多，种群规模数量大，生物链长且结构复杂，生产效率高，对外界的适应能力强，相对比较稳定。这是因为通过生态系统的进化发展，各生物种群经过优胜劣汰、自然选择之后，各种生物都占据一定的生态位空间，他们通过物质、能量、信息流动，形成紧密的分工协作和适度竞争关系，并与外界环境相互适应、融合形成一个有机整体。在一定程度上，生态系统的物种数量越多，所形成生物链关系和网络结构就越复杂，也就是说生态系统的多样性越丰富，系统发展的稳定性就越高，两者具有紧密的关系。

（二）生态位分析

组织生态学是一门将生态学的方法运用于组织形成、演化发展、组织死亡研究的新兴交叉学科。组织生态学以自然生态系统来比拟组织与环境的互动关系，认为组织是一个与环境不断互动的有机体，充分借鉴生物学、社会学、经济学等理论，来研究组织成员之间关系，组织种群的创造、成长及死亡的过程，以及组织成长与外部环境的互动关系等问题。当前组织生态学理论体系在研究中得到不断完善和丰富，具体由组织个体生态学、组织种群生态学、组织群落生态学和组织生态系统生态学等不同理论组成，其中组织种群生态学是组织生态学最活跃的领域，也是研究的核心和基础。

生态位是现代生态学理论中一个重要概念，在组织网络、组织生态系统研究中普遍应用。生态位也称为小生境，是生物单元在特定生态系统中与环境相互作用过程中所形成的相对地位与作用。在一个自然生态系统中，通过长期的适应和进化发展，每个生物物种都占据着一定的生态位空间。生态位是生物单元生存和发展所依赖的条件的总称。在此基础上，不同学者对生态位态势、生态位分离、生态位移动、生态位构建等理论进行了探索和阐述，并建立了许多定量化的模型解释生态位的影响和变化。目前，大部分学者在运用生态位理论时，将生态位定义为生物单元在时间空间上所占据的位置及其与相关种群之间的功能关系与作用。生态位理论起初多应用于自然生态系统的物种比较分析，如果一个生物物种在一个连续的资源序列上可获得和利用的生态资源空间越多，则该物种的生态位越宽，物种的适应性越强，物种的竞争力越强。现代生态位理论是以多维超体积概念为基础的，其在自然、经济、社会等复杂系统中拓展应用，推动了组织生态学理论的迅速发展。从超体积生态位提出开始，就注定是一个正确但难以量化的概念。科学家不断从数学角度对其进行量化分析、研究和应用。一些学者运用 BIOCLIM、栖息地分析和主域分析为代表的环境包络理论，以及人工神经网络、支持向量机、GARP 和 Maxent 等为代表模糊数学与现代统计理论等，构建了定量生态位模型，对一些企业、组织等的生态位进行定量测度研究。

目前，生态位这一概念在生态学界受到前所未有的关注，对生态位构建及变化的研究已成为组织生态系统、产业生态系统的核心研究内容之一。随着生态位理论的丰富与完善，其应用范围已远远超出传统自然生态系统的领域范围，拓展应用到产业组织网络等复杂经济系统领域中，如在许多产业经济系统、城市复杂系统、区域经济——社会系统等诸多领域中种间关系、群落结构、生态系统的多样性及协同演化研究中已被广泛应用。

（三）种群间相互作用分析

伴随生态学理论的丰富和拓展，种群生态学理论迅速发展和应用，成为生态学研究中的一个重要领域。种群生态学是在个体、种群、群落中，以种群为研究对象的生态学分支，来源于达尔文的生物进化论，强调长期的、缓慢的、连续的自然选择决定生物进化的方向，其基本的理念是物竞天择、适者生存。种群指在一定时间内占据一定空间的同种生物的所有个体组成的集合体，其基本构成成分是有潜在适应和交互能力的生物个体。种群是生物群落或生态系统的重要组成要素，也是物种存在、共生进化和描述相互关系的基本单位。种群生物进化是现代生态学理论中一个重要的研究课题。生物进化是生命在一定外界环境条件下，从无到有、从少到多、从简单到复杂、从低级到高级发展运动的全部历史。早期诞生的生物进化理论，大多以种群之间的相互关系及影响机理分析为基础。从20世纪80年代开始，随着人们对生物进化理论的深入探索，逐步意识到种群间除了因竞争行为而存在的互相抑制的负相互作用关系之外，还普遍地存在因协作行为而存在的互惠互利的正作用关系。

种群间的正负相互作用对于种群动态、群落结构以及生态系统进化有着重要的影响。种群之间竞争行为是典型的负相互作用关系，如争夺各种生存的资源、市场空间等之间的相互影响和制约。与这种关系对应，种群之间互惠互利的行为关系是正相互作用。在种群群落种间或者种内，当个体直接采取改善生态环境、拓展生态位空间、提升资源利用效率、引入配套服务种群、抑制潜在竞争种群进入、扩大市场需求规模等措施，改善相邻个体的生存环境、促进种群生长或者增加种群多样性时，那么相邻个体之间正相互作用关系也将发展变化。传统理论认为种群间的正相互作用关系主要包括偏利共生、原始协作和互惠共生三类。

种群增长是种群进化的主要表现形式之一，它是在不同环境条件下，种群数量随着时间的变化而增长的状态。一般而言，可以将单一种群增长划分为两大类型：第一类种群的增长速度是与种群的密度无关；第二类是种群的增长速度与种群的密度有关。只有在种群不受资源限制的情况下，第一类种群增长现象才能发生。在没有资源限制的环境中，即环境中生存空间范围、可利用资源及食物数量等是无约束的，且生态环境优良、没有其他竞争等理想发展模式和条件下，种群的增长率与种群的密度没有关系，种群增长呈现指数增长规律和发展趋势。当种群生长在一个有限资源的环境中，随着种群密度的不断上升，个体间对生态位空间、资源、食物等争夺更加激烈，加之外界种群的竞争、自然环境的变化等因素的影响，势必影响到种群的增长速度，从而降低种群的实际增长率，一直到停止增长。在这种有限资源环境条件下的连续增长，称为逻辑斯蒂增长，该模式的种群增长曲线类似英文字母“S”，所以又被称为“S”型增长曲线，例如常见种群连续增长模型为逻辑斯蒂增长模型。由于种群之间的相互作用影响是复杂非线性过程，因此一些学者采用数学方法来描述种群之间以及种群生物的生存与环境的关系，并利用数学的方法研究种群的时空动态、种群之间的相互作用过程和影响机理。

（四）产业生态系统理论分析

产业生态系统是经济学家把生物进化理论应用产业研究而提出的一个概念，主要从生态的层次来描述和理解产业演化发展历程、产业系统形成的影响和动力因素以及各要素的作用机制，并以此来揭示产业的演进规律和趋势。产业生态系统是通过比拟生物新陈代谢过程和生态系统的结构与功能而提出的概念，其生成、发育和进化过程与自然界生物的进化过程具有极大的相似性。可以从广义和狭义来理解其内涵。以马世骏为代表提出的“社会—经济—自然复合生态系统”的概念是一种广义上的产业生态系统，它是基于系统论的视角，以追求更高的“资源使用率”和实现产业与环境的和谐统一为目标，研究产业、社会、自然环境复合系统中内部各要素之间的相互关系及作用机理，并在大环境视角探索产业生态系统演化过程和规律，力求建立符合生态规律和经济规律的产业生态体系，实现经济效益、社会效应与生态效益的有效统一。复合生态系统理论的核心内涵是生态整合，即通过结构和功能等有机整合，促进社会、经济、自然三个子系统协调同步、相互耦合、和谐共生，从而实现系统整体最优化和健康可持续发展。与广义的产业生态系统相对，狭义上的产业生态系统可以看作“社会—经济—自然复合生态系统”的一个子系统，即产业子生态系统。狭义上的产业生态系统侧重研究产业体系本身，其着重模仿自然生态系统闭路循环的模式来构建产业生态系统，按照生态规律和经济规律来安排生产、交换、流通、分配等活动，分析产业生态系统承载能力、环境影响以及废弃物集中处理和循环利用等，从而达到资源循环利用、减少或消除环境破坏，最终实现产业与自然协调、可持续发展。

因此，产业生态系统是基于系统论和生态学相结合的视野，以产业可持续发展为目的，采用生态学的原理与方法，按照生态规律和经济规律来设计产业链和价值链，优化配置产业资源，促进物资、能量和信息高效转换和有效流动，进而促进产业系统与自然系统及社会系统间在特定空间范围内耦合形成一个高度一体化的有机整体。较与自然生态系统发展相似，产业生态系统也是一个复杂巨系统，涉及多个子系统、要素主体和非生物环境，通过一定机制来和外界环境进行物质、能量和信息的交换以实现发展，其发展也是一个动态调整和自适应的过程。产业生态系统与自然生态系统中的“生态”发展与整合理念，更多是突出各组成要素之间合理分工与协作以及系统与环境之间良性互动，强调良好产业生态秩序的培育和形成。

三、自组织相关理论研究

（一）系统的自组织和他组织

系统的存在是客观事实，但人类对系统的认识却经历了漫长的岁月。所谓系统就是指由相互联系、相互作用的若干要素或子系统按照一定结构形式连接构成的具有特定功能的统一整体。每一个系统都可以分解为若干个要素或子系统，系统作为一个整体具有它的每一个要素或子系统都不能单独具有的功能，而整体功能还有可能大于或者小于部分功能之和。

当一个系统在对外界发生事件的响应中，有自组织能力者，该系统被称为自组织系统，它普遍存在于自然、人类社会和经济领域。自组织系统能通过自行演化或改进其组织结构，而形成具有一定的结构和功能。所谓自组织，目前还没有一个统一的概念，系统论、热力学、统计力学、进化论、管理学等对其有不同的理解。其中，系统论认为自组织是指一个开放的系统在没有外界干预的条件下，能通过自调节、自适应的方法获得空间的、时间的或功能的有序结构的过程。“自组织系统”理论作为一种复杂性科学理论，是于 20 世纪 60 年代末历经多个科学家总结、发展和提高而成的，它主要研究自然、人类社会、经济等各类复杂的自组织系统的形成调节、发展机制和演化规律，即系统是如何自行组织、自行创生、自行演化、自主地从无序走向有序，由低级走向高级的。

此外，自然界也存在他组织系统。如果一个系统的空间的或时间的或功能的结构不能自主地从无序到有序演化，而是在特定外部作用下形成的，从而被动地从无序到有序，则称该类系统是他组织的，称它的形成过程为他组织过程。

系统科学理论对自组织与他组织的认识和划分标准都是相对而言的，是一种有机的统一。在系统外部，任何集群相对于其发展环境而言，都是他组织。复杂巨系统，尤其是社会系统，都是自组织与他组织的统一体。从短的时间尺度上看，人的任何自觉行为都是有计划的，因而所有社会经济系统都是他组织。但是放大到足够长的时间范畴来考察，社会经济系统的形成和演化发展都具有自组织特性，他们能通过自身的发展和进化而形成另一个有序结构。在社会经济系统形成初期，在遵循自组织规律的前提下，通过他组织过程和策略可以加速生态秩序形成，缩短系统向自组织系统的转化时间；在系统形成后的演化过程中，外部环境不断向系统内部输入条件，并且通过内部子系统之间的竞争与合作，推动系统自主演化发展，促进系统向另一有序结构进化。

（二）自组织理论的内涵

自组织理论是20世纪60年代末期开始建立并发展起来的一种系统科学理论学说，也是一门跨多个学科、跨多个专业的横断科学，主要研究各类自组织系统的形成和演化机理、过程和规律。自组织理论隶属于系统科学理论，是系统科学理论在学术积累过程中分离出来的方法论，侧重研究客观物质世界中自组织演化现象与规律的系统科学理论。它也是一个全新的系统思维方法，既可以研究各类自然界自组织现象的形成和发展演化规律，也可以探索各类复杂生命体和经济社会系统的形成、进化和演变。

自组织理论主要以自然、经济、社会等领域中具备自组织特征的系统为研究对象，主要研究其自组织动力来源、演化机理、过程和规律等。自组织理论是一组成套理论体系的集合，这些理论在极短的一个时期内相继问世、迅速发展，以系统的发生、发展为重点，揭示了系统从一个低级结构、功能和状态向一个更加高级的结构、功能和状态演进条件、机理及发展过程和规律，深化了人们对包括自然系统、社会系统、经济系统等各类复杂系统的认识程度。作为复杂性科学的一个新理论群和方法体系，自组织理论已被广泛应用于各类自然科学领域，此外，广大研究者非常重视其在社会科学领域的应用，并取得了大量的研究成果。人们通常所说的“一般系统论”或“普通系统论”，是研究所有系统的共同、普遍规律的学科，着重研究事物的“系统性”及演化发展的一般机制及规律，如系统内部各子系统之间的相互关系、个体与系统整体的关系、系统整体发展机制等。相对于一般系统论，自组织理论更加侧重研究具备自组织特征的复杂系统的演化动力机制、演化过程和规律等。有学者研究认为，产业集群具有典型的自组织特征，它是由围绕某一产业领域的若干企业及企业群落子系统组成，通过非线性作用机制演化发展的一种复杂的自组织结构。

（三）自组织方法论

自组织理论群是研究复杂系统自组织机理和规律的一种新科学理论集合，主要包括“耗散结构”理论、“协同学”理论、“突变论”、“超循环”理论等内容。其中，组成自组织理论群的每一个单独理论，是一个独立的方法论，但它们之间相互联系构成一个综合的自组织方法论，它突破了经典科学范式的局限，揭示了事物自主演化的图景。

1. 耗散结构理论

耗散结构理论是一种新的科学方法论，是研究远离平衡态的开放系统从无序到有序的演化规律的一种理论，是推动系统科学发展的重要分支理论之一。耗散结构是与平衡结构相对的概念，它是 1969 年由现代热力学的奠基人、比利时布鲁塞尔学派著名的统计物理学家普里高津教授基于物理学中热力学第二定律而提出的概念。耗散结构理论是关于远离平衡状态的非平衡热力学系统的耗散结构理论，主要运用热力学、统计物理学等方法，研究耗散结构形成的条件、机制和发展规律的理论方法，为物理学研究这些非平衡非线性问题提供了新概念和新方法。作为研究自组织形成和发展规律的方法论，耗散结构理论对其他学科理论产生了重要冲击和深远的影响。耗散结构理论具有广泛的适用性和应用前景，它不仅可以解释复杂自然生态系统形成和演化机制，也可以研究复杂经济、社会系统的形成和演化机制。可以把系统分为孤立系统、封闭系统、开放系统三大基本类型，封闭系统不可能形成耗散结构，只有处于远离平衡态的开放系统，在外部环境达到一定条件和阈值时，通过不断与外界进行物质、能量和信息交换，才有可能实现从低一级有序结构向更高一级时间、空间或功能有序结构演化。

“耗散结构”是自组织理论研究的重要对象，它是一个非线性的、非平衡态的以及具有开放性特征的系统。耗散结构是在系统内部各子系统、各要素之间的复杂的非线性相互作用下，使得系统在临界点处时微涨落放大为巨涨落，从而促进使系统稳定到新的耗散结构分支上；如果是单个子系统的孤立作用，则不能促进有序结构的结构，并将会导致系统崩溃或瓦解。其中，涨落及其关联放大可能诱使系统发生突变，当系统中某一参量的变化达到特定阈值时，系统的稳定性就发生变化，即使系统转化为“新的有序状态”。基于耗散结构的理论分析，城市物流产业集群生态系统应当处于远离平衡态，保持足够的开放性，积极扩大与外界环境之间的物质、能量和信息的交换，通过内部各群落、种群、个体之间的非线性作用机制，促进微涨落放大成巨涨落，推动系统从一种低度有序结构向另一更加高级有序的结构方向演化发展。城市政府管理机构应该重视发生在城市物流产业集群生态环境的改善，着重完善物流基础设施规划和发展政策的设计，促进城市物流与产业联动发展，主动引入更多负熵流，推动城市物流产业集群生态系统的自组织演化与可持续发展。

2. 协同学

协同学又称为“协同论”，“协同学”一词来自希腊文，其含义是“一门关于协作的科学”。协同学源于激光理论和非平衡统计理论，是系统科学的重要分支理论，于 20 世纪 70 年代开始在许多相关学科研究基础上逐渐形成，并被广泛应用的一门横跨自然科学和社会科学的综合性学科，被称为研究自然科学和社会科学的达尔文主义。协同学理论是一门关于在普遍规律支配下的有序的、自组织的集体行为的科学，主要研究远离平衡态的复杂开放系统在与外界有物质或能量交换的情况下，通过内部协同机制，能以自组织方式实现系统从无序结构到宏观的空间、时间或功能有序结构的演化。“协同学”理论是在“耗散结构”理论基础上的进一步发展和深化，其认为各子系统之间的相互竞争、合作机制是系统自组织演化的关键所在。由于协同学建立在普适的基本原理上，其不仅可以用来研究复杂物理系统，也可以为整个经济、社会、自然等系统观察提供了一种新方法，具有广泛的适用性或普适性。协同学理论发展历程不长，但在近十几年里获得迅速发展，并被广泛应用。其已经被应用于物理学、化学、生物学、生态学、天文学、经济学、社会学、应用数学、机械工程学、人口学、管理科学、计算技术等领域，并都取得丰硕的应用成果。

协同学理论指出，由大量子系统以复杂的方式相互作用所构成的复杂开放系统，当在外来能量的作用下或物质的聚集态达到某种临界值时，其子系统之间会通过协同作用使系统在临界点发生质变并产生协同效应，进而促进系统发生根本性变化形成新的有序稳定结构。协同学认为，自组织演化动力是复杂系统内部各子系统之间的竞争和协同，无论何种系统，都是在各子系统之间都竞争、协同的共同作用下不断动态演进。所有的自然、经济、社会等系统，尽管构成要素、组成结构和功能等不同，但各个系统内部各子系统、构成要素都存在相互影响而又相互协同的关系，如企业内部各职能部门的分工协作、社会组织的内部协调、系统内部要素的协调等。协同学理论主要包括协同效应、伺服原理和自组织原理。

协同学理论方法可以应用于诸多领域，它为人们找出影响系统演化发展的序参量，研究系统内部演化动力机制、各子系统之间协同作用和协同效应等提供了方法指导。目前，协同学已广泛渗入学术界，成为经济社会研究领域研究中一个重要的工具和方法论，它揭示复杂系统演化发展普遍规律，及如何通过内部各子系统的协同实现系统由旧结构向新的有序结构演化发展。基于协同学理论视角，可以认为产业集群就是通过集群内各种群企业集聚，进而产生内外部各个层面的协同关联与互动，实现整体协同效应，并演化发展形成一个有序的组织生态系统。城市物流产业集群生态系统内部种群或个体竞争优势的形成也在于通过竞争和合作，实现协同效应，构建属于自身的具有相当比较优势的生态位，以提高个体或企业种群在物流产业中的竞争力。

3. 突变论

突变论是对客观世界非连续性突然变化现象进行研究的一门新兴数学学科理论，是复杂性科学理论中非线性动力学的一个重要分支，成为推动系统科学发展重要学科之一。它主要研究自然、经济、社会等复杂系统演化过程中如何通过连续的渐变产生突变或飞跃，并力求通过定量数学方法来分析突变产生临界条件，预测和控制突变的产生。突变是系统内部状态的整体性“突跃”，在新事物的创生、新形态的形成中起着关键性、建设性的作用。突变理论可以用来研究系统结构的稳定性及质变规律，预测复杂系统的突变行为，它的产生引起了科学界很大的轰动，被社会称为“牛顿和莱布尼茨发明微积分三百年以来数学上最大的革命”。

突变论主要通过分析系统在临界点的状态，来研究自然、社会、经济等复杂系统产生飞跃现象形成的机制和规律。在自然界、人类社会及经济产业中，到处都存在着各种形式的突变和跳跃的现象，如开水的沸腾、大坝的溃堤、地震的发生、股市的波动、产业的形成、企业的壮大等。这些现象都是由渐变、量变逐步发展到突变、质变的过程，引起了科学界的广泛关注。突变论就是应用一系列形象而精确的数学模型，研究系统在临界状态下的突变现象和质变行为，即当系统某些控制参量辨别达到某一区域时，系统结构将失稳，引发系统由量变向质变飞跃。

突变论以拓扑学、奇点理论和结构稳定性理论为主要工具，为进一步探索和揭示现实世界某些事物形态、结构突然变化的规律提供了方法工具，具有重要的现实意义和理论价值。随着突变理论的不断丰富、发展和完善，突变理论已经发展成当今世界上应用极为广泛的现代方法论之一，无疑它也是软科学研究的重要方法和得力工具之一。作为一种科学方法，突变论的应用范围很广，已被广泛应用于物理、化学、生物、哲学、医学、社会学、管理等领域，并已取得了可喜的成果。城市物流产业集群生态系统是一个复杂的远离平衡态的动态系统，如果系统外界条件达到某一临界状态时，子系统之间非线性作用被放大，促进系统非连续性突然变化现象的产生，即产生分岔实现从一种形式稳定态突然地飞跃到另一稳定态结构。城市物流产业集群生态系统演化发展过程中的突变现象和分岔路径代表了系统本身自组织演化的丰富性和多样性，并使系统自组织演化过程、行为和规律变得更趋复杂。

第二节　城市物流产业集群生态系统概念、结构及平衡特性

一、城市物流产业集群生态系统的内涵分析

（一）城市物流产业生态链分析

在自然生态系统中，各级生态单元通过“食物链”或“食物网”有机联系，耦合形成一个有机整体。食物链具体是以生态系统中各生态单元彼此相互交错联结的复杂的营养关系为基础，把生态系统中的物质的转化和能量的流动紧密联系起来。在一个自然生态系统中，上下游种群之间存在若干条食物链，这些食物链相互联结、耦合连接形成错综复杂的食物网。

在城市物流产业集群中，上、中、下游企业群落及其服务对象也存在类似的“食物链”或“食物网”关联，它们按照生态价值链关系构成类似食物链的组织生命系统。所谓城市物流产业集群的生态链，是指城市物流产业集群中处于上中下游、占据不同生态位资源空间的各类企业、组织和结构，通过专业化分工、竞争及协作，形成基于价值创造、传递和共享的城市物流产业生态链网络。它可以将城市物流产业集群中承担不同角色、职责和功能的物流供给企业、物流基础设施平台、物流交易市场、配套服务机构等有机联结、耦合起来，从而促进城市各类物流资源的有效整合，加速城市物流产业专业化分工与协作，有效降低城市物流交易和运行成本。城市物流产业集群生态链聚集众多物流相关企业及配套服务机构，形成的是一种分工协作、共生发展的新的价值网链关系，为用户提供多样化、多层次、多形式、开放式等的物流服务和需求。

具体而言，城市物流产业集群生态链关系包括垂直的供需链关系和横向的协作链关系两大类型。垂直供需链关系是城市物流产业集群生态链的主要结构，即在城市物流市场需求的牵引下，各城市物流产业中生态单元按垂直分工形成的上、中、下游关系；横向协作关系就是城市物流产业集群可持续发展所需要的服务配套和协作关系。城市物流产业集群生态系统的生态链作用能否正常发

挥，主要取决于生态链的完备程度、生态链各个环节是否具有一定数量的物流种群和物流企业、物流产业集群的生态平衡情况、城市配套设施和服务结构的完善程度、城市物流发展标准与政策体系情况等。所以，城市物流产业集群生态系统可持续发展的关键在于群内各种群、主体之间生态链各个环节的分工协作、协调发展，形成价值链共生和命运共同体。

（二）城市物流产业集群的生态学特征

城市物流产业集群与生物种群有一定的相似特征，主要表现为：

1. 群内物种类型多样性

正像自然界中每个生物群落都是由一定的植物、动物和微生物种类组成的一样，城市物流产业集群由来自城市物流产业链中相关主体组成，包括各种类型城市物流企业和相关配套服务及支撑机构。一个城市物流产业集群中涉及种群类型数量的多少以及每类种类主体数量的多少，直接关系到城市物流产业的生态多样性。

2. 内部结构的有序性

城市物流产业集群由若干不同类型生态单元个体组成，但它不是由这些个体的简单聚集“相加”，而是通过错综复杂的社会网络关系和价值联结组成一个生命有机整体。在城市物流产业集群中，各类种群、个体都通过资源整合、分工协作和相互适应，共同遵循一定产业生态秩序和规则，实现有序共处、共生进化。

3. 群内资源的共享性

在自然生态系统中，生物个体和种群为了自身发展的需要，通过群内资源共享，来共同抵御自然灾害，提升自我繁殖与发展的能力。同样，由于地理的邻近，城市物流产业集群内的各个企业通过整合、共享各类资源，降低交易成本，增加产业集群抵御外部竞争的能力。例如，城市物流产业集群通过共享交通通道与物流枢纽设施、物流交易市场、公共信息平台以及配套服务等，降低集群物流运作和企业间的交易成本；通过群内正式与非正式交流，共享各类知识、市场、咨询信息、经营经验等无形资源，维持物流产业集群的创新和核心竞争优势。

4. **集群与环境的一体性**

生物群落与其生长的环境是密不可分的。任何一个产业集群在其成长的过程中，不仅能适应外部环境，而且也对环境产生巨大的影响。城市物流产业集群会在一些区位优越、交通便利、产业发达、物流市场需求旺盛的地方，率先形成集聚核，产生集群效应，并发展壮大，形成具有鲜明的地域环境和产业特色。例如，大城市会根据区位、市场、交通等要素条件，在具备良好集群环境的地方形成港口物流产业、空港物流产业集群、快递产业集群、公路快运产业集群、商贸物流产业集群、城市配送产业集群等。

5. **集群发展的动态性**

和自然生态系统一样，城市物流产业集群内生态单元都具有一定的生命周期，处于不断的动态变化和调整中。伴随城市物流产业集群对外开放以及与外界不断进行物质循环、能量流动和信息的交换，集群内部各个体、种群等会通过优胜劣汰，实现不断变化和动态调整适应。在市场竞争过程中，一些新的物流企业或服务机构会不断涌现，同时一些不适应城市物流市场要求的企业或服务机构会被市场淘汰出局。

（三）城市物流产业集群生态系统概念的提出

产业集群是由自然、社会、经济耦合而成的复合系统，它与自然生态系统具有很多相似性，由许许多多生态单元及多层次的组分构成。如果将城市物流产业集群置于仿生学的理论视野内加以审视，可以看出：城市物流产业集群是多个物流相关集群种群、企业等生态单元和若干生物环境要素组成的一个有机生命体，每一个生物环境要素和生态单元都不同程度地对集群的形成和发展起着影响和作用。这些生物环境要素不是孤立与物流相关集群种群、企业等生态单元而单独存在，它们实际上已经与物流相关集群种群、企业等生态单元耦合在一起，组成以产业可持续发展为中心的具有特定的内部结构、功能机制和作用表现的集群组织生态系统。

基于生态系统的隐喻，结合城市物流产业链、服务链和价值链的分析，可以看出城市物流产业集群是以满足城市工业生产和生活消费引发的各类物流需求为目标，由各类运输企业、仓储企业、装卸搬运企业、流通加工企业、配送企业、第三方物流企业、第四方物流企业、物流基础设施运营商、物流信息平台服务商等物流企业以及相应配套服务组织、机构等组成产业集群网络。在城市物流产业集群网络中，各类物流企业及配套服务组织、机构因长期稳定的分工合作关系而产生聚集，占据一定城市物流产业“生态位”资源空间，承担一定的城市物流运作、管理等服务职能，他们彼此以节点联结构成纵横交错的价值链网，基于物质流、能量流、资金流、信息流和知识流推动城市物流专业化分工与协作，达到一定产业生态平衡，实现城市物流资源的整合效应、集聚效应、协同效应和共生效应，并与非生物环境要素共同组成“共生体”，即耦合形成城市物流产业集群生态系统。

从生态学视角来看，城市物流产业集群生态系统与自然生态系统具有一定的相似特性，都是一类具有自组织、自调节、自适应功能的组织生态系统。城市物流产业集群生态系统遵循产业集群和生态平衡发展规律，以物流产业价值链为纽带，集聚各类物流基础设施、物流服务运作、物流信息平台以及各类配套服务企业、政府管理机构，形成紧密的区位联系、技术联系、市场联系和专业化分工协作，进而实现物流资源有效整合、产业链协同运转及共生进化的目标。

（四）城市物流产业集群生态系统的特性

1. 系统开放性

城市物流产业集群生态系统通过开放不断与外部环境进行物质、能量、信息等交换，维持系统的生存与发展活力。城市物流产业集群生态系统的演化发展过程不仅需要物流生态链及配套服务的各类种群、主体之间的能量传递、信息沟通、技术进步、共同学习、协同创新等途径来达到内部的有机整合，而且需要物流种群及内部构成企业、组织等子系统不断加强与外部环境的物质、能量和信息交流，即输入负熵，以抵消内部产生的熵增，才能适应外部市场环境变化，推动系统由无序转为有序，或由低度有序向更加有序状态发展。因此，城市物流产业集群生态系统的这种开放性成为系统与外界资源互动，保持产业集群持续发展活力的关键。

2. 系统多样性

多样性是指生态系统所包含物种种类的丰富性，是生态系统生存和发展的基础。同样，多样性也是衡量城市物流产业集群生态系统的重要特征和关键指标。从城市物流产业链纵向构成来看，它由关键物流企业与其上游关联企业（如货运代理企业、第三方物流企业、供应链管理服务商等）和下游关联企业（如运输、仓储、配送等各环节运作企业）共同联结组成，这些上中下游企业通过专业分工和协作，促进各类资源优化配置，实现产业集群的协同效应。从城市物流产业链横向构成看，"关键种"物流企业与其他不同类型的配套服务企业、组织（如保险结构、银行、高校、各科研院所、知识产权机构、服务企业等）和服务机构（如海关、检疫、交通、商务等部门机构）有着千丝万缕的关系。这些物流种群、企业或组织在城市物流价值链中占据一定的生态位资源空间，它们通过专业化分工以及竞争与协作，共同推进城市物流产业集群生态系统的发展。

3. 系统共生进化性

共生进化具体是指一个生物物种结构、行为、功能等发生变化，会引起另一个生物物种在结构、行为、功能等方面做出适应性调整和改变，反之亦然。因此，共生进化说明系统内部生物有机体之间密切的相互关联和相互依存关系。根据城市物流产业集群生态系统与自然生态系统之间的比较分析可以看出，城市物流产业集群生态系统内部共生进化现象普遍存在，具体包括城市物流产业集聚区中各种群、主体之间存在竞争、合作、寄生、捕食与被捕食等共生进化模式。

4. 系统的稳定性

稳定性是系统发展的重要前提，是系统维持演化发展的一种重要机制。如果一个系统的稳定性越好，那么该系统抵抗外界影响与维持发展的能力越强。城市物流产业集群生态系统的稳定性是指系统的结构、状态、行为的恒定及优化的过程。在一定外部环境变化条件下，城市物流产业集群生态系统具有一定的抵抗能力和恢复能力。但是，城市物流产业集群生态系统的稳定是一种动态平衡下的稳定，是发展的稳定、相对的稳定。在外部环境发生变化条件下，系统可能失稳，使得城市物流产业集群生态系统不断向复杂和高级方向演化和发展。

5. 系统根植性

城市物流产业集群生态系统中的物流企业配套服务机构不是孤立的个体，而是深深嵌入城市经济社会发展环境中，与当地的政治、经济、科技、文化及生态环境密切相关。这种根植性可以增强城市物流产业集群的竞争优势，强化城市物流产业集群生态系统发展的路径依赖。根植性是长期积累的历史属性，它可以增强城市物流产业集群生态系统内部本地的联系，是支持系统在某一空间范围集聚发展的关键因素。城市物流产业集群生态系统的本地根植性一经形成，就难以被其他地区模仿和复制，从而保持自己的独特竞争优势。

6. 系统自组织性与他组织性

生物种群的自组织行为是生物生存和进化的主要途径之一，同样的，城市物流产业集群生态系统也不例外。城市物流产业集群生态系统的自组织特性是各生态单元通过自发地、自主地向结构更加有序方向演化的过程和结果，是其本质属性。但同时，城市物流产业集群生态系统的形成与发展也离不开他组织的积极引导和推动作用，特别是在城市物流产业集群初级发展阶段需要良好的交通与物流基础条件、物流发展政策环境、外部产业发展和物流市场需求等外部环境或条件配合。总体而言，他组织不是城市物流产业集群生态系统本身所有固有的属性，它是通过物质、能量和信息的传导到城市物流产业集群生态系统内部，进而通过内部机制传导和各要素的协同作用产生具体影响。

二、城市物流产业集群生态系统模型构建

根据各类要素在城市物流产业集群生态系统中的定位和作用方式不同，可以把城市物流产业集群生态系统分为生产要素系统、服务要素系统和环境要素系统三个子系统。

其中，生产要素系统是城市物流产业集群生态系统的核心要素系统，包括物流产业链上下游各类物流基础设施、服务运作、信息服务等种群企业，它们是城市物流服务的主要实现者，主要由物流地产平台商、托运人、公路运输企业、铁路运输企业、港口、机场、货运代理企业、仓储企业、配送企业、包装和流通加工企业、第三方物流企业、第四物流企业等组成；支持服务要素系统是指为城市物流产业集群的核心要素直接提供交通基础设施、融资、保险、科学技术、人才保障、行业管理等配套服务的支持，主要由各种类型的交通运输和物流行业协会、金融机构、保险企业、科研院所、政府管理部门等组成；环境要素系统是指物流产业集群所在城市的宏观经济社会环境，包括国家、区域和城市的

法律法规、管理制度以及城市自然环境、经济、文化、科技、社会、政策等生态因子，它间接影响着核心要素系统的经营和管理行为、集群发展方式、行业规范以及可持续发展等。

城市物流生产要素系统、服务要素系统和环境要素系统之间相关联系、相互影响和相互制约，共同耦合构成城市物流产业集群生态系统。其中，生产要素系统是城市物流产业集群生态系统的核心系统，承担着对各类物流资源要素的整合、转化和输出功能，同时在服务要素系统和环境要素系统的保障支撑和“催化”作用下，促进城市物流产业集群生态系统有序运行、高效运转，形成一个严密的集群组织生态系统。

三、城市物流产业集群生态系统的结构分析

（一）城市物流产业集群生态系统的层次结构

从生态学视角来看，任何生态系统都包含由从低到高的四个层次，具体为：生态个体、种群、群落、生态系统。根据生态系统的构成和组织层次结构分析，城市物流产业集群生态系统同样也具有四个层次的组织结构，具体包括：城市物流产业集群企业个体、城市物流产业集群种群、城市物流产业集群群落和城市物流产业集群生态系统四个层次，即在城市物流产业集群生态系统中也存在着“个体—种群—群落—生态系统”的四层次组织结构。城市物流产业集群生态系统就是由若干个城市物流产业相关的“微观个体”组成的若干种群、群落子系统而耦合形成的一个复杂生态适应系统。

其中，城市物流产业集群生物个体是指在城市物流产业链上下游中拥有自治和适应能力的各种类型的生物个体，其可以是释放物流产业需求的工商企业主体，也可以是运输、仓储、装卸搬运、包装、流通加工、城市配送等城市物流运作主体，也可以是咨询机构、保险机构、银行、政府部门等相关服务主体。这些生物个体往往在一定城市区域按照功能相似特性聚集形成一个个的种群“群体”组织。城市物流产业种群“群体”是城市物流产业集群生态系统中以物流任务和职能分工为导向形成的多个相似主体的集合，如运输种群、仓储种群、配送种群、货代种群、流通加工种群、保险服务种群等。各个城市物流种群，

按照特定组织范式，围绕城市物流产业生态链、价值链的分工和配套，通过横向集聚和纵向集聚，进而交叉耦合形成以少数几个大型物流企业为中心的群落组织生态系统。在城市物流产业集群群落生态系统中，不同群落生态位空间有所差异，他们掌握物流设施、物流装备、技术创新、市场客户、组织管理、信息系统等各种资源，存在多种价值交叉关联和层次嵌套关系。这些群落分布于城市物流产业中不同领域、环节中，通过复杂的内外关联、耦合形成一定的产业结构和生态秩序，进而共同推动城市物流产业集群生态系统的形成与发展。

（二）城市物流产业集群生态系统的功能分工

与自然生态系统相似，城市物流产业集群生态系统是由城市物流产业集群企业个体、种群、群落与非生物环境因子，在市场机制作用下通过复杂的耦合关系演化形成。各组成要素在城市物流产业集群生态系统中发挥着不同的作用，它们分工协作、相互影响，共同保障城市物流系统的有效运转，从而实现城市物流资源的有效配置和产业的可持续发展。

1. 生物个体

在生态学中，个体一般指一个生物个体或是一个群体中的特定主体。城市物流产业集群生物个体是在城市物流产业链某个环节承担一定角色，具备一定服务功能的所有微观个体企业、机构等统称，具体包括城市物流需求主体、供给主体、配套服务企业、行业协会和政府机构。其中，城市物流需求主体主要包括城市内各类具有物流服务需求的工业制造企业、商贸流通企业，他们释放物流需求，为城市物流提供充足的货源保障；城市物流供给主体包括铁路、公路、内河、航空、管道等运输企业，以及各类物流基地、综合货运枢纽、港口、机场、仓库等物流设施运营主体，也包括各种类型的货运代理、第三方物流、物流信息平台等经营主体，这些主体是城市物流产业集群生态系统核心主体，他们发展水平及空间集聚分布直接影响着城市物流产业集群的发展；城市物流配套服务主体主要由许许多多政府部门以及行业协会、银行、保险机构、咨询服务机构、研发机构等主体构成，他们为城市物流产业集群发展提供配套保障服务，间接影响城市物流运作主体、需求主体的迁入、聚集或迁出，从而对城市物流产业集群生态系统的整体结构、空间等形态演化产生重要影响。

2. 集群种群

生物种群是生态学中的一个重要概念，在特定时间和一定空间中生活和繁殖的同种个体的总和，即是同一物种个体的一个集合体。生物种群内部生物个体单元不是简单机械地集合在一起，而是通过交互、协作、竞争等各种复杂的联系有机组织在一起形成一个统一体。城市物流产业集群种群是城市物流产业集群生态系统内部提供同种物流或配套服务的企业或组织组成的集合，同生物种群一样，它们通过复杂的竞合关联形成一个统一的有机体。城市物流产业集群种群内部的各个组成个体的核心特征是具备相同或相似的特征，如承担相似物流服务功能、管理角色等。城市物流产业集群种群分布在城市不同区域集聚，具有各自独特的空间格局，种群内部的企业个体间通过各种关系有机地结合起来，如依托城市内铁路、港口、物流园区等枢纽形成不同类似的种群。一般情况下，在一个城市范围内，各类物流企业个体发展总能形成物流产业集群种群，并以产业种群的形式生存、繁衍、发展壮大等，物流企业个体以集合形成的种群整体形式抵御外来市场的竞争，并与城市外围环境发生各类物质、能量和信息的交换。

3. 集群群落

生物群落是特定空间或特定生境下各种生物种群有规律的组合，是生态系统中有直接或间接关系的生物有机体构成的组合体，它们之间以及它们与环境之间彼此影响，相互作用，具有一定的形态结构与营养结构和生物功能。好比种群是个体有规律的组合一样，群落是种群有规律的集合体，它是一个比种群具有更加复杂、更加高级的生命组织层次，具有一定的动态结构、边界特征和分布范围。城市物流产业集群群落是指在特定时间空间内，由若干不同类型的城市物流产业种群有机结合而成的集合体。城市物流产业集群群落由各类物流基础平台种群、运输服务种群、仓储服务种群、配送服务种群、物流信息平台种群、辅助物流服务种群及相关保障服务种群组成，它们是城市物流产业集群生态系统的所有生物成分的总和。城市物流产业集群群落的性质是由组成群落的运输、仓储、包装、配送、装卸搬运等子产业种群的适应性（如对城市经济、物流市场需求、城市规划、交通体系、标准体系、政策法规和制度）以及这些子产业种群彼此之间的竞争、共生模式和关系所决定的。城市物流产业集群群落将承担不同角色、职责和服务功能的物流服务及配套服务种群有机地耦合在一起，使不同类型物流服务及配套服务种群之间能够实现专业化分工与协作。如依托城市综合物流园区、大型铁路枢纽、大型商贸批发市场、港口产业园、空港产业园、各类工业开发园区等形成了一批各具特色的城市物流产业集群群落，它们相互分工与协作，实现共生聚集与进化发展。

4. 非生物环境因子

非生物环境因子是指某一特定生物体或生物群落周围一切的总和，包括空间以及直接或间接影响该生物体或生物群落生存的各种因素。多种生物成分、非生物环境因子等彼此依存，形成生态系统。其中，非生物环境因子则是指影响生物体发展的所有外部要素的总和，其为生物提供必要的生存条件，但同时又可能出现某些限制生物发展的因子。非生物环境是城市物流产业集群生态系统的重要组成部分和重要依托，其影响着城市物流产业集群的生存和可持续发展，同样城市物流产业集群生态系统中各类个体、种群等也对环境产生重要的影响，它们之间相互作用、相互制约、相互影响。一般而言，城市物流产业集群生态系统的非生物环境因子主要包括自然环境、经济发展、政治制度、地域文化、科技创新等要素。

四、城市物流产业集群生态系统的生态平衡特性

（一）城市物流产业集群生态系统的生态平衡条件

城市物流产业集群生态系统保持生态平衡取决于生态系统的多样性、完备性、开放性、分工协作性等多个因素，它们既是城市物流产业集群生态系统形成和发展的必要条件，也是提升城市物流产业集群生态系统活力和效率的重要前提。具体应满足以下条件：

1. 城市物流产业集群生态系统内的企业之间需要保持多样性

企业多样性是城市物流产业集群生态系统多样性的中心，是维持城市物流产业集群生态系统生存和可持续发展的重要基础。如果在城市物流产业集群生态系统内部，某些物流服务企业缺失，那么城市物流产业链将不完善，城市物

流服务功能和资源整合效率将受到很大影响，同时相关物流服务企业需要支出额外的费用去弥补自己的不足及产业集群的劣势。如果城市物流产业集聚区内物流企业在运输方向、运输方式、服务产品等层面相类似，那么这些物流企业之间必然存在激烈的市场竞争，处于产业链低端的物流企业会更多采取价格策略来争夺客户市场。当前城市公路货运、配送市场由于服务产品没有过多差异性，导致城市公路货运、配送企业之间竞争激烈，过多地依靠价格竞争策略；如果提供城市物流服务产品的竞争企业之间保持一定的差异性，如服务模式、服务手段、服务方法等层面保持差异化，那么这种差异性可促进物流集群产业的专业化分工与协作，进而有助于进一步实现产业协同效应。

2. 城市物流产业集群生态系统内需要形成功能完善的分工协作网络

城市物流产业集群生态系统中的生产网络有序运行可有效满足市场需求、降低交易成本、减少管理费用、提高物流资源利用效率。城市物流产业集群生态系统内部各种群、企业之间需要加强专业化分工和协作，形成价值整合式的生产网络体系。一方面，城市物流产业集群生态系统内部具有互利关系的企业之间的依赖程度不能太大，需要保持适度的竞争，从而推动企业在物流服务模式、物流产品设计、技术变革、组织管理等方面的创新。另一方面，城市物流产业集群生态系统内部各种群、企业需要扩大合作业务领域，深化合作程度，建立多种形式的合作关系网络，既可以是物流网络、战略联盟、资本运作等层面的合作，也可以是集体采购、共同配送、共建物流基础设施、整合物流市场要素等方面的合作，这些能够促进城市物流产业集群生态系统提高资源整合效率，提升产出效率，降低运作成本，增强比较优势。

3. 城市物流产业集群生态系统需要形成开放型的生态系统

开放系统是与封闭系统相对而言的，它是指既相对独立于外部环境，又不断地与外部环境进行物质、能量、信息交换的系统。城市物流产业集群生态系统的开放性是全方位的，其集群个体、种群、群落以及系统整体与外界社会、经济、生态环境存在许多领域、环节的物质、能量、信息的交换，不仅包括货物、资金、技术、人才、能源、咨询等资源的输入输出，还体现为物流企业及其分支机构的流动及迁入迁出。城市物流产业集群生态系统需要通过体制机制和政策改革，进一步扩大对外开放的力度，加强产业、投资、技术、信息、人才等交流合作，加快形成开放型的产业生态系统，从而培育城市物流产业集群的竞争优势，推动物流产业集群生态系统向更加有序的稳定结构演化。

4. 城市物流产业集群生态系统需要具备生态链完备性

生态链的完备性直接影响城市物流产业集群生态系统的运行效率，影响着系统的可持续发展。城市物流产业集群生态系统生态链的完备性具体体现为各环境生态群落、种群、生物个体的富集程度，以及它们之间的分工与协作关系，以及物流产业与配套产业的耦合匹配程度等多个层面。它们直接影响着城市物流产业集群的分工与协作、内部的供求关系、产业链的运行效率等，从而对产业生态关系整体形成产生重要的影响。需要按照市场规律，依据产业生态学原理和要求，在城市物流产业可持续发展目标的指引下，将城市物流产业关联的企业、机构等组织在一起，发挥协同效应，形成完整的城市物流生态产业链。

（二）城市物流产业集群生态系统的生态平衡规律

城市物流产业集群生态系统的生态平衡是稳定与动态平衡的综合体。城市物流产业集群生态系统要维持自身的生态平衡、促进健康发展，就必须在一个相对稳定的状态下进行。同时，城市物流产业集群生态系统的生态平衡又是一种动态的、相对的平衡。城市物流产业集群生态系统生态平衡的运行具有如下规律。

1. 相互依存与制约规律

系统不存在孤立元素组分，所有元素或组分间是相互依存、相互作用、相互制约的关系。在城市物流产业集群生态系统演化发展的过程中，系统内部各个个体、种群、群落子系统之间存在相互依存与相互制约的关系，即当系统中某个种群、群落的发展受到阻碍或不完善时，其他种群、群落的发展也将受到或多或少的影响，并会将这种影响反馈传递给前一种群、群落，如此循环作用，形成反馈回路。这一特性和规律要求在构建城市物流产业集群生态系统时需要特别重视这种内部各个个体、种群、群落子系统之间相互作用关系，建立良性反馈循环回路。如果不从复杂系统的角度，整体上考虑城市物流产业集群生态系统的形成与发展，不具体分析内部各个子系统间的相互制约和相互促进作用，就不能正确地认识城市物流产业集群生态系统内部生态秩序形成及发展动力所在。

2. 能量流动与转化规律

能量流动是生态系统的重要功能之一，是各类生态系统生存的一个重要基础，它具体是指生态系统中能量的输入、传递、转化和消失的过程。可以认为，能量为生态系统物质循环提供动力，如果没有能量的流动，就不会有生命的存在。在生态系统中，物质循环和能量流动是紧密联系在一起同时进行的。能量在食物链中是单向流动，逐级递减，即向着一个方向逐级流动，不断消耗和散失，而物质是能量的载体，则可被生物多次利用。在城市物流产业集群生态系统中，除了存在物质循环与能量流动外，资金、信息、知识等也在循环和转化，它们把各种群、群落子系统有机地联结成为一个整体，从而维持了整个生态系统的持续存在动力和动态平衡。

3. 协同进化规律

在一个生态系统中，没有生物能够自己独立进化，都是与其他不同物种或多或少相互影响，并通过协同进化发展而来。协同进化，具体是指在一个互相影响的生态环境里，某一生物物种的特性为适应其他生物带来的影响而产生进化，而后者的生物特性也为适应前者的变化而产生进化。它是生物物种之间相互适应的共同进化机制，对提高生物物种的适应能力、促进系统走向更有序具有重要意义。城市物流产业集群生态系统内部存在协同进化规律，即在系统自组织机制作用下，系统内各个个体、种群、群落等之间通过相互配合、相互补充与相互协作，实现和谐共存、协同进化的效应，从而推动整个系统的可持续发展。同时，城市物流产业集群生态系统与环境之间，也存在着协同进化规律，它们直接存在着作用与反作用的过程。或者说，城市物流产业集群生态系统给环境以影响，反过来环境也会影响城市物流产业集群生态系统的发展。

4. 最大阈值规律

在外界环境因素涨落的影响下，城市物流产业集群生态系统具有一定自调节能力，但这种调节是有限的。当外界环境涨落因素的影响超出一定极限或阈值时，城市物流产业集群生态系统的生态平衡就会遭到破坏，系统就会实现由量变向质变的飞跃，向另外一种耗散结构演化。城市物流产业集群生态系统的演化发展过程就是不断打破旧的生态秩序和结构平衡，建立新的生态秩序和平衡的过程。维护生态平衡不只是要保持其原初始稳定状态，而是要发挥城市物流产业集群生态系统内部个体、种群、群落等子系统的主观能动性和创造性，去维护和优化适合发展的生态平衡秩序，或者打破、瓦解不适合自身、环境发展要求的旧结构，建立新生态平衡，使城市物流产业集群生态系统的整体结构更合理、功能更完善、运行效率更高。

第三节　城市物流产业集群生态系统整体演化机理及规律

一、城市物流产业集群生态系统自组织演化条件与特征

（一）系统演化的前提

系统能够与环境进行物质、能量、信息交换的属性称为开放性。城市物流产业集群生态系统是一个全面开放性系统，具有典型的耗散结构特征。城市物流产业集群生态系统的各类物流资源整合、物流企业战略合作、物流生产运行、物流技术应用、物流信息共享、物流基础设施网络建设等都是在开放的状态下进行的，都受到所处城市经济、社会、文化、科技等外部环境的影响和制约。城市物流产业集群生态系统的内部运行都以外界环境的输入输出为基本条件，其不断与外部环境进行物质、能量、信息的交换，具体表现为人才、资金、技术、资源、设备、产品、知识、信息、政策等交换。只有不断加大与外部环境的物质、能量、信息的交换，即通过持续不断获取外部环境的负熵流，才能促进城市物流产业集群生态系统结构和功能的改善，从而保持系统的生命活力。

远离平衡态是系统出现有序结构的必要条件，也是对系统开放的进一步说明。城市物流产业集群生态系统关于时间是非对称的，其演化过程具有不可逆和非平衡的，是一类典型远离平衡系统。在城市物流产业集群生态系统演化过程中呈现出不同程度的非均匀和多样化的特点，如物流市场需求分布、物流企业网络布局、交通供给设施建设、专业化分工与合作、物流技术创新与应用、

物流信息交互等方面，存在或多或少的差异，这种子系统之间的差异化是系统发展的动力之一，导致物流活动逐步向某些特定区域集中，进而促进系统内部与外部物质、能量和信息的充分交流。

（二）系统演化的诱因

所谓涨落就是指系统自发地偏离某一平均态的现象，是系统发展的随机动力和进化到更有序状态的诱因。系统通过涨落能达到有序，即通过涨落能形成新的结构。在开放系统中，不可控制的随机涨落是推动系统形成新的有序结构的原始动力，在自组织中起着建设性的关键作用，系统通过涨落去触发旧结构的失稳，探寻新结构的生成。受到外部外界的随机扰动，城市物流产业集群生态系统内外部各种形式的涨落现象普遍存在，如外部经济发展的波动、物流发展政策的变动、城市规划的调整、城市交通和物流设施的建设、新技术和标准的推广应用、物流战略联盟合作、物流企业服务能力、物流服务水平等领域中都存着在各种形式的起伏现象。虽然城市物流产业集群生态系统的内外涨落现象多种多样，但处于相对稳定状态时，涨落的影响是微弱的，只有当在外界环境影响下城市物流产业集群系统的非稳定性因素达到一定阈值时，“微涨落”通过非线性作用机制放大为“巨涨落”，推动原来系统结构的失稳，从而触发城市物流产业集群系统新结构的形成。

（三）系统演化的动力

协同学认为系统演化的动力是系统内部各子系统之间的竞争和协同。其中，竞争是协同的基本前提和条件。一方面竞争的存在，促进城市物流产业链中各群落、种群和个体之间对资源的争夺加剧，促进系统内部技术创新、模式变革、服务更新、制度建设等，加速了系统内部之间优胜劣汰，使得各类资源要素在分布上呈现更大的差异、非均匀性和不平衡性。另一方面，竞争也是协同的前提和基本条件。物流市场激烈的竞争促使城市物流产业链分工细化，推动城市物流相关种群、个体的生态位分离、特化，促进城市物流产业链纵向和横向的协作。在协同与竞争的相互作用下，城市物流产业集群运动中的某些模式得到加强，促进城市物流产业集群生态系统的有序结构的形成。

（四）系统演化的方式

系统虽有多样化的运动转化方式，但总不外乎两种基本的表现形式，即渐变和突变。渐变是指系统新质的演化表现为缓慢、逐渐和连续的形成，而突变是指系统的演化表现为短暂、发展迅速激烈、变化量大，呈现一种质态的飞跃。渐变和突变现象在城市物流产业集群生态系统的发展过程中普遍存在，它们既相互对立，又相互统一，在一定情况下可以相互转化。渐变现象具体表现为城市物流产业集群生态系中某一群落、种群、个体的逐渐发展壮大，整体物流运行效率的提升，系统产出水平的增加等。突变现象只有在巨涨落的推动下才能发生，如通过城市建设规划的调整，促进新的城市物流产业集聚区的投产和运行等。

二、城市物流产业集群生态系统的演化机制

（一）系统的形成与触发机制

从国内外城市物流产业集群发展现象的总结分析来看，城市物流产业集群形成影响因素众多，但常常个别的因素起着重要的作用，如地理条件、产业发展、交通与物流基础资源、物流市场需求、资本要素、技术创新因素、经济政策等。起初，在制造业、商贸流通业等产业释放的物流需求的吸引下，有关运输、仓储、配送等企业在工业集聚区、商贸批发市场或者具有良好交通区位优势的区域集聚发展。这一时期，由于物流企业数量较少，且规模较小，竞争程度低，具有较强的盈利能力，因而形成集聚“核”和集聚势，不断吸引物流产业链上下游企业向该地理范围“扎堆”发展。随着各种类型的物流企业及配套企业加速聚集，促进了物流产业链的专业化分工，产生了在原来资源分离状态下难以获得的“集聚规模经济”和“集聚范围经济”，即单个物流企业从物流产业链中其他企业的发展中获得的生产率的提高，同时促进人员、技术、信息等各类资源要素的自由流动，加速物流产业链中企业之间的分工与协作、交流与沟通，促进交易成本的下降，进而进一步加速该区域物流产业的集聚发展，促进了物流产业纵向分工和横向联系，进而促进城市物流集群生态系统的形成及综合竞争能力的提升。

根据国内外发展经验来看，城市物流产业集群生态系统的形成和诱发因素具体可以归为三大类别：一是基于城市各类工业园区、开发园区等释放的巨大产业物流需求，牵引工业物流企业、供应链服务商等物流企业以及工商、海关等配套机构的集聚，促进城市物流产业集群的形成；二是由于良好的区位和商业服务因素，城市发展形成区域商贸流通或集散中心，促进一大批仓储、分拨、配送、流通加工、货代等物流相关企业的集聚，进而促进发达繁荣的商贸流通市场的形成，也推动了城市物流产业集群的发展；三是基于城市良好的区位和交通基础设施，如依托大型港口、铁路货运枢纽、机场、物流园区等，吸引上下游货主企业、客户及城市配送等企业的入驻，促进城市物流产业集群的形成。

（二）系统的发展与自增强机制

城市物流产业集群的雏形形成以后，在集聚“核”和边际递增效应的吸引下，更多物流产业链相关企业及配套服务企业、组织机构加入，促进城市物流市场竞争的加剧，也加速城市物流产业链分工的精细化，即城市物流产业集群内部的各类企业、组织机构等按照自身的核心竞争能力的塑造要求，有效挖掘利用企业内部资源和发展潜力，同时广泛整合企业外部的资源，将非核心物流业务进行剥离或者分包。随着城市物流产业集群内部各类企业、组织数量的增加，物流产业集群的整体规模持续扩大，集群的外部经济性会不断增强，但边际递增效应逐渐减弱，此时城市物流产业集群生态系统演进的自增强机制开始发挥重要作用。

具体而言，城市物流产业集群的自增强机制可分为一般自增强机制与特定自增强机制。一般自增强机制包括围绕物流产业价值链的专业化分工及企业之间的竞争，而特定自增强机制则更多体现为信息的共享、知识的外溢、相互学习、协同创新等。一般自增强机制可以通过特定自增强机制表现出来。

城市物流产业集群的自增强机制增加物流产业链上下游企业及配套服务组织、机构之间的信任，拓展了物流产业链的纵向分工和横向联系，产生规模报酬递增、交易效率提高和技术创新等效应和优势，促进物流产业集群社会关系网络的形成，从而进一步突破原有物流业务范围、集聚空间范围的约束和限制，吸引物流企业、中介组织、孵化平台、科研机构、政府部门等不断加入，丰富物流产业链种群的多样性，逐渐形成以更大范围的社会协作网络。这种稳定网络关系的建立，有利于人才、技术、资本、信息、知识等要素的流动，反过来又进一步推动城市物流产业链分工的深化和细化，为城市物流产业集群创新创造良好的环境，从而获取集群长久的竞争力，推动城市物流产业集群生态系统不断成长并走向成熟。

（三）系统的衰退与“锁定”机制

城市物流产业集群进入成熟期后，随着物流产业链各种类型主体的聚集、规模的扩大，物流市场的竞争异常激烈，产生集聚不经济效应。由于城市物流产业集群内部分工协作不可能无限制发展下去，此时如果城市物流产业集群的创新优势不能够维持下去，集群的集聚不经济将会继续发挥离心力的作用。随着物流产品或服务的同质化和物流企业核心竞争能力的趋同，物流企业之间的竞争变得越来越激烈，物流企业边际成本的上升、边际收益减少，一些物流种群、个体开始外迁或被市场淘汰，使得城市物流产业集群生态系统开始走向衰退。

城市物流产业集群生态系统的衰退主要是由“锁定效应”导致的。“锁定效应”本质上是城市物流产业集群在其生命周期演进过程中产生的一种“路径依赖”现象，包括技术性锁定效应、功能性锁定效应、认知性锁定效应、制度和政策性锁定效应等。总体而言，形成“锁定”的原因通常有高转换成本、规模刚性、功能与认知趋同、技术的强联系、信息闭塞、行政性制约等因素，是集群内部企业不愿意突破锁定效应的限制。“锁定效应”导致城市物流产业群整体锁定、学习和创新能力不足、转换成本增加、企业交易的无效率、集群的确定性风险、应对市场环境变化的能力弱化等负面影响。如果城市物流产业集群不能根据物流市场需求进行及时调整、创新和转型升级，那么就不能突破路径依赖、创造出新的发展路径，则很可能为市场所抛弃，发展停滞甚至走向衰落，长期锁定在低效状态。

（四）系统的升级与变异重组机制

城市物流产业集群生态系统演化实质上就是它在生命周期过程中不断变异以及寻找、选择和重组各类社会物流及相关配套服务资源，以更好地适应和满足物流市场各类需求变化的过程。随着城市物流集群规模的扩大，受到市场需求规模、资源要素供给、服务能力等因素的限制也越来越多，如果城市物流产业集群生态系内部企业继续在内部寻求资源整合，则难度较大，且效率不高。此时，要促进城市物流产业集群系统突破路径依赖，实现可持续发展，必须依赖系统的变异与重组机制。由于物流产业集群的内外部环境总是动态变化，如发展政策、内部结构、发展方向、运作模式、交易成本、技术创新、资源交换机制等调整或更新，它们共同作用，导致城市物流产业集群生态系统变异的产生和进一步发展。变异机制使得系统内部种群企业要么做出改变以适应外部环境，要么不能适应环境而被淘汰。

重组机制则是城市物流产业集群企业迫于内部压力和环境变化，通过内部自驱、外部催化等实现生态系统的重组。如可以通过更广泛地借助于外部资源的整合、资本运作、战略合作、网络化扩张及内部深层次组织变革、技术创新等路径，促进城市物流产业集群生态系统的结构调整，突破原来增长方式的限制，适应市场需求的动态变化，提高城市物流产业的适应能力与综合竞争力，从而实现城市物流产业集群的转型升级，促进城市物流产业集群生态系统优化式生存、突变式演化、跨越式发展，从而增强系统的适应能力和竞争能力，并开始新的一轮生命周期的演化发展。

三、城市物流产业集群生态系统演化动力模型

（一）演化动力分析

一般而言，复杂的经济社会系统的形成与演化，都有其内在动因和外在动因。对于城市物流产业集群生态系统而言，其正是在内、外部各种因素的相互作用下，实现从一种有序的状态向另一种有序状态的演化发展。促进城市物流产业集群生态系统演化的动力主要来自系统外部动力要素和内部动力要素。其中，促进城市物流产业集群生态系统演化的外部动力要素主要体现为物流市场需求、物流科技进步、发展政策和专业化分工等因素：促进城市物流产业集群生态系统演化的内部动力要素主要体现为城市物流产业链上下游各种群、个体之间相互影响、相互促进的协作因素，以及对市场、资源等竞争的因素。内部动力要素是城市物流产业集群生态系统演化发展的源泉和动力，外部动力是城市物流

产业集群生态系统演化发展的条件，外部动力要素总是通过影响内部动力要素的某一和某些方面而起作用。

1. 外部动力

对城市物流产业集群生态系统的外部驱动机制的考察要综合考虑对城市物流业产生影响的各方面因素。归纳起来主要有四个方面：物流市场需求、科学技术进步、社会专业化分工和物流发展政策引导。

（1）物流市场需求

物流市场需求是城市物流产业集群生态系统产生的目的和根本动力，在系统演化发展中起着不可替代的作用。需求变化的轨迹与城市物流产业集群生态系统演进的轨迹有一定关联性，需求的变化会引导城市物流产业集群聚集空间选择、产业结构调整、总体规模壮大和发展方式的转变，从而成为城市物流产业集群生态系统演化发展过程中的外在首要动力。从市场的需求来源角度来看，城市物流需求是城市社会经济活动特别是制造与商贸流通经营活动所派生的一种次生需求。城市经济发展总体水平、产业空间布局、资源分布、城市用地规划、消费人口分布等使物流需求呈现出地域差异化、不均衡分布形态。从关联关系可以看出，城市物流需求的结构与城市产业结构是紧密相关的，既包括与制造业之间的关联，也包括与城市商贸业、建筑业、现代农业等部门之间的关联。如城市物流与制造业紧密关联，城市制造业释放的物流需求推动城市物流产业发展，同时城市物流也能够促进制造业产品的改善、新产品发展和供应链管理优化，降低物流成本，有助于提升制造企业产品竞争力。此外，城市化进程促进城市人口集聚，推动城市商贸业繁荣，带动对城市居民消费流通需求的总体上升，也促进城市物流产业集群生态系统的发展。

物流市场需求是城市物流产业集群生态系统演化形成和发展的原动力，这里强调的需求是在一定的城市范围、一定的时间下各类企业和消费者对城市物流服务愿意而且能够购买的有效需求。由于城市物流产业集群依托城市经济社会而发展，深深嵌入当地城市社会关系中，具有以城市产业发展为基础的根植性。城市经济社会发展水平直接决定着城市物流需求结构和规模。城市物流需求主要包括城市内各类生产制造企业对产业物流的需求，包括采购物流、生产物流、销售物流、废弃物物流、回收物流等；商贸流通企业及城市居民对物资储存、运输、流通加工、包装、配送等产生的需求；建筑业等其他产业产生的物流需求。在这些基本物流需求基础上，还产生了物流一体化服务、物流与供应链金融、物流设备租赁、物流信息服务等增值服务需求。随着经济结构调整和发展方式转变，煤炭、钢铁等大宗商品物流需求放缓，而服务制造升级的供应链物流需求逐步增加，同时与城市居民消费相关的电商、快递、冷链等物流需求也迅速发展，引发城市物流产业需求端结构的重大调整，也推动着城市物流产业集群供给侧的结构改革。

总体而言，物流市场需求对城市物流产业集群生态系统的演化发展的影响是一个长期的过程，且在不同时期的作用效应不同。物流市场需求的变化在初始阶段的表现不明显，随着经济和社会发展不断地变化，当变化达到一定程度，形成一定规模时，将形成对城市物流产业集群的演化发展的拉动力。物流市场需求拉动城市物流产业集群的发展，反过来，城市物流产业集群在满足各类不同产业和消费需求的同时又会诱发新的需求，从而拉动新一轮的发展，这样循环往复，使得需求拉动成为城市物流产业集群演化的重要和持续的动力。

（2）科学技术进步

科学技术进步与产业集群的结构升级密不可分，影响着产业结构的增长动力和生产效率，成为推进产业集群演化发展的主动力之一。对于城市物流产业集群来说，科学技术进步会直接改变城市物流产业的设施建设、资源整合、网络运行、生产运作、组织管理等方方面面，也会改变物流市场需求端的结构和要求，在一定程度上决定城市物流产业集群演化的方向和路径，影响城市物流产业集群生态系统整体的运行效率、演化速度与进程。

科学技术在城市物流园区、物流中心、配送中心及各类物流企业中推广应用，大大提升了城市物流体系的运行效率，推动着物流模式创新，已成为城市物流产业集群演化的重要动力源之一。科学技术作为第一生产力，正全面作用于城市物流产业集群生态系统的各个层面，特别是信息化、自动化等技术使得运输、仓储、装卸搬运、配送、信息处理、客户服务等作业效率提升，也使得各物流主体之间信息更加共享、经营管理决策更加高效，从而优化物流组织和运作方式，促进城市物流供需有效衔接和耦合。这些变化带来系列涨落的产生，对城市物流产业集群生态系统的发展起到积极的推动作用。

（3）社会专业化分工

经济社会发展的进程就是分工专业化不断加深的过程，分工专业化对于城市经济社会的发展起着重大的推动作用。物流产业服务有多个环节，在整个物流服务上，需要优化整合多个作业环节，每一个环节都需要企业之间的配合与沟通，最后才能形成优质的物流服务产品。城市物流作为区域物流体系中的重要组成部分，其社会化、专业化趋势越发明显，同时有力地推动城市物流产业链和价值的延伸，加速城市物流产业集群生态系统的发展。一方面，在工业企业和商贸流通企业中，很多单独设置了物流部门，专业化承担采购、仓储、运输、配送等业务，提高物流运作效率；另一方面，在社会经济领域中，一批专业化运输、仓储和第三方、第四方物流企业也应运而生，提供着各种不同类型的物流服务，满足多样化、个性化的城市物流需求。从细分行业来看，城市物流产业高度专业化发展趋势更加明显，如电商、医药、汽车、冷链等与居民消费相关的城市物流产业保持较高增长速度。

社会专业化分工的作用力主要集中在三个方面：一是分工细化进一步丰富了城市物流种群的多样性，扩大物流供给产品规模和类型，引导城市工商企业物流的外包，释放更多的物流市场需求；二是分工细化促进物流产业链生态位特化，加速一批物流企业专业化发展，促进更多专业化物流理念、模式、技术的产生，这些是技术进步与创新的潜在力量，也是城市物流产业集群生态系统演化发展的重要基础；三是分工细化加速城市物流产业向各类物流园区、物流中心集聚，降低物流交易成本，带来更多的附加价值，又反过来刺激市场对物流服务的需求，为城市物流产业集群的演化发展提供新的需求和动力。

社会专业化分工对城市物流产业集群生态系统演化影响的动力机制最明显地体现在物流服务“外部化”。城市物流产业集群的发展存在着一个规律性的趋势，即物流服务“内部化”向物流服务“外部化”方向演化发展。这一趋势主要体现为工商企业物流加速物流外包战略实施，释放更多物流服务需求，促进运输、仓储、配送、综合物流服务、供应链管理等企业专业化发展，提升产业集约化、专业化水平，进而推动城市物流产业集群的种群多样化、专业化发展。

（4）物流发展相关政策

城市物流产业集群生态系统的演化发展在很大程度上受到政府的相关宏观政策的影响，如城市发展规划、用地布局、产业投资、税收优惠、区域合作、技术创新、人才战略、标准化建设等政策会直接影响城市物流产业的招商与培育，影响着城市物流产业集聚区的规划建设以及物流企业的招商、引进、培育等。

由于我国的现代物流业的发展起步较晚，物流服务体系不够健全，物流运营成本较高，受到政策方面的影响就更为显著。一些地方城市制订了物流发展相关规划和引导发展的系列政策，通过完善周边交通市政设施，清理、归并和精简物流领域各类行政审批和许可手续，出台便捷通关、财政补贴、减免土地出让金、税收优惠等系列扶持发展政策，打造城市物流园区、基地、中心等物流产业集聚区，促进城市物流产业集群的健康发展。

总体来看，政策对城市物流产业集群的影响体现为：一方面，宏观政策导向会在一定程度上刺激或者减少经济投资，引导经济结构调整与转型升级，从而影响城市物流市场的需求规模和结构类型，直接影响到城市物流产业的发展；另一方面，针对城市物流发展的相关政策和措施，会直接影响到对城市物流产业的规划与投资，影响到城市物流产业集聚区的空间规划与布局，从而决定未来城市物流产业集群的演化方向。

2. 内部动力

城市物流产业集群生态系统是一类复杂的自组织的产业生态系统，外部动力要素在系统发展过程中起着重要作用，它们通过影响系统内部动力要素的结构和作用关系，从而影响城市物流产业集群自身的内生动力和发展活力。从内部动力要素构成的角度来说，城市物流产业链各类种群、个体之间以及它们与外部环境之间的竞争与协作，是推动城市物流产业集群生态系统演化自组织演化的最终决定力量。由于外部环境和系统中物流种群、个体企业实力的动态变化，城市物流产业集群生态系统将按照“协同—竞争”相互作用的动态发展轨迹变化。

（1）竞争机制

竞争是指由于系统内部和系统之间的不均匀性和不平衡性，使得个体或群体间产生力图胜过或压倒对方的心理需要和行为活动。由于资源、市场需求等有限性制约，城市物流产业中存在多种类型、多种形式的竞争现象，并伴随着整个城市物流产业集群生态系统的演化发展过程。竞争是系统演化的最活跃的动力，一方面导致城市物流产业集群生态系统处于远离平衡态条件，另一方面也促进城市物流产业集群生态向有序结构演化发展。

具体而言，城市物流产业集群生态系统的竞争包括两大层面：一层是城市物流产业集群生态系统内部群落、种群、个体之间的竞争，具体表现为对客户、市场的争夺，对城市物流基础设施的投资和控制权的争夺，对城市物流信息平台的控制和利用竞争，对城市各类资源的整合竞争等，从而带动城市物流集群中运输、仓储、配送等子产业中竞争格局和态势的变化，从而改变城市物流产业集群生态系统内部群落、种群、个体之间的关系，带动城市物流产业集群生态系统的演化发展。另一层的意义是城市物流产业集群生态系统各群落、种群、个体与外部环境之间同类主体的竞争，更为明显的竞争体现在对资源即投入要素的争夺上。这些竞争带来对城市物流各类资源的有序分配和整合，提升城市物流资源的利用效率，提升城市物流产业集群生态系统内部群落、种群、个体的生存活力和发展潜力，并通过优胜劣汰、适者生存，推动城市物流产业集群生态系统内部结构和各要素作用机制的变化，进而影响城市物流产业集群生态系统的演化发展。

（2）协作机制

协作指的是构成系统的要素或子系统之间的协调和同步作用。城市物流产业集群是地理上聚集的各相关产业相互分工及协作而形成的集群，它的竞争优势来自聚集于特定地域的各主体之间的互动和集群内外相关主体之间的协作，产生超越原来各自单独作用而形成的整个系统的聚合作用。城市物流产业集群内各种群、个体之间的共生与协作是促进城市物流产业集群演化的重要内在因素。

城市物流产业集群生态系统中的协作主要体现为：一是物流产业供需主体之间的协作，共同推动工业、商贸流通等领域的物流服务外包外，提高第三方物流服务比例，释放物流市场需求，从而推进专业化物流市场发展；二是城市物流产业链中相关群落、种群、个体，围绕某一个共同目标、任务等，加强分工与协作，发挥各自的核心资源、能力要素和优势，共同配合、高效实现物流和供应链管理的有序运行，从而实现多方共赢、共同发展。

（二）系统涨落与序参量

1. 城市物流产业集群生态系统中的涨落

由于内外部环境因素的影响，城市物流产业集群生态系统普遍存在许多形式的涨落现象，这会影响城市物流产业集群生态系统演化路径和发展方向，增加演化发展的复杂性。根据涨落现象产生的来源来看，城市物流产业集群生态系统的涨落可分为内部涨落和外部涨落两大种类。其中，内部涨落包括城市物流产业集群生态系统内部群落、种群、个体等产生对平均值的偏离，如新的物流业态、物流模式、物流服务手段的出现，物流企业资源整合水平和竞争能力的波动等；所谓外部涨落，即外部因素对城市物流产业集群生态系统形成与发展产生的各种影响，如城市产业结构调整与转型升级、城市基础设施建设、物流市场需求的波动、新兴物流技术开发应用水平等。

涨落是系统演化发展的内在表现形式，是促进系统向有序结构演化的重要诱因，通过偶然性表现出来必然性。当城市物流产业集群生态系统处于某一开放的环境，当达到某一临界值、涨落的偏离值超出一定范围时，这时如果系统不能使涨落收敛回归，并且通过内部各群落、种群、个体等要素之间的非线性作用被放大，使这种“小涨落”带动周围其他的要素产生协同效应，形成“巨涨落”，从而可能会促进城市物流产业集群生态系统原来的结构失稳而发生质变，即形成突变与飞跃，从而诱发既有结构的解体，实现系统“质”的跃迁。

2. 涨落导致城市物流产业集群生态系统序参量的产生

序参量是指在系统演化过程中从无到有的变化，影响着系统各要素由一种相变状态转化为另一种相变状态的集体协同行为，并能指示出新结构形成的参量。内外的涨落现象的出现，是促进城市物流产业集群生态系统演化发展过程中产生序参量这一支配控制参量的重要原因。在城市物流产业集群生态系统演化发展过程中有许多控制参量，分为“快变量”和“慢变量”，而“慢变量”决定着系统演化方向，支配快变量的行为，并成为新结构的序参量。

序参量是城市物流产业集群生态系统中各构成个体、种群、群落及子系统集体运动的产物，是这些构成要素之间产生协同效应的表征和度量，对于城市物流产业集群生态系统的形成与发展起着决定性作用。在涨落的驱动下，如某一物流模式创新、先进物流技术变革、重大物流基础项目的建设等，趋使城市物流产业集群生态系统远离平衡，其内部各构成要素基于物流链、产业链、价值链而紧密关联，并相互影响。当控制参量达到“阈值”时，系统靠近临界点，某些涨落得到集体响应，此时城市物流产业集群生态系统各构成要素之间所形成的关联逐渐增强且起主导作用，各要素的协同作用和效应被放大，进而导致支配城市物流产业集群生态系统演化的序参量的出现。序参量是系统相变前后所发生的质的飞跃的最突出的标志，是各构成要素介入协同运动程度的集中体现。

第四节 城市物流产业集群生态系统演化健康状态评价

一、城市物流产业集群生态系统健康内涵及特征

（一）城市物流产业集群生态系统健康的概念

健康是医学中一个重要的概念，起初主要用于描述一个人在身体、精神和社会等方面都处于良好的状态，后来含义逐步得到拓展，并开始应用于动植物、自然生态系统、经济社会系统等领域。随着社会对生态与环境领域的重视，生态系统健康发展成为当前学术界一个重要的研究热点。目前关于生态系统健康尚无普遍认同的定义和标准，但已有一些学者从各自的学科背景和实践出发对生态系统健康进行研究和探索，从而产生了不同的生态系统健康概念和思想。

生态系统健康可理解为生态系统的一种发展状态，对其真正研究开始于 20 世纪 40 年代。在全球生态系统已普遍出现退化的背景下，“生态系统健康”概念于 20 世纪 70 年代末才开始真正受到人们的广泛关注。1988 年，研究人员系统研究了生态系统健康内涵和评价标准问题，认为当生态系统的功能阈限没有超过时，生态系统是健康的，这里的阈限定义为“当超过后可使危及生态系统持续发展的不利因素增加的任何条件，包括内部的和外部的”。1989 年，研究

人员系统阐述生态系统健康的内涵，认为生态系统健康是指生态系统没有病痛症状，能实现稳定且可持续发展，具备复杂自组织系统的特征，即在时间、空间层面具有维持其组织结构、自我调节和对胁迫的恢复能力。1990 年，从生态系统自身出发把生态系统健康的概念归纳为生态系统没有受压症状，是稳定和具有持续性的，具有丰富多样性和活力，并能在一段时间内保持其组织和自我管理，对外界的压力具有恢复力。总体来看，当前国内外对产业生态系统健康的认识并没有达成共识，但这并不妨碍其在实践中广泛应用。生态系统健康需要基于功能过程来确定，其评价内容应包括生态系统的完整性、适应性和效率等。环境管理和生态系统健康之间紧密关联，生态系统健康是环境管理的目的，生态系统健康为环境管理提供了新的思路、新的方法，健康的生态系统为实现区域可持续发展提供技术支撑和发展基础。产业集群生态系统作为一个复合的生态系统，其健康发展对区域经济的可持续发展具有强有力的促进作用，应该根据产业集群的特征，从系统自组织健康程度、系统环境健康程度、系统管理服务健康程度三大维度来科学认识产业集群生态系统健康的内涵。总体来看，生态系统健康是指生态系统随着时间的进程保持活力并且能维持其组织结构及自主性，在外界胁迫下具备抵抗干扰和恢复能力。

综上所述，可以将城市物流产业集群生态系统健康描述为：系统具有合理的种群和个体组成结构，具有良好的物流基础设施条件、经济发展需求、技术标准、政策环境，物流产业链分工协作、运行高效，具有良好的生物种群结构、产业活力、抵抗干扰和恢复能力，能持续稳定发展，有效满足区域经济社会发展的需要。城市物流产业集群生态系统演化发展是一个从低度有序结构向更加高度有序结构转化的过程，对其健康评价的意义就是准确评估城市物流产业集群生态系统发展所处的状态，及时发现城市物流中存在的问题和不足，提出相应的建议和对策，进一步优化区域物流产业结构、改善城市物流发展环境，促进系统向更加有序、更高级别的生态系统稳定状态演化发展。

（二）城市物流产业集群生态系统健康的特性

1. 具有合理的物流种群结构

种群结构一般在生态学中应用，是指种群内处于不同发育期的个体组成关系和分布格局，主要包括垂直结构和水平结构。就城市物流产业集群生态系统而言，合理的物流种群结构代表系统组织的多样性和连接性，它是促进系统健康发展的内在特性和本质要求。城市物流产业集群生态系统种群结构的合理性应基于运输种群、仓储种群、配送种群等基本物流服务种群以及生产、生活配套服务服务种群的数量、所占比例以及构成个体之间的关系等层面进行具体分析。

2. 保持内部自组织进程

复杂生态系统一般具备自组织与反馈机制，从而推动系统的健康发展。城市物流产业集群生态系统是一类复杂的产业生态系统，内部构成个体、种群、群落等之间通过多种类型和形式物质、信息与能量的循环流动，形成复杂的自组织与反馈机制，推进系统城市物流产业自发集聚发展，自我维持，并提供一系列服务。此外，通过自组织机制，城市物流产业集群生态系统能够克服内外部各种因素的制约，维护内部有序竞争、协作等良好生态秩序，保持内部自组织演化进程，这是对自身运行健康状态的反映，是实现系统可持续演化发展的基石。

3. 具有高效的物流产出水平

城市物流产业集群生态系统本质功能是为城市各类工商企业、居民消费等提供便捷、高效、低成本的物流服务，带动相关产业发展，改善人民生活消费环境。高的社会物流总额、货运量、货运周转量、物流业增加值、物流业固定资产投资等反映着城市物流产业集群生态系统的产出水平与生命活力。

4. 具有很强的物流可持续发展能力

当外部经济社会环境发生震荡或重大变革时，健康的城市物流产业集群生态系统通常能够具有自我适应、自我调节和自我恢复的能力，在时间上能够维持它的组织结构和自治，并尽可能减少外部环境变化对内部产生冲击和影响。因此，系统内部组织结构、内部协调机制、调节适应能力等是衡量城市物流产业集群生态系统可持续发展能力的重要判断标准。此外，信息技术的应用以及其他物流科技创新能力发展在推动城市物流产业集群生态系统健康稳定的发展过程中起着越来越重要的作用，它们对城市物流产业集群生态系统的功能和整体效率有着至关重要的影响。

5. 具有良好的物流产业发展环境

良好的经济、政策、金融、技术、标准等外部环境条件，对任何产业集群生态系统的健康与可持续发展都起着重要的支撑和保障作用。就城市物流产业集群生态系统而言，应该具备良好的地理区位、综合交通运输、物流基础设施等条件，同时需要良好经济社会发展产生的对物流市场的巨大需求，也需要良好的技术标准、发展政策、科技技术创新等环境作为保障。

二、城市物流产业集群生态系统健康评价指标体系

（一）健康评价指标体系建立原则

城市物流产业集群生态系统是一个复杂的多维度、多层级、动态性的有机整体，其健康发展受到内外诸多要素的共同影响，因此评价城市物流产业集群生态系统健康必须从系统整体出发，综合考虑系统的构成、特征及其与外部环境的关系，从多个尺度对系统的活力、组织、恢复力等建立综合评价指标体系，从而对其健康发展状态进行综合测度和评价。城市物流产业集群生态系统健康评价指标不但要保证合理性，还要保证评价指标包含的信息是有效全面的，可以真实地反映系统的特征。在具体的研究过程中，如果研究的侧重点不同，选择的研究角度不同，研究城市区位和物流产业集群特点不同，那么评价指标体系势必会有不同。我们在构建评价指标体系时主要遵循的原则是目的性、系统系、科学性、通用可比性、数据可得性、指标数量化、实用性。

1. 科学性原则

所谓科学原则是运用现代科学技术统计原理和定性与定量分析方法对研究对象进行分析，并通过有效的评价指标体系得到科学合理的结果。评价指标体系的构建必须反映城市物流产业集群生态系统的稳定性、持续性和完整性，具有较强的实际应用意义。除此之外，合理有效的评价方法也必须遵循科学性，通过实际调研选取可靠真实的数据进行科学有效的计算。

2. 系统性原则

城市物流产业集群生态系统指标体系是一个比较复杂的系统，这就要求选择的评价指标合理、有效、全面，可以选用能够表征生态系统主要特征参数，

真实有效地反映研究对象的全貌，使得评价的目的与评价指标相适应，从而将其联系为一个合理有效的整体。

3. 通用可比性原则

健康是一种相对的状态，表示生态系统所处的状态。生态系统健康评价指标的选取必须是基于一定时间段上的要求，选取通用性指标，可以进行有效的对比，这样才能得到精准的数据，才能更好地进行纵向和横向比较分析。同时，评价指标不仅要反映城市物流产业集群生态系统当前各子系统的规模和发展水平状况，也要能够表述各子系统之间以及系统与外部环境之间的相互作用关系和动态影响，尽可能反映出城市物流产业集群生态系统的动态特征和本质属性。

4. 数据可得性原则

通常情况下，由于生态系统健康评价的多尺度及模糊性，给出生态系统是否健康的定量信息是非常困难的。因此，在构建评价指标体系的时候还要考虑到所选取的指标是否容易得到，不能仅仅停留在理论上，更要具有可操作性。指标数据尽可能利用相关经济社会统计公报、年鉴及行业发展统计数据资料，使得数据来源权威、准确，同时易于量化加工处理，对于少数指标可采取抽样调查获取。在这里有定性指标和定量指标之分，定性指标操作简单，成本较低，但是定性指标的准确率较低，自身的不足也比较明显。

5. 实用性原则

一个复杂的生态系统健康评价具有难以确定性，如不同系统、同一系统不同的时间段上要求使用的指标也不一样。在具体的评价实践中，往往因评价目的和对象的不同而有所选择分析，在操作简单的基础之上注重实用性，保证构建的评价指标体系简单易懂实用。城市物流产业集群生态系统涉及业态类型、组织功能及生态特征等较为复杂，因此只能突出系统的核心构成要素、组织功能和特征来选取代表性指标。

（二）健康评价指标体系的构建

1. 指标体系构建思路

生态系统健康学是最近发展的又一新领域，国内外对生态系统健康评价指标和标准也存在着一些争议。相关学者提出自然生态系统健康评价，健康评价必须从多个尺度对系统的活力、组织和恢复力进行综合测量，具体可以从活力（Vigor）、组织结构（Organization）和恢复力（Resilience）等三个方面来进行评价，用公式表达为$H=V\times O\times R$。此外，还有部分学者将自然生态系统健康评价指标分为生物物理指标、生态学指标、人类健康和社会经济指标。

由于城市物流产业集群生态系统的复杂性和动态性，对其健康发展状态评价很难简单概括为一些易测定指标，需要建立综合评价指标体系进行科学测度。结合城市物流产业集群生态系统本身的结构、功能和健康特征，将循环经济以及可持续发展理念融入其中，综合考虑生态、经济和社会因子，科学选择表征生态系统主要特征的参数，建立城市物流产业集群生态系统健康综合测量与评价指标体系。

健康评价指标体系以反映城市物流产业集群生态系统的稳定性、持续性和完整性为目的，共包含目标层、准则层和指标层。准则层主要基于生态系统健康评价维度，考虑产业发展环境的影响，从集群组织结构、产业发展活力、产业生态恢复力、产业发展环境等四大方面进行设计，其可综合反映城市物流产业集群生态系统健康状况的好坏。这四个方面是相互制约，又相辅相成的，比较全面涵盖了城市物流产业集群生态系统健康发展状态。指标层是对准则层的进一步分解，将各要素再进一步分解为定性评价指标和定量评价指标。

2. 分类指标的选择

（1）产业组织结构

作为一种复合型或聚合型产业，城市物流产业集群是物流产业链多种类型种群聚集而成。产业组织结构主要指城市物流产业集群生态系统的核心物流服务子产业、配套服务组织或机构的多样性和相关指数，主要包括物流产业活动单位数量、国内贸易限额以上法人个数、产业多样性与主导性协调度、研发和技术服务机构数、物流企业种类多样性等。

（2）产业发展活力

健康的城市物流产业集群生态系统的活力表示其活性、代谢及初级生产力，它综合反映一个城市物流产业集群的服务功能、运行效率和效益等情况。可以用最佳经济效益、投入产出比方面的指标来测度城市物流产业集群生态系统活力，主要包括社会物流总额、物流业生产总值、物流产业固定资产投资、企业物流外包水平、货运量、货运周转量等产出指标。

（3）产业生态恢复力

主要指城市物流产业集群生态系统通过科技进步、产业协作、生态保护等途径提高自我维持与更新的能力，主要包括物流成本占GDP比例、物流信息化水平、物流能源消耗量、绿色物流发展、不同运输方式衔接水平、物流科技创新水平、物流业与制造业联动情况等。

（4）产业发展环境

主要指城市物流产业集群生态系统发展的基础条件、经济需求、技术标准和政策支持环境，具体包括地区生产总量、铁路里程、公路里程、内河航道里程、社会消费品零售总额、限额以上批发和零售业商品购进总额、货物进出口总额、物流标准与政策体系水平等。

（三）健康评价标准确定

为了对生态系统健康与否做出准确的评价，必须根据生态系统健康的概念来制定相应的标准。由于产业生态系统健康的研究才起步，针对产业集群生态系统健康的研究更是匮乏，对健康评价标准尚未形成共识。影响产业生态系统健康的因素有多种类型，包括区位条件、产业构成、发展环境、时间和空间等影响因子，且不同行业、不同学科、不同评价主体等对产业生态系统健康的认识和理解也不同，也使得很难找到一个统一的健康评价维度和标准。此外，产业生态系统健康评价是一个动态的、相对性的问题，其健康评价的标准的确定具有主观性，需要根据具体产业的本质特征、评价主体等来合理确定。

目前，一些学者将自然生态系统健康评价标准划分为健康、亚健康和疾病三种标准，还有一些学者在对城市、产业等领域生态系统的健康评价展开研究时，将评价标准划分为很健康、健康、亚健康、不健康、病态五种标准。为了更形象地描述这一度量结果，参照一般的产业生态系统健康标准等级划分思路，可以将城市物流产业集群生态系统健康的评价等级分为健康状态优（Ⅴ）、健康状态良（Ⅳ）、基本健康（Ⅲ）、不健康（Ⅱ）、健康状态差（Ⅰ）五种状态。

第五节 城市物流产业集群生态系统有序演化的对策建议

一、促进城市物流主体生态位适应性调整

促进城市物流主体生态位适应性调整，就是通过生态位拓展或压缩、分离或巩固、新建或衰亡等路径不断调整城市物流产业生态位的适应性，不断规范物流企业种间的竞争秩序和存续行为，不断提升城市物流产业中个体、种群、群落乃至城市物流产业集群生态系统的生存力和发展力等，以推动城市物流产业集群生态系统演化。

（一）物流产业生态位选择策略

依据城市物流产业集群发展态势，物流产业链及其相关企业需要选择适当的生态对策。如果物流企业与物流企业之间发生生态位重叠，就会产生竞争，为了提高自身的竞争能力，物流企业会选择不同的生态位发展战略来提高企业的竞争能力。其中，有两种战略是物流企业经常采取的，即 $K-r$ 策略。一种是 r 策略，即物流企业加快扩大规模速度，占用更多的生态位空间资源，提升竞争优势，这样物流企业就能更好地适应复杂多变的环境。另一种策略是 K 策略，即物流企业通过提高自身创新能力，使企业能够充分利用资源，来扩大企业发展生态位的饱和值。

在这两种策略的选择上，物流企业要根据自身企业发展情况合理进行选择。如果是一个新兴的城市物流市场，当某一物流企业刚进入某一城市物流领域时，该物流企业处于原始生态位或竞争前生态位的状态，选择 r 策略可以使物流企业能够在较短时间内生存和发展壮大，并能积累更多资源，为后续物流企业间激烈的市场竞争做好准备；经过一段时期的发展后，城市物流市场竞争日趋激烈，生存下来的物流企业都具有战略意义和竞争优势，此时选择 K 策略会更好，物流企业可以通过提高自身企业的创新能力，寻求新的领域的发展，与竞争企业的生态位错开，不致与竞争对手形成恶性竞争，损害双方企业的发

展。此阶段，还应强化物流产业集群竞争与合作的生态位组合策略，扩大物流企业之间知识共享、人力资源和技术优势互补的协同效应，促进互利共生模式发展，不仅可以扩大生态位的饱和值，而且还可以加快双方生态位的发展速度。

（二）物流产业生态位泛化策略

生态位泛化是物种在激烈竞争环境和资源不足时增加其生态位的宽度，扩大取食的种类范围，形成杂食性或广食性物种，以增加对外界环境的适应性，提升生存能力。所有物种都希望尽可能挖掘利用的各类资源，增加其生态位的宽度，从而占据更加有利和广阔的生存和发展空间，在生态系统中扮演更加重要的角色。城市物流产业集群生态位泛化是指城市物流产业集群通过整合利用各类物流资源，不断挖掘物流市场的潜力，增加生态位的宽度，扩大物流产业集群的生存和发展空间，增强对市场环境的适应能力。在激烈的市场竞争环境中，城市物流产业集群可在充分挖掘、整合和利用各类物流资源的基础上，为适应环境变化进入新的物流市场、提供新物流产品和特色物流服务，通过不断扩展自身的发展空间，拓展物流产业集群生态位的宽度，在城市经济社会复杂系统发展中占据有利的生存位置，实现城市物流产业集群的可持续发展。

此外，应加强对城市物流产业集群内部环境的优化和集群外部环境的优化，通过对内外环境各类要素的有效整合、优化配置和充分利用，为拓展城市物流产业集群生态空间、扩大外部物流市场需求奠定重要基础。政府是在市场失灵情况下推动城市物流产业集群生态位整合优化的重要调控主体，可通过规划、政策、投资等引导，改善城市交通基础设施、生产力布局、产业发展调控政策、城市流通环境等支撑要素，促进城市物流产业集群成员之间的合作开发，建立良好的城市物流市场生态秩序，促进城市物流产业集群内部协调发展以及与制造业、商贸业等其他产业协调发展，实现城市物流产业集群生态位的整合与优化，扩大在城市及周边区域物流市场中的吸引力和辐射力。

（三）物流产业生态位特化策略

生态位特化是指在食物资源丰富的环境中，生物物种选食最习惯摄取的猎物或被食者的现象，也就是依据市场发展状况，寻找、挖掘和抢占潜在最合适生态位的过程。生态位特化的本质是通过寻找合适的生态空间，压缩生态位的宽度，促进生态位分化，从而避免优势物种的竞争和挤压影响，实现弱势物种与优势物种的共生进化。同样，在城市物流产业集群中物流企业的生态位特化越大，那么物流企业之间的生态位重叠就越小，双方对资源和市场的竞争就越小，甚至可以实现上下游物流服务链条的分工协作；反之，物流企业对资源和市场的竞争就越激烈，双方生态位重叠和竞争就越大。

城市物流产业集群生态位的特化要求物流企业不能停留在低端物流市场竞争的层面上，物流企业应该充分挖掘利用自身资源和核心竞争优势，广泛整合利用社会各类资源，根据物流市场的发展形势和需求，积极向物流产业链高增长和高价值领域延伸，开拓新的或高端物流服务产品和市场，发掘客户价值及个性化物流服务空间，从而实现生态位的细化，巩固和提升各自的生态位空间。特别是物流企业要避免与核心物流企业发生激烈的竞争，必须加大技术、管理和服务创新的力度，将主要精力放在发展核心竞争力上面，拓宽潜在生态位空间。

此外，城市物流产业集群需要建立健全自组织、自学习的资源整合机制，提升合作双方以及整个集群的创新能力，实现城市物流产业集群生态位的协同演化。具体可通过各类物流企业、供应链、物流园区的战略联盟或动态联盟构建集群虚拟生态位，通过资源、知识、技术、信息、网络等充分共享，推动物流模式、技术的创新，促进城市物流产业集群的专业化分工，提升不同类型的物流企业主体在不同物流细分市场中的创新能力，获得不同市场的长久竞争优势。

二、丰富城市物流链物种的多样性

（一）延伸城市物流产业链条

由于物流活动的复杂性和多样性，一个城市物流企业提供一个完全的配套服务是不可能的，需要城市物流产业链上相关企业分工协作、共同完成。城市物流产业集群生态系统作为实现物流链主体多赢的实践形式，应该处理好物流产业集群内部及其关联产业间的相互关系，延长城市物流产业链条，丰富物流企业及配套服务组织、机构的物种多样性，形成以物流产业为导向的多种群共生网络，提高城市物流产业集群生态系统的稳定性。

1. 引入多种类型物流种群企业

在设计城市物流产业链时，首先要根据当地的交通设施、物流空间、产业布局、商贸流通市场等资源状况，引入多种类型的运输、仓储、流通加工、物流信息平台、物流园区、配送、快递、报关、第三方物流、第四方物流、物流金融等种群，构建多样化、互补性的城市物流企业种群结构。建立城市物流产业集群中的企业或企业种群之间多渠道的战略联盟、资源共用、信息共享等机制，促进城市物流链、供应链之间交叉协作，提升城市物流产业集群生态系统的可靠性。城市物流产业链结构越复杂、系统可靠性越高，对市场需求的适应能力越强，越有利于城市物流产业集群生态系统的稳定发展。

2. 鼓励物流新业态和种群发展

在城市物流产业集群环境里，会不断衍生出新企业和种群。鼓励先进现代物流技术应用、物流服务模式创新等企业的发展，通过整合供应链、延伸产业链、提升价值链，加快培育与互联网、制造业、金融、贸易等融合发展的新型物流种群和服务业态。主要包括引导和推动基于产业联动的物流服务创新与发展，包括物流业与现代农业、制造业、商贸业、建筑业的联动发展；基于产业融合的物流服务创新与发展，包括物流与金融业、物流与批发交易、物流与互联网经济的融合发展；基于不同运输方式联运的物流服务创新与发展，如拓展多式联运、保税物流、区域分拨、国际中转、保税加工等服务；基于物流技术的服务创新与发展，如发展第三方、第四方物流，支持发展“无车承运人”、供应链物流和金融等新兴业态。政府部门需要针对不同类型的物流新业态的发展，实行差异化、多元化的管理政策。

3. 充分配套服务种群组织作用

在城市物流产业集群生态系统中，除了物流企业、物流需求企业之外，还有行业协会、银行、保险、咨询机构、教育培训机构、科研机构等种群、个体的参与。在城市物流产业集群发展过程中，需要引入多种类型配套服务组织，为物流核心企业发展提供良好外部环境，降低交易费用。其中，政府部门应在城市物流产业发展过程中更好发挥规划、引导、扶持、投资和管理协调者的作用；行业协会要发挥在政府与企业间的桥梁纽带作用，在规划政策建议、规范市场行为、市场诚信体系构建、标准技术推广、信息统计分析、资质评定、人才培训、交流合作等发挥积极作用；金融、保险机构要发挥对物流产业的金融支持作用，为物流企业融通、结算、保险等提供全方位服务；各类中介组织为物流产业技术、人才、资金等提供服务保障等。城市物流企业正是在若干配套服务组织的共同合作下，促进城市物流产业集群高效运作与产业共生秩序的形成。

（二）促进物流产业集聚区发展

当前，仍有部分城市物流产业集聚区建设呈“小、散、乱、差”的格局，即物流产业集聚区规模小、布局散、管理秩序乱、市场信用缺失，不能有效发挥城市物流产业集聚区为城市居民生产和消费提供物流支撑的公共服务功能。应科学规划城市物流产业集聚区的建设，引导多种类型物流企业和配套服务机构入驻，提升土地、设施等资源利用效率和产出水平。

1. 培养多样化的城市物流产业集聚区

当前，物流基地、物流园区、物流中心、配送中心等各类城市物流产业集聚区蓬勃发展，在推动城市物流资源社会化整合、促进物流产业的集约化发展、提升城市物流运行效率等方面，发挥着越来越重要的作用。应打破城市内部行政区域和行业界限，结合区位特点、产业优势、物流需求，充分整合现有城市物流产业集聚区，培养若干分工明确的综合型、专业型城市物流产业集聚区，引导城市原来分散割裂的物流资源、中小物流企业向城市物流产业集聚区集聚，增强城市物流产业集聚区的聚集效应和规模经济效应，提高设施、土地等资源利用效率。

2. 促进城市物流产业集聚区集约发展

调整城市物流产业集聚区的功能定位，促进协同分工，促进城市物流产业集聚区之间互相联系、协调发展，形成网络化物流服务体系。推动城市物流产业集聚区服务创新，注重从基础设施建设到打造现代物流平台的转变、从主要引进物流地产商到引进第三方和第四方物流企业的转变、从引进外资企业为主向引进内外资和国资并举的转变，形成具有特色的营运模式和盈利模式，提升服务能力。支持和引进基础物流服务、信息物流服务、生产生活配套物流服务等企业入驻城市物流产业集聚区，推动城市物流产业集聚区资源整合和集约化发展。

3. 推动城市物流产业集聚区线上线下融合发展

随着互联网技术的迅猛发展、手机通信工具的日益普及、电脑的广泛使用，以及有关身份认证信息服务的开放、各种定位技术的成熟应用，加之物流行业从业人员素质的不断提高，越来越多的城市物流信息平台应运而生。城市物流产业集聚区需要利用“互联网+”战略机遇，加快物流业与电子商务融合发展，打造专业化城市物流公共信息服务平台，将线下车源、货源、仓源等进行整合，并在线上精确匹配，解决城市物流信息不对称性问题，提升城市物流产业集群运行效率。

（三）培育关键种物流企业

“关键种”企业类同于自然生态系统中的“核心”物种，它们起到带动和辐射的作用。培育和壮大“关键种”物流企业，并以此为基础构筑城市物流产业共生体，是促进城市物流产业集群生态系统发展的关键。

1. 鼓励物流产业兼并重组

当前城市物流企业规模小、实力弱、经营分散，物流产业集中度低，物流服务水平低、物流成本高等问题突出。以资本为纽带，鼓励和推进城市物流企业基于市场化的兼并重组，是优化产业布局、转变发展方式、提高发展质量和效益、促进物流产业转型升级和跨越式发展的必然要求。重点鼓励具有核心竞争优势的物流企业集团做大做强，可以采用参股、控股、交叉持股、特许经营以及发行股票、债券、可转换债等方式，拓展物流服务网络和业务范围，打造一批网络辐射广、企业实力强、质量信誉优、集约化水平高的龙头运输企业、仓储企业、信息平台商和第三方物流企业集团。鼓励物流企业转型升级，深化与制造企业及其上下游企业合作关系，实施联动发展战略，通过“指挥”与协同供应链，提供供应链一体化解决方案，发展成为专业的供应链服务商。鼓励中小物流企业专注于物流市场细分领域，提升专业化物流服务和创新能力，优化物流服务模式，走特色化发展之路，形成大型物流企业专业分工协作、共同发展的良好生态秩序。

2. 促进物流企业战略合作

物流企业战略合作是指具备不同资源优势的各物流企业之间的互补性合作共赢发展。对于城市物流企业，尤其是中小型物流企业来说，可以在发挥自身优势和价值的基础上，与城市内、外物流企业组建战略联盟。这种战略联盟方式机动灵活，操作便捷，能够实现不同类型的物流企业间的分工协作、优势互补，从而优化城市物流资源整合，促进多功能城市物流服务体系的形成，使各企业在共同发展的同时，更好地满足用户多样化的需求，产生“1+1 ＞ 2”的协同效应。

3. 推动现代物流企业制度建设

当前物流企业管理体系不健全，迫切需要加快现代企业制度建设，推动由传统物流企业向现代物流企业的转变。应重点加强物流企业治理结构、内部管理控制体系、以客户为导向的供应链全程管理体系、全程物流质量管理体系等制度建设，促进物流企业标准化、专业化、规范化运营，适应城市经济结构转型升级、制造业服务外以及现代物流与供应链管理自身变革发展的要求和趋势。

三、提升城市物流产业集群运行效率

（一）深化物流产业分工与协作

物流产业集群是一种经济社会现象，它是以市场驱动为，通过物流专业化分工与协作，实现上下游产业链的良性发展。应加快完善城市物流产业分工协作体系，推进城市物流业内部各子产业互动融合、协同发展，构建有利于产业集群升级的分工制度。

1. 健全城市物流产业合作机制

城市物流产业集群生态系统的合作机制，既包含企业间的合作、产业内部合作和产业间合作三部分。企业间的合作表现为物流企业之间、物流企业与工商企业之间采用服务外包、战略联盟、物流托管、合资经营等模式合作。其中，物流业务外包是指生产制造或销售等企业专注于自身核心优势，将保障性的物流业务外包给社会专业的物流服务商。物流业务外包有助于工商企业集中于各自核心业务，同时也有利于物流企业的发展壮大，是一种双赢的战略合作模式。受到传统经营体制的制约，城市内许多工商企业依然保留着很多物流设施，但是运作效率、服务质量不高，因此，应引导工商企业改革“大而全”“小而全”的物流运作模式，将自身非擅长的物流活动外包给专业的第三方物流，从而企业将精力放在发展核心竞争力，提高企业物流效率，拓展企业盈利空间。对于部分拥有核心竞争优势的企业物流，应鼓励从工商企业内部剥离出来，面向某一行业提供专业化物流服务，进而发展成为特色型第三方物流企业。产业内部合作主要包括运输、仓储、包装、配送、流通加工、信息服务等子系统之间的分工协作，它们通过相互配合、有机衔接，共同完成城市物流系统的运转。产业之间的合作主要指促进城市物流业与现代农业、生产制造业、商贸业、建筑业、金融业等相互协作，形成多业联动、协调发展的新格局。

2. 提升物流专业化服务水平

随着生产模式的变革和技术的进步，客户对物流市场的需求越来越呈现多样化、专业化和个性化的特点。在此背景下，城市物流企业应准确定位发展战略目标和细分物流市场，以客户市场需求为导向，不断深入企业供应链环节，提升个性化、专业化物流服务能力。例如，针对制造企业的生产节奏和供应链一体化管理要求，物流企业可有选择性地介入制造业企业供应链管理，提供代为采购、JIT（准时制生产方式）生产物料供应、分拨配送、库存管理、货款回收、销售预测、销售网络管理优化、供应链咨询等多功能、全流程的高端物流服务，实现由单一功能物流服务商向供应链管理服务商转型，促进物流与供应链管理服务一体化。

3. 创建物流产业集群特色

城市物流产业集群作为产业集群的一种衍生形式，其特色培育、品牌构建与创新有着紧密的联系。加快物流服务标准、规范的建立，引导物流企业服务产品、过程、手段等差异化，通过规范经营、良好的质量和周到的服务，打造物流服务品牌，促进城市物流业与城市工业、商贸流通业等高度融合发展，促进城市物流产业集群特色化发展，扩大城市物流产业辐射范围和影响力。同时，注重提升城市物流产业集群学习能力，促进集群内部的知识溢出，培育物流模式、技术等创新能力，提高城市物流产业集群整体核心竞争力。

（二）推进物流技术创新和应用

技术创新对城市物流产业集群的发展有很大的影响，可以降低物流的运行成本，提升物流运行效率，推动物流产业结构调整与转型升级。重点可以从以下几个方面加强现代物流技术应用，促进城市物流产业集群运行效率提升。

1. 加强先进物流技术研发应用

鼓励物流企业加强物流技术改造和装备升级投入力度，大力推进移动互联网、物联网、云计算、大数据、可视化货物跟踪、地理信息系统、RFID、机器人等在全程物流和供应链管理各环节中的应用，提升物流的机械化、自动化、智能化水平，大力提高城市物流生产运营效率。鼓励科研机构、高校与物流产业集群内的企业组建协同创新机构，开创集群内部“产—学—研”相结合的互动发展局面。

2. 加强城市物流标准化建设

随着城市物流业的快速发展，物流产业链各个环节对于标准化的需求也越来越强烈。应加大物流标准化建设力度，分阶段、分步骤地尽快制定与区域、国际接轨的现代物流标准体系。重点大力推进物流技术装备现代化，加强物流车辆的统型力度，促进不同运输方式车辆的高效转换。加快物流园区、物流中心、仓储设施的标准化改造和建设，加快物流园区信息平台和信息标准体系建设，促进物流设施之间互联互通，提升网络化运营水平。积极推广集装化运作技术，大力推动标准托盘应用及循环共用，促进物流各功能环节有效衔接，提高物流服务的安全、优质、高效水平。

3. 提升绿色物流发展水平

顺应生态文明建设的新要求，强化绿色、低碳与可持续发展理念，引导企业运用环保、节能设施设备，优化作业流程，做好资源循环利用，降低物流污染排放，实现物流绿色低碳发展。可以依托先进的物流技术和标准化物流装备，大力推行绿色运输、绿色仓储、绿色包装和绿色配送，促进节能减排。鼓励采用低能耗、低排放运输工具，加大城市黄标车淘汰的力度。鼓励多种运输无缝衔接，大力发展多式联运、驼背运输及全程托盘运输等，推行物流全程“一单制”，减少中转、搬运、短驳等环节，减少流通中物资损坏，提供全程物流效率。

加快绿色生态型物流园区和节能型绿色仓储设施的改造、建设，优化仓库布局，鼓励清洁能源利用，采用现代化仓储技术，降低仓储损耗。提高储运工具的信息化水平，减少返空、迂回运输，提高配送效率和车辆装载率。发展绿色包装，大推动标准托盘应用及循环共用，建立覆盖仓储、包装、装运、配送、物流信息等全环节、贯通物流运作一体化的标准托盘循环共用运营体系和商贸物流标准体系，鼓励包装重复使用和回收再利用，降低流通环节污染。

（三）推进物流信息整合与集成

物流信息化是城市物流的灵魂，是城市物流产业集群发展的必然要求和基石。当前，各个行业以及政府部门、企业之间物流信息分散，不能有效共享，不仅影响到城市物流产业链之间的信息共享和交易运作，还将制约物流作业自动化，阻碍城市物流市场规模的扩大。应加快城市物流信息化建设，促进"互联网+"高效物流战略实施，打造开放共享、合作共赢、高效便捷、绿色安全的智慧物流生态体系。

1. 提升供应链物流信息共享水平

加快物流企业信息系统建设，推进运输、仓储、配送等领域信息透明化管理，打通信息链，实现全程物流与供应链环节的信息共享，提高物流运作效率和产业链协同效率，推进基于信息共享的供应链一体化管理。

2. 加快城市物流公共信息平台建设

抓住我国"智慧城市"建设的契机，推进"智慧物流"战略的实施，促进不同运输方式、不同行业以及不同政府部门之间的信息的共享。统筹规划城市物流公共信息平台的建设，立足移动互联网、物联网、大数据、云技术等先进信息技术的应用，充分考虑各种类型的物流企业、物流需求企业（工商企业）、政府管理部门、生产生活配套服务企业等需求，集成统一数据处理与存储、信息发布与查询、交易与支付、物流追溯、仓储与配送、物流车辆监控与调度、危险品运输、快运快递、冷链物流等功能。支持社会资本有序建设综合运输信息、车货匹配、仓储资源交易等专业化信息平台，提供信息发布、线路优化、仓配管理、追根溯源、数据分析等服务。基于城市各类物流信息平台，深度挖掘物流大数据价值，提供数据租售、分析预测、决策支持等增值服务。

3. 发展“互联网 +”高效便捷物流新模式

鼓励各类物流企业、互联网企业，依托“互联网 +”，打造高效智慧物流生态系统，促进物流市场供给侧与需求侧有效衔接。重点依托城市内的物流企业、互联网企业、资本公司等资源禀赋，大力发展“互联网 +”车货匹配、“互联网 +”运力优化、“互联网 +”运输协同、“互联网 +”云仓服务、“互联网 +”城市配送、“互联网 +”供应链管理、“互联网 +”国际物流等高效便捷物流新模式，促进城市物流产业集约化、高效化、规范化发展。

4. 加快物流信息标准化建设

加快健全物流信息标准化体系，完善物流信息基础标准、工作标准、管理标准和技术标准以及单项标准，促进物流企业之间、物流平台之间以及物流与上下游供应链之间的互联互通和信息共享。政府要从战略角度推动城市物流信息化的实施，推动城市物流公共信息平台与其他信息平台能进行信息共享、对接，同时面向电子商务与物流协同发展，加快制定电子商务系统与物流信息系统对接、数据交换以及业务协同标准。

四、优化城市物流产业生态环境

（一）健全物流基础设施网络

物流基础设施的完善，是城市现代物流体系构建及物流产业集群可持续发展的重要基础条件。当前，随着大规模的投入建设，城市物流基础设施条件已有较大的发展和改善，但与城市经济发展以及物流产业的发展要求相比，还存在匹配度低、专业化程度低、服务功能弱等问题。因此，基于物流与交通、产业、城市等融合发展的视角，优化城市物流规划，完善城市物流基础条件，提升城市物流基础的支撑能力，对推动城市物流产业集群生态系统健康发展具有重要的作用。

1. 充分发挥政府在城市物流体系规划中的引导作用

政府应高度重视城市物流发展的基础性、战略性和消费性定位，从宏观层面出发做好城市物流体系规划，选择有利区位发展物流产业集群。政府要把城市物流业发展规划工作纳入城市建设总体规划之中，加强组织领导，科学制订城市物流发展规划，合理安排、预留城市运输、仓储等物流业发展用地，提高城市物流规划的科学性，引导城市物流相关企业集约化发展。发改委部门牵头，规划、交通、商务、供销合作总社等相关部门共同参与，构建统筹城市现代物流发展的协调机制，形成合力，共同指导和推进城市物流建设工作。对城市物流设施空间布局调整必须遵循区域性原则，即从实际出发，因地制宜地制订相关发展规划，并通过多样化的管理调控措施协调城市不同功能区物流产业的发展，打破各种运输方式之间、线路与节点之间的衔接障碍，促进布局合理、产业集聚、功能集成的网络化城市物流服务体系的形成。在制订城市物流规划的时候，应注重与城市总体规划、土地利用总体规划、区域经济发展规划衔接，合理确定城市物流基础设施网络规模、布局和功能定位，合理安排土地利用计划指标；注重与交通运输规划缺乏有效衔接，促进不同交通运输方式无缝衔接、高度融合，提高多式联运比例和运输效率；注重与城市建设规划、行业资源配置等统筹协调，提高城市物流资源综合利用效率，减少运输和配送车辆流量、流向不平衡等现象。

2. 加大对城市物流基础设施的投入

加大对进出城市物流大通道、大物流枢纽节点等薄弱环节的投资力度，完善城市物流服务体系中的短板，改善城市集散、转运及末端配送设施条件。对城市物流发展提供基础性支撑的公共服务类项目，明确由城市政府部门主导，通过政府与社会资本合作（PPP）模式，充分调动社会各类投资方参与城市物流基础的建设和运营，同时也不能只看重项目的税收产出和就业贡献等显性效应，而忽视其独有的产业提升和社会效应；对物流业升级发展类项目，明确由企业主导，拓宽融资渠道，加强资本运营。按照物流基础设施发展层次和功能分工，城市物流基础设施建设的重点包括：依托港口、铁路货场、公路货运枢纽等构建综合交通物流设施，完善枢纽集疏运系统，打造城市综合集散与转运的物流基地；依托大型批发商贸市场和工业开发园区，构建专业化的物流园区、物流中心和仓储物流基地等；针对城市市场流通体系和商业网点布局，搭建城市配送公共服务平台，形成层级合理、规模适当、需求匹配的城市仓储配送网络体系。

3. 推进城市交通物流基础设施融合发展

构建交通物流融合发展新体系，已提升为国家战略。当前，各种运输方式基础设施骨干网络基本形成，但各类基础设施衔接不畅的问题也逐步凸显，成为制约运输效率提升的重要因素。为充分发挥现代综合交通运输体系的功能和效率，需要加快城市综合运输枢纽与物流、电商等设施融合发展，强化各种运输方式的无缝衔接，发挥不同运输方式的技术经济比较优势，提升各种运输方式对物流基础设施的支撑能力。加快各类综合货运枢纽和物流基地的集疏运体系建设，尽快打通连接枢纽的“最前一公里”“最后一公里”，畅通全程物流服务链条。

（二）规范物流市场经营秩序

实现城市物流产业集群生态系统的可持续发展，不仅需要破解长期以来困扰城市物流产业发展的体制机制问题，更需要按照城市物流产业集群创新驱动发展的新要求，加快体制机制创新，营造健康有序、公平竞争、开放的市场环境，为城市物流产业集群发展释放活力和新的发展动力。

1. 深化行政审批制度改革

加快推进物流管理机构的改革，注重各级政府管理部门的协调，优化制度设计，建立公平透明的市场准入、行业运行和监督管理标准，推动物流产业朝着市场化的方向不断发展。政府应该在机构设置、项目审批、市场管理等方面进行多项重要的调整和改革，增强服务意识，进一步优化城市物流产业集群发展环境，使物流运输业的发展更多地摆脱制度的束缚，更好地适应市场变化，获得更大的发展空间。重点以行政审批、工商登记、财税、道路运输等领域为重点，改进行政审批管理方式，简化和优化行政审批环节，缩短审批时间，提高审批效率。进一步降低行业准入门槛，调整物流运输的准入，放宽注册登记条件，使物流产业的发展获取更大的空间和自由度。

2. 优化物流市场的经营环境

推动物流业发展地方立法，推动法治化营商环境建设，加快构建统一、开放、竞争、有序的物流市场。完善物流市场监督管理体系，加强物流服务质量满意度监测，规范物流企业市场行为，依法查处不正当竞争和垄断行为，促进物流行业规范自律。加强车辆的生产和市场准入管理，实施好治理超载超限专项行动，规范运输市场竞争秩序。加强城市物流信用体系建设，完善物流企业信用评价指标体系，动态更新物流信用数据库信息。协调城市各区域、各部门物流监管执法标准，建立城市统一的监管标准及规章，促进各城区、各部门监管执法部门信息共享和联合执法，减少无序竞争。

3. 加强城市物流服务开放合作

加强城市物流与城市其他产业以及区域物流、国际物流之间开展物质、信息、技术、人才等交流合作，促进城市物流产群开放发展，建设开放型城市物流产业集群生态体系新格局。消除地方、行业保护主义壁垒，有序推进城市港口、机场、多式联运场站、各种货运场站及物流园区等物流基础设施投资运营向社会资本开放。鼓励城市与其他地区、国外地区合作，构建对外物流大通道，提升城市服务全国和对接国际市场的物流能力。鼓励城市物流企业跨区域、跨城乡经营，扩大物流服务网络覆盖范围。鼓励城市核心物流企业集团以并购重组、合资合作等方式“走出去”，积极参与全球物流与供应链市场竞争。

（三）完善物流发展支撑政策

当前市场机制远未完善，城市物流产业发展矛盾日益凸显。政府作为重要的制度供给者，应加快制定完善且配套的法律、政策，优化城市物流市场经营环境，推动城市物流产业集群结构调整与转型升级。

1. 完善物流人才保障政策

物流行业能够持续健康地发展，需要优秀人才的注入，使物流行业充满生机和活力。政府部门要统筹规划物流人才队伍建设，加强高等教育、职业教育以及物流人才培养体系的建设，满足区域和城市物流快速发展所需要的物流人才保障。加大城市物流高端人才引进力度，吸引国内外大批优秀物流经营管理和技术创新人才。鼓励企业引进具有现代物流理念和国际视野、熟悉物流业务、精通现代物流管理和掌握现代物流技术的复合型人才。

2. 完善物流发展用地政策

物流用地实际上是各种物流工程及设施的空间载体，它涉及不同的类型，承担着货物集散、仓储、加工、信息处理等多种服务功能。随着城市化进程，城市规模持续扩张，城市物流用地的需求日益增大，而新增建设用地供应紧张导致了很多城市物流项目规划难以落地。考虑到城市物流基础性、战略性和准公益性作用，应积极落实和完善支持物流业发展的用地政策，优先保障城市物流业发展用地。对于重大物流产业集聚、交通运输枢纽等重点项目的用地，应实行土地预留制度，坚持整体规划，分步实施，确保项目建设和运营的可持续性。政府对城市物流产业集聚区里不同功能区的用地进行差异化对待，对于物流产业集聚区中交易市场、商品展示区等用地，应按商业用地的标准出让；而对于铁路运输、仓储、城市配送、公路专线、多式联运、国际物流等直接物流作业区用地，应按工业用地出让，并优先保障。此外，要大力推进集约节约用地，积极盘活城市既有物流土地资源，提高城市物流土地集约利用水平。

3. 完善物流财税扶持政策

考虑城市物流的部分公益性的特点，建议将城市物流业纳入重点支持的现代服务业领域，统筹完善物流税收政策体系。特别是在物流业各环节增值税税率设计及抵扣范围的拓展、网络化物流企业集团的统一纳税、物流土地使用税优惠征收以及物流业综合税收政策的制定等方面，加快协调各相关部门，完善相关税收政策，发挥财税政策的支持和引导作用，促进城市物流产业的可持续发展。对符合条件的城市重点物流产业集群区、公共物流信息平台和多式联运设施的建设给予必要的资金扶持。对符合税法规定的小微型物流企业，依法享受企业所得税等相关税收减免政策。积极探索组建城市物流产业投资基金，促进城市物流基础设施建设和物流产业发展。拓展物流企业融资渠道，鼓励银行等金融机构与其开展合作，引导一批城市物流骨干企业利用发行公司债、企业债、私募债等债券，引入私募基金、资产证券化、股权众筹等多种融资工具开展直接融资。

第八章 突发公共卫生事件应急物流管理现状及应对策略——以苏州为例

第一节 课题目的意义及研究现状

新冠肺炎疫情是对我国应急管理体系的一次大考，曾处于疫情中心的武汉是一座常住人口超千万的特大型城市，在全国支援武汉抗疫期间，大量来自全国各地的医疗救援和生活物资源源不断涌向武汉，武汉城市内部的应急物流承受了巨大压力，从物资分类转运、区域配送、节点交付及分发到户各个环节均受到了前所未有的挑战。众多物流企业、民间组织及个人志愿者积极投入抗疫救灾的物流前线，有力保障了武汉在封城后全市医疗和生活物资的供应。但在整个过程中也暴露出了不少应急物流的短板，如捐赠物资配发、物资管控、分类转运等物流环节，不同物流企业协调对接、车辆资源调度、人员管理等组织环节都存在着一系列问题，影响了整体物流效率和响应能力，因此不断完善城市应急物流体系有其紧迫性和长期性，正如习近平总书记强调：“加强应急管理体系和能力建设，既是一项紧迫任务，又是一项长期任务。”

一、课题研究目的意义

苏州地处长三角核心地带，人口密度高，2019 年常住人口达到 1074.99 万，与武汉相当，突发公共卫生事件由于其高度不确定性和暴发后巨大危害性，同样时刻威胁着苏州上千万人的生命健康安全和社会经济发展，因此在国家总的指导思想下，落实习近平总书记关于应急管理重要讲话精神，总结经验教训因地制宜构建和完善苏州突发公共卫生事件应急物流体系已迫在眉睫。突发公共卫生事件由于事发突然，发生原因复杂，具有一定的破坏性和持续性，对物流需求要做到快速高效、供需匹配、精准溯源、信息透明、实时响应、持续性强等，因此城市应急物流是疫情防控、保民生活、稳定社会的重要支撑，苏州作为建设“强富美高”新江苏排头兵正处于“勇当‘两个标杆’、建设‘四个名城’”和开放再出发的关键时期，市委书记蓝绍敏同志多次强调要坚决贯彻以人民为中心的城市发展理念，城市建设管理要充分考虑人民的感受，始终将人民的利益摆在第一位，因此健全突发公共卫生事件应急物流体系是以民为本完善城市治理体系和提升治理能力的重要一环，我们正是以此为核心，通过对苏州应急物流顶层设计、管理运行、基层执行等现状的了解，从健全应急物流机制和提升能力的角度找到完善苏州突发公共卫生事件应急物流体系的关键点及突破口，并提出了相应的对策建议，希望本研究结果能够为政府相关部门提供建议和决策参考。

二、应急物流研究现状

发达国家对突发公共事件应急物流管理的研究开展较早，研究成果几乎囊括了洪灾、火灾、地震海啸灾害、矿井塌陷、核泄漏事故灾难等具体灾害、危机的各领域应急物流，国内 2003 年“非典”疫情后，应急物流开始引起我国政府、专家和学者的重视。

（一）应急物流概念研究

王宗喜（2003）在国内最早提出了应急物流的概念，将应急物流与军事物流进行了对比，并将其均归为在特定条件下的物流活动[1]；欧忠文等（2004）则首次将应急物流进行了完整定义，也是目前在领域中被引用次数最多的文章，其明确界定了应用场景，主要为自然灾害和突发性公共卫生事件等突发性事件[2]；此后《国家标准物流术语》（2006）将应急物流第一次纳入，应急物流是针对可能出现的突发事件做好预案，并在事件发时能够迅速付诸实施的物流活动；王丰等（2007）则将应急物流的特定条件进一步细化为应对严重自然灾害、突发公共安全事件、卫生事件及军事冲突等情况[3]，由以上可以看出 2003 年“非典”事件使大家意识到了应急物流的存在和需求，更多的学者开始关注并研究，但大多数还停留在概念、定义及特点阶段。

1　王宗喜．加强应急物流与军事物流研究刻不容缓［J］．中国物流与采购，2003（23）．

2　欧忠文等．应急物流［J］．重庆大学：自然科学学报，2004（3）．

3　王丰等．应急物流学［M］．中国物资出版社，2007．

（二）自然灾害应急物流的研究

2008 年发生了汶川大地震，这次灾难以及救灾过程中物流所暴露出的短板及各类问题引发了学者对应急物流更深层次的思考，同时研究领域也基本拓展到了常见的自然灾害情况，赵炳强等（2008）首先针对地震救援中应急物流存在的问题进行了分析[4]；赵延勤（2009）研究了汶川地震中应急物流配送的问题，提出远程运输中的应急多式联运策略[5]；朱芳阳（2010）研究了泥石流等地质灾害发生情形下应急物流配送中心的选址因素、方法、步骤等[6]；陈钢铁等（2011）则深入研究了基于模糊网络评价的车辆调度优化模型[7]；刘建琴（2014）明确提出了鼓励第三方物流参与政府地震救灾体系，充分发挥社会化物流力量[8]；陈佳美等（2016）研究了自然灾害发生下针对粮食应急物流的调度、运输、仓储等优化问题[9]；邹江等（2020）研究了军民融合背景下在演练、法律制度、实践基地等融合式的应急物流策略[10]；由于我国是自然灾害频发的国家，因此众多学者研究主要针对地震、洪灾、台风等突发灾害情况下的应急物流，从研究内容看已经涵盖了政策法规、机制对策、模型算法等多个具体方面，可见针对自然灾害的应急物流的国内研究已经有了一定成果积累。

（三）针对突发卫生公共事件的应急物流研究

2003 年的“非典”事件引发了对应急物流的关注。通过前面分析可以看出，早期学者主要集中于对定义概念、特点分析等初步研究：后期将研究重点转向了自然灾害应急物流研究；而今年发生的新冠疫情以及应对疫情中城市物流出现的问题重新引起了全国上下对应急物流的关注，众多学者又投入了针对突发公共卫生事件的应急管理研究。到目前为止，已发表的成果还不多，从知网检索看只有 12 篇左右，其中典型代表如下：买媛媛等（2020）研究了国外交通运输系统在公共卫生事件下应急策略，提出建立完善外集内配网络体系，多元协

4　赵炳强，闫彬，李畅．大力发展我国应急物流的几点思考 [J]．交通企业管理，2008（08）．

5　赵延勤．从汶川地震看自然灾害应急物流配送 [J]．经济研究导刊，2009(09)．

6　朱芳阳．预防地质灾害应急物流配送中心选址研究 [J]．中国物流与采购，2010(21)．

7　陈钢铁，帅斌．基于模糊网络和时间依赖的应急车辆调度优化研究 [J]．中国安全科学学报，2011(08)．

8　刘建琴．第三方物流参与地震灾害应急物流体系研究 [J]．科技创新与应用，2014(25)．

9　陈佳美，孙丹．突发事件下粮食应急物流的优化研究 [J]．商场现代化，2016(03)．

10　邹江，何力，陈俞佳．军民融合背景下应急物流体系建设的思考 [J]、中国管理信息化，2020(06)．

同的交通运输管理运行机制和保障措施[11]；尹军琪（2020）以此次新冠疫情为背景讨论研究了应急物流系统的构建思想，提出建立全国范围的应急物流信息管理平台，并将大数据、AI、无人化等先进技术应用其中[12]；刘明等（2020）根据疫情发展的不同阶段建立了数据驱动的优化框架模型，模型通过根据每个决策周期的具体情况，通过模型的模拟运算提供相对实时的政策调整建议[13]；孟晓梅（2020）从国际采购的角度分析国家应急物流管理体系，分析了紧急防疫国际采购多样化的特点，并分析其对国际采购操作的影响[14]。袁强等（2020）基于本次新冠疫情构建“政、企、军、民”的应急物流体系，特别提出了逆向物流及相关法律法规的建设[15]；赵建有等（2020）研究了突发公共卫生事件下应急医疗物资的配送问题，从车辆载重、调度优化、配送费用等方面进行了配送路径的优化，提高救援应急响应能力。[16]

通过以上分析可以看出在新冠疫情暴发以来已经有部分学者开展了在此背景下应急物流的研究，但从目前成果来看宏观层面的多，针对城市等区域范围内应急物流研究的少，特别是机制研究方面还存在不足，这也正是本研究报告的意义所在。

第二节 城市突发公共卫生事件个案研究

突发公共卫生事件是指突然发生，造成或者可能造成社会公众健康严重损害的重大传染病疫情、群体性不明原因疾病、重大食物和职业中毒及其他影响公众健康的事件，有别于自然灾害、事故灾难、社会安全等城市突发事件，往往由点到面发展迅速且持续时间长，要充分认识其特殊性及应对复杂度。本文选取“非典”期间广州、北京及此次“新冠”疫情期间武汉等处于疫情中心的

11 买媛媛，李艳红．发达国家交通应对突发公共卫生事件的经验及对我国的启示［J］．交通运输研究，2020(01).

12 尹军琪．重大疫情对应急物流系统建设的启示［J］．物流技术，2020(02).

13 刘明，曹杰，章定．数据驱动的疫情应急物流网络动态调整优化［J］．系统工程理论与实践，2020(02).

14 孟晓梅．国际应急采购管理模式及特点分析［J］．中国物流与采购，2020(08).

15 袁强，张静晓，陈迎．建立我国应急物流体系的构想与对策——基于新冠肺炎疫情防控的经验教训［J］．开放导报，2020(03).

16 赵建有等．重大突发公共卫生事件下城市应急医疗物资配送［J］．交通运输工程学报，2020(3).

典型城市，分析超千万人口超大型或特大型城市在应对由点到面大面积暴发疫情过程中应急管理的经验和不足，特别是此类灾害事件对应急物流的特殊需求，为后面完善苏州应急物流体系的明确研究方向和提供借鉴。

一、“非典”事件个案研究

（一）事件发展过程

疾病“潜伏”发展阶段，即自 2002 年 11 月出现第一例病例到 2003 年 2 月这是“非典”肺炎的“潜伏”发展阶段。在此过程中还未引起政府、公众等社会主体的注意，但其间在广东省境内以“点”状出现了不明肺炎患者，包括广州、中山、佛山、江门、河源、深圳等六个城市出现，由于对该疾病了解较少加之流言导致了从个别城市发展到全省各地的抗病毒药物、消毒剂、食醋及食盐的抢购潮。

疾病初步应对阶段，2003 年 2 月 10 日广东各主要媒体对此进行公开报道，根据媒体报道确诊该种病例已经达到 305 例，死亡 5 例，政府开始出面应对疫情，2 月 11 日广州市政府召开新闻发布会通报不明肺炎情况，对于广州这样超过 1000 万人口的大城市而言 300 多病例还没有引起人们足够的重视。当天广东省卫生厅通报情况提醒广大市民注意事项，但由于时间较短仍未能对疫情有准确的判断。与此同时由于媒体的公开报道加之民间流言，人们对该疾病的恐慌非但没有消失反而更加严重，增城、惠州、东莞、肇庆、从化等地已经从开始抢购药品转而抢购粮食、食用油、食盐等生活必需品，很多超市被抢购一空，商品价格开始飞涨。以食盐为例价格涨近 4 倍，零售端的缺货加深恐慌，恶性循环开始，有的地方甚至出现断路、封桥等强制手段阻断交通，严重影响了救援物资运送及人们生产生活，为此政府出面整顿市场呼吁民众理性对待，抢购风潮开始向上海、北京等全国主要城市蔓延，导致板蓝根等呼吸道疾病治疗药品价格成倍增长，药店不得不推出每人限购 1 盒的管制措施。

疾病全面应对阶段，随着疫情的发展，高层开始重视，2003 年 4 月 14 日国家主席胡锦涛到广东考察了解疫情指导工作，4 月 23 日成立了以副总理吴仪为总指挥的国务院防治非典型肺炎指挥部，各部委在统一指挥下采取行动。其中交通部发出紧急通知要求优先保证非典药品用品的调运，确保应急运力充足，特别要求任何地方、部门、单位和个人不得通过任何方式中止交通运输，以保障广大身体健康旅客的正常出行，保障防治“非典”药品、医疗设备、医疗原材料以及社会生产生活物资的运输顺畅。粮食局要求各地粮食部门要确保调运、加工、供应环节畅通，特别是稳定广州、北京等疫情集中地区的粮食价格。5 月 9 日，国家公布《突发公共卫生事件应急条例》，标志着我国进一步将突发公共卫生事件（以下简称突发事件）应急处理工作纳入法制化的轨道。卫生部 5 月 13 日发布《传染性非典型肺炎防治管理办法》，此后开始了对患者有针对性的救治，相应的医疗物资开始需要大批量供应到广州、北京、上海等地，截至 2003 年 8 月 7 日，我国共累计确诊 7347 例，死亡 829 例，至此“非典”经过近 9 个月的时间才得以有效控制。

（二）非典事件反思

非典事件是新中国成立以来遇到影响最大的突发公共卫生事件之一，从广东“点状”散发到影响到全国范围再到得到有效控制，其中三分一的时间是“潜伏”发展期，等到关注时已经是影响到广东全省，其中需要从医学、疾病传播学、疾控管理等多方面进行反思，但更多的引起人们及政府部门重视的是应急管理。针对此次非典事件就广东应急应对来说不足和经验主要有以下几个方面：①广东省多年来没有暴发过大规模传染性疾病，从民众到政府工作人员危机意识警觉程度较低；②广州人口基数大，流动性人口多，在暴发初期会误导人们关注感染率而非传染力；③法律法规的不完善导致广州地方政府在公布非典病例时不能确定能否按照《中华人民共和国传染病防治法》来处理，导致后期应对效率较低；④疫情暴发初期应急过程中部门联动较差，面对突发公共卫生事件无论是广东还是后来的北京基本是只有卫生部门在行动；⑤应急物资储备不足导致暴发初期救援治疗受到影响，医疗物资和生活物资储备目录需要不断更新；⑥应急物流各环节由于受到疫情影响无法顺畅运行，如有些地方采取了断路、封桥等强制做法，严重影响物资运输。

二、“新冠”肺炎事件个案研究

2020 年 6 月发布的《抗击新冠肺炎疫情的中国行动》白皮书明确指出：“新型冠状病毒肺炎是近百年来人类遭遇的影响范围最广的全球性大流行病，对全世界是一次严重危机和严峻考验。人类生命安全和健康面临重大威胁。”由此可见，此次新冠疫情的发展速度、持续时间、应对难度、治疗难度、影响范围、感染数量等都远超 2003 年的“非典”疫情。

（一）事件发展过程

疾病潜伏发展阶段，2019 年 12 月 27 日武汉首次报告不明原因肺炎病例，初步被判定为病毒性肺炎，12 月 31 日武汉通报发现 27 例病例，2020 年 1 月 3 日通报 44 例，1 月 5 日通报 59 例。在此过程中国务院、国家卫健委迅速组织专家进行研究攻关，连续发布了两版诊疗方案，并于 1 月 19 日明确新冠病毒出现人传人。

全力应对阶段，1 月 21 日武汉开始对进出人员进行管控，1 月 23 日武汉宣布关闭离汉通道，武汉开始“封城”，但此时正值春运高峰，武汉作为九州通衢之地，再加之武汉人口超过 1100 万，在“封城”后城市管理及运行面临着巨大压力。1 月 25 日国家卫生健康委发布通用、旅游、家庭、公共场所、公共交通工具、居家观察等 6 个公众预防指南，同时武汉口罩、酒精、消毒液等防疫物资处于极度短缺状态。此时全国开始驰援武汉包括大批的防疫救援物资、生活物资以及从各地和军队调集的 346 支国家医疗队、4.26 万名医务人员和 965 名公共卫生人员陆续进入武汉，2 月 3 日—8 日火神山雷神山医院及方舱医院相继建好投入使用，在前方紧急应对疫情过程中，后方的各地救援及捐赠物资抵汉后遇到了分发及物流配送的问题，根据报道以“红十会受捐医疗物资在仓库堆积无法分发”与“武汉各大医院防疫物资紧缺”的供需矛盾和山东捐赠的大白菜只能通过超市销售这样的渠道矛盾最为突出，截至 2 月 19 日，武汉市新增治愈出院病例数首次大于新增确诊病例数，抗疫取得初步成效。巩固抗疫成果有序推动复工复产，2 月 21 日，中央政治局会议提出要建立与疫情防控相适应的经济社会运行秩序，有序推动复工复产，此阶段的主要任务成了在巩固抗疫成果的基础上有序恢复社会经济运行，3 月 11 日，武汉新增病例下降至个位数，此时应急管理度过了最艰难的时期，3 月 17 日，首批 42 支国家援鄂医疗队撤离武汉。

后疫情恢复阶段，3 月 25 日起湖北省有序解除离鄂通道管控措施，撤除除武汉市以外地区所有通道（市际、省界通道）检疫站点，3 月 27 日，中央政治局会议指出支持湖北有序复工复产，做好援企、稳岗、促就业、保民生等工作，此时抗疫和恢复生活生产均是应急管理的主要工作，4 月 8 日起，武汉市解除持续 76 天的离汉离鄂通道管控措施，有序恢复对外交通。

（二）“新冠”肺炎事件反思

在经历 2003 年非典事件后，政府对突发公共卫生事件的预警、处置能力大大增强，国家出台了相应的法律法规，基本上建立了处理突发公共卫生事件的应急管理体系，此后也出现过突发公共卫生事件如甲型 H1N1 流感等，能够及时应对。但此次新冠肺炎“潜伏期”、暴发力、影响范围、持续时间都远超“非典”事件，因此虽然也是暴发在人口超千万与广州相当的武汉，但是应对难度远超“非典”。湖北及武汉的应急管理体系既有经验，也暴露出了诸多问题值得反思：①预警机制没有充分发挥作用，“非典”事件后在国家的主导下各地方都加强了突发公共卫生事件预警能力建设，但在华南海鲜市场周围连续发现相关类似病例后没有引起足够重视，错过最佳控制时机；②应急响应能力还有待加强，在明确疫情之后防控初期虽然武汉已经根据国家要求建立了部门之间的联动机制，但响应速度慢，另外部门之间各自为政，环节割裂的情况依然存在，直接影响着在暴发初期整体应急体系的效率；③城市应急物流能力短板突出，被媒体公开报道广泛受到关注的“红会救援物资堆积分发效率低”“捐赠蔬菜无法到达居民手中”“垃圾车运生活物资”等，这几个突出现象都反映了城市应急物流能力有待提高；④城市应急物资储备需要科学规划，物资储备除应对自然灾害、安全事件意外，对突发卫生事件的防疫物品的储备同样要受到重视，特别是医院及相关医疗机构，同时增强居民的储备意识，科学配比日常消耗和应急储备；⑤突发公共卫生事件应对的中后期同样不能放松应急管理，疫情打乱了生产生活秩序，在控制中后期复工复产被提上议事日程之后依然需要应急管理发挥作用，紧缺生产物资、人员、下游流通等在恢复初期比较脆弱，仍然需要应急管理的保障。

三、突发公共卫生事件对物流的影响及应急需求

从以上“非典”“新冠”两个案例来看，突发公共卫生事件相对于一般的自然灾害及安全事故等突发事件有其特殊性，因此在事件发生后对物流的需求也区别于其他突发事件，也是对苏州建设应急物流体系的启示。

（一）突发公共卫生事件会对干线交通运输产生巨大冲击

从以上两个事件来看，突发公共卫生事件具有一定的不确定性或者不可知，因此会造成一定程度上的心理恐慌。在事件或者疫情暴发初期容易采取严厉的管控措施，限制人员、车辆、货物的流动，如武汉在“封城”期间域外物资由于防控需要通过干线运输不能接近城市，因此只能将高速公路靠近城区的服务区作为货物中转站，干线运输车辆只能临时在这里与城内接驳货车进行交接转运，由于缺乏专业设备货物装卸搬运效率低，严重影响运输响应速度，这也与物流的本源属性相矛盾。在 2003 年的广东和 2020 年的湖北在疫情暴发时除了政府管控，民间由于恐慌会采取挖断公路或者封锁桥梁等强制措施来阻断交通和人员往来，运输是物流最重要的组成部分，是产生空间效用的载体，因此容易造成越是在疫情初期需要物资的时候越是限制物流活动的情况，“一刀切”的现象时有发生。

（二）突发公共卫生事件对城市应急物流的需求

1. 疫情暴发初期对医疗物资配送需求

不论是“非典”还是“新冠”事件都涉及人民的生命健康，在疫情高发期也就是医疗物资需求的高峰期，面对这种急需的、短期高峰型的需求，平时的药品与物品的储备难以满足需求，此时的医药物流配送的要求就是不惜一切代价，必须确保供应。

2. 对居民生活用品及日常防疫物品的配送需求

从前面个案研究可以看出由于疫情的不确定性和不可知恐慌情绪往往贯穿疫情整个过程，生活必需品及日常防疫物资抢购潮再所难免，此时对生活用品的供给同样要有保障，而且要“超量”，尤其对食盐、大米、蔬菜等必需品，

要做到随要随送，降低人们的恐慌情绪和抑制抢购风潮。

3. 对物资储备的需求

应急物资储备尤其是防疫类物资要有科学的配比，既不能过于浪费过量又要考虑客观情况和需求，对公共卫生事件要有充分的预测和准备，物资储备的工作更多地做到日常工作中，包括储备物资种类和数量的更新。

总之，突发公共卫生事件的区域性特征决定了“点状”暴发是大概率事件，举国体制是我国社会主义制度优越性的主要体现。在疫情暴发后干线运输和物资供给在国家机器的协调下是可以保障的，但在城市内部的域内物流是送到最后目的地的关键，城市应急物流对突发公共卫生事件至关重要，因此对苏州应急物流的研究要着重于市域范围之内。

第三节　突发公共卫生事件下苏州应急物流管理现状分析

从前面分析可知，不论是“非典”事件中的广州，还是“新冠”肺炎事件中的武汉都是人口超千万的超大型城市，人口密度大，当疫情出现后时伴随而来的是对防疫医疗物资、生活物资等爆发式的需求，这对城市应急物流管理提出了更高的要求。苏州 2019 年常住人口为 1074.99 万，人口密度为 1337 人 / 平方公里，超过当时广州的 1285 人 / 平方公里和现在武汉的 1308 人 / 平方公里，因此苏州作为大型城市应急管理同样需求迫切。在 2003 年“非典”事件后，苏州于 2006 年正式颁布了《苏州市突发公共事件总体应急预案》。近年来苏州城市治理体系和能力不断完善，在此次疫情之前未发生过大规模的公共卫生事件，但是邻市无锡曾在 2007 年发生过太湖水污染事件影响较大，此数据统计苏州III级及以下公共卫生事件时有发生，目前仍在持续的“新冠疫情”也是对苏州应急物流的一次考验，苏州突发公共卫生事件下应急物流管理现状研究主要围绕应急法规预案建设及执行情况、物流企业应急能力情况以及城市基础配置情况三个方面进行，并分析存在的不足。

一、应急法规预案建设现状

（一）国家及各部委层面

2003 年的“非典”事件引起了我国对应急管理的重视，加之我国自然地质灾害频发，因此自 2003 年以后密集出台了一系列的应急管理法律法规。截止到目前共有 429 项，包括了国家法律、行政法规和部门规章。国家层面外的交通运输部、国土资源部、民政部、卫健委、安监等十余个部委都专门下发过相关文件和条例，可见对应急管理的重视程度。主要针对四大类事件：自然灾害类、事故灾害类、社会安全类和公共卫生类，其中涉及突发公共卫生事件主要的应急法律法规 19 项，具体如表 8-1 所示。

表 8-1 公共卫生事件的应急法律法规

序号	法律法规及预案	性质	发文
1	中华人民共和国红十字会法（2017 年修订）	国家法律	主席令第 63 号
2	国家卫生计生委办公厅关于切实做好自然灾害卫生应急工作的紧急通知	部门规章	国卫发明电〔2013〕1 号
3	国家卫生应急综合示范县（市、区）评估管理办法（试行）	部门规章	卫办应急发〔2012〕34 号
4	卫生部办公厅、国家食品药品监督管理局办公室关于加强食物中毒预防控制和应急处置工作的通知	部门规章	卫办应急发〔2011〕118 号
5	卫生部办公厅关于印发突发中毒事件卫生应急处置技术方案的通知	部门规章	卫办应急发〔2011〕94 号
6	卫生部突发中毒事件卫生应急预案	部门规章	卫应急发〔2011〕40 号
7	卫生部、发展改革委关于加快突发公共事件卫生应急体系建设和发展的指导意见	部门规章	卫应急发〔2010〕57 号
8	卫生部核事故和辐射事故卫生应急预案（2009 年修订）	部门规章	卫应急发〔2009〕101 号

续表

9	卫生部关于加强核和辐射突发事件卫生应急工作的通知	部门规章	卫应急发〔2009〕100 号
10	全国自然灾害卫生应急预案（试行）	部门规章	卫应急发〔2009〕40 号
11	卫生部关于启用中国卫生应急标识的通知	部门规章	卫应急发〔2007〕294 号
12	高温中暑事件卫生应急预案	部门规章	卫应急发〔2007〕229 号
13	非职业性一氧化碳中毒事件应急预案	部门规章	卫应急发〔2006〕355 号
14	突发公共卫生事件社区（乡镇）应急预案编制指南（试行）	部门规章	卫办应急发〔2006〕215 号
15	人感染高致病性禽流感应急预案	部门规章	卫应急发〔2006〕197 号
16	疟疾突发疫情应急处理预案	部门规章	卫疾控发〔2006〕55 号
17	医疗卫生机构灾害事故防范和应急处置指导意见	部门规章	卫办发〔2006〕16 号
18	卫生部应对流感大流行准备计划与应急预案（试行）	部门规章	卫办疾控发〔2005〕196 号

（二）江苏省政府层面

江苏省人民政府按照国家相关文件精神和要求，在 2003 年后对省内应急管理进行加强，2003 年颁布了《江苏省实施〈突发公共卫生事件应急条例〉办法》。并根据该办法继续出台了《江苏省突发公共卫生事件应急预案》，使全省处理突发公共卫生事件有了细则性的文件。2003 年至今江苏省发生自然地质灾害及公共卫生事件较少，其中 2007 年太湖水污染事件属于较大规模，近年来政府将管制重点放在了安全生产事故应急处理上，江苏省针对各行业出台专项应急预案，具体如表 8-2 所示：

表 8-2　江苏省相关法律法规预案

序号	法律法规及预案	性质	发文
1	江苏省实施《突发公共卫生事件应急条例》办法	政府条例	江苏省人民政府令第 20 号
2	江苏省突发公共卫生事件应急预案	应急预案	苏政办发〔2003〕20 号
3	江苏省突发公共事件总体应急预案	应急预案	苏政办发〔2005〕92 号
4	江苏省生产安全事故应急预案管理办法(试行)	部门规章	苏安监〔2011〕190 号
5	江苏省渔业安全生产管理办法	政府条例	省政府令第 84 号
6	江苏省自然灾害救助办法	政府条例	省政府令第 110 号
7	江苏省生产安全事故应急预案管理办法实施细则	部门规章	苏应急〔2020〕24 号
8	江苏省突发事件总体应急预案（2020 年修订）	部门规章	苏政发〔2020〕6 号

（三）苏州市地方法规及预案

苏州市人民政府在 2006 年 5 月根据省相关文件要求制定发布了《苏州市突发公共事件总体应急预案》，此后各部门都建立了相关的专项预案，其中以交通运输、卫生疾控、粮食物资、消防、民政等部门为主。经过十几年的发展苏州已经基本建立了全市的应急预案体系，2019 年 7 月，苏州根据国家及省修订应急预案的要求启动《苏州市突发公共事件总体应急预案》和市级专项预案的修订和汇编工作，2020 年 5 月正式发布修订版的《苏州市突发公共事件总体应急预案》（苏府〔2020〕49 号文），此次修订是对 2006 版的完善，其中主要改进如下：将突发公共事件有五类变为四类，可以更好对应相关部门机构；完善了组织机构，特别突出了现场指挥部；细化了医疗卫生应急力量建设，新增了基础信息服务、科技发展、区域合作等软件保障要求。

二、物流企业应急能力现状调研

从此次新冠疫情来看，物流企业发挥了重要作用，特别是一些骨干企业成为整个疫情防控期间进行医疗、防疫、生活等必需物资供应的中坚力量，如九州通公司用不到2小时将武汉红十字会大量受捐物资及时分拨配送等，由此可见，物流企业是政府在应对突发公共卫生事件中一支不可缺少的应急队伍。改革开放后苏州蓬勃的经济发展和商贸发达带动物流业的快速发展，除了全国性或者全球性的物流企业纷纷入驻苏州外，本土物流企业同样发展迅速。从广州和武汉的应对经验来看，苏州将来在可能发生的公共卫生事件中社会物流企业也将是应急力量的重要部分，为此课题组专门设计了相关调查问卷，通过问卷发放和走访座谈的形式进行了苏州物流企业应急能力的调研。

（一）物流企业调研情况

由于时间限制，共发放调研问卷100份，回收率为72%，基本保证了样本数量，具备了一定的代表性和有效性。调查范围基本涵盖了苏州市吴中区、吴江区、工业园区、相城区、昆山、张家港、太仓等地具有代表性的物流企业，包含了配送、运输、仓储、综合服务等多个物流领域。

1. 企业对应急物流认知度

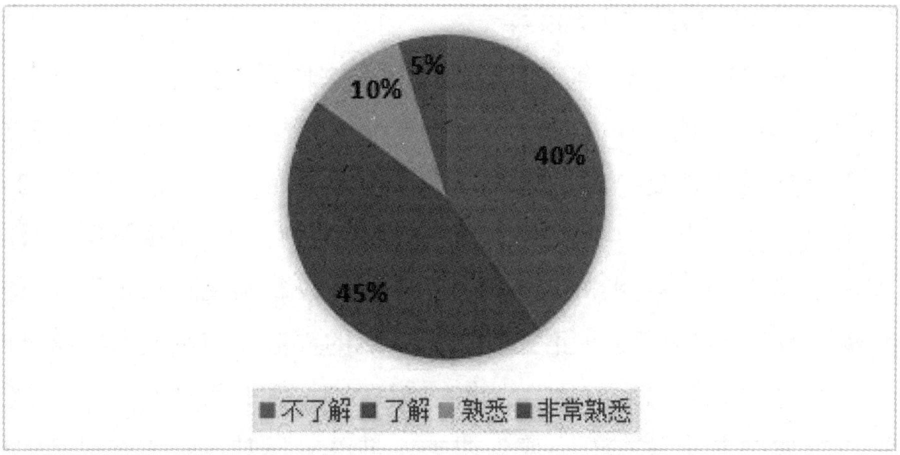

图8-1　苏州企业对应急物流认知度

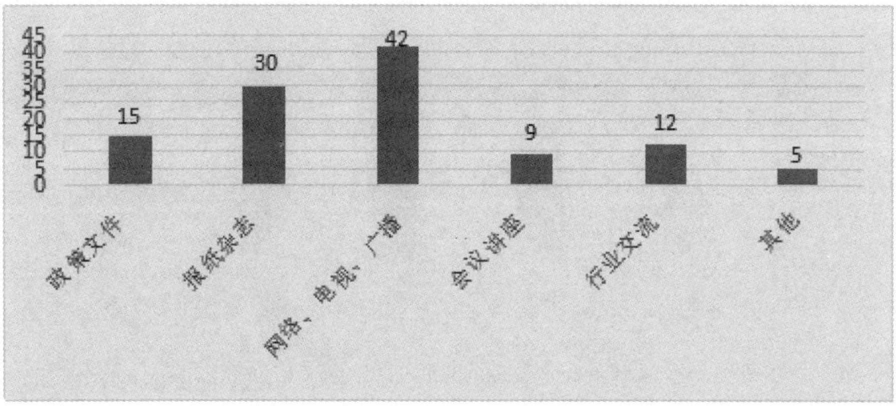

图 8-2　企业了解应急物流的媒介渠道

由图 8-1 所示，苏州企业对应急物流认知度不高，对应急物流熟悉的企业只占到 15%，还有 40% 的企业对应急物流不了解，其中大部分企业是没有关注过应急物流的。在走访座谈中发现甚至个别企业的中层管理者都未曾听过应急物流概念，因此认知度还有待提升。从企业规模看，相对于中小型企业，大型企业对应急物流了解较多，特别是全国性的物流企业如顺丰、德邦、菜鸟等，但在城市物流中中小企业同样起着重要作用；从从事领域看，运输型物流企业明显优于其他类型物流公司，这与前面应急条例预案建设中交通运输部门出台较多有一定的关系；从企业性质看，国有物流企业或者国有参股企业相对于民营企业了解更多，政府在考虑应急物流体系建设时会优先考虑国有控股企业；从图 8-2 认知渠道看，几乎有了解的企业都选择了网络、电视、广播等，这主要因为在新冠疫情防控期间相关新闻报道较多，从政府政策文件了解的只有 15 家，比例较低，政府在加强应急物流普及方面应该出台更多的政策文件，并能够下达企业。因此总体来看，苏州物流企业对应急管理的认识还有较大的提升空间，认知是提升应急物流能力的第一步。

2. 企业对应急物流的参与度

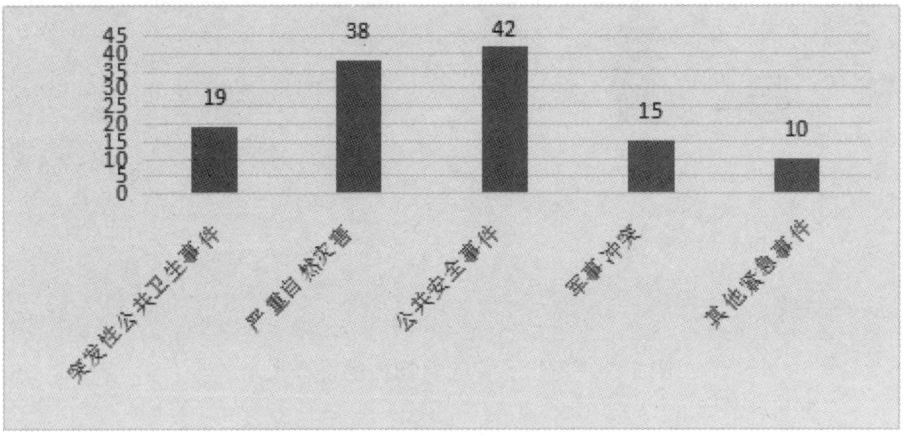

图 8-3　企业对应急物流的了解重点

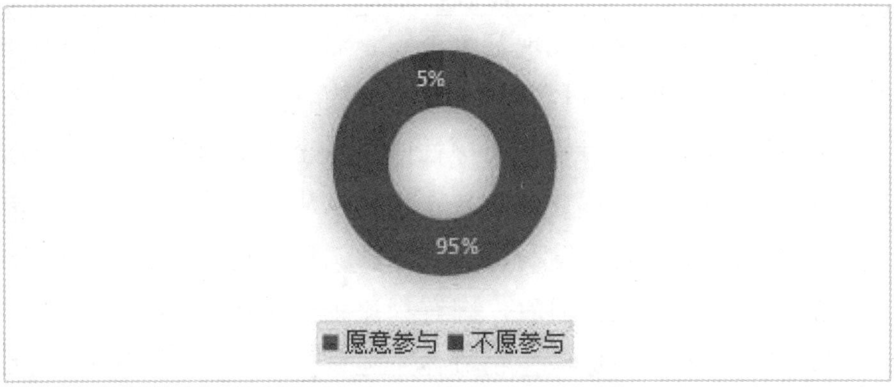

图 8-4　企业应急物流参与意愿

在对了解应急物流的企业中进一步研究发现，其对应急物流的认知更多地集中在公共安全和自然灾害事件。主要涉及救灾物资的运送，而对突发公共卫生事件下应急物流的关注超过三分之一也是受此次新冠疫情影响，对突发公共卫生事件下具体应急物流体系、应急物资等了解较少，但在了解之后超过 90% 的物流企业只要政府有需要都会主动参与到应急物流体系当中贡献力量。由此可见，企业的奉献意识和社会责任感还是比较强的，如相城区望亭国际物流园某大型仓储型物流企业对应急物流不了解，但被问及如此次疫情政府需要参与应急物流时企业毫不犹豫表示坚决服从政府安排。企业对应急物流的认知是企业参与突发事件下应急物流的基础，在被问及企业是否与政府建立过应急物流联动机制时，绝大多数企业未接到相关通知，只有少数在苏州的头部公司涉及过与政府合作。因此在企业参与这方面还需要政府的鼓励和储备，以便公共卫生事件发生时有充分的物流资源。

3. 物流企业信息化情况

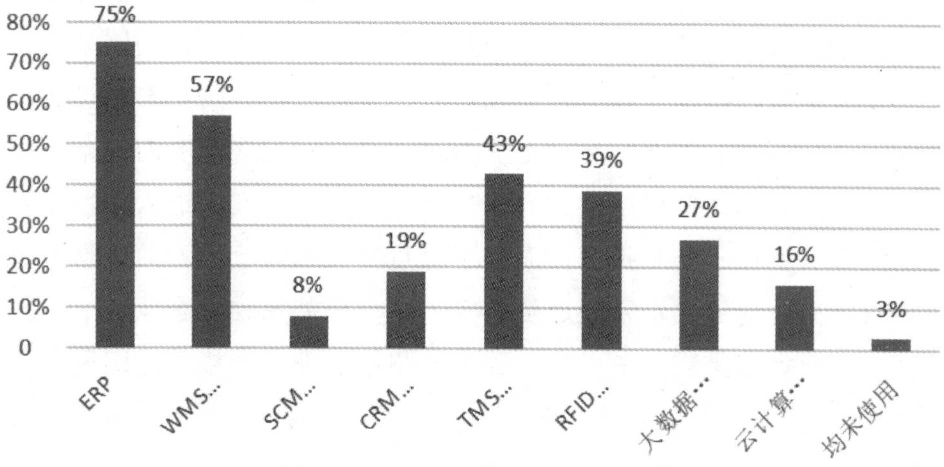

图 8-5　物流企业信息技术应用情况

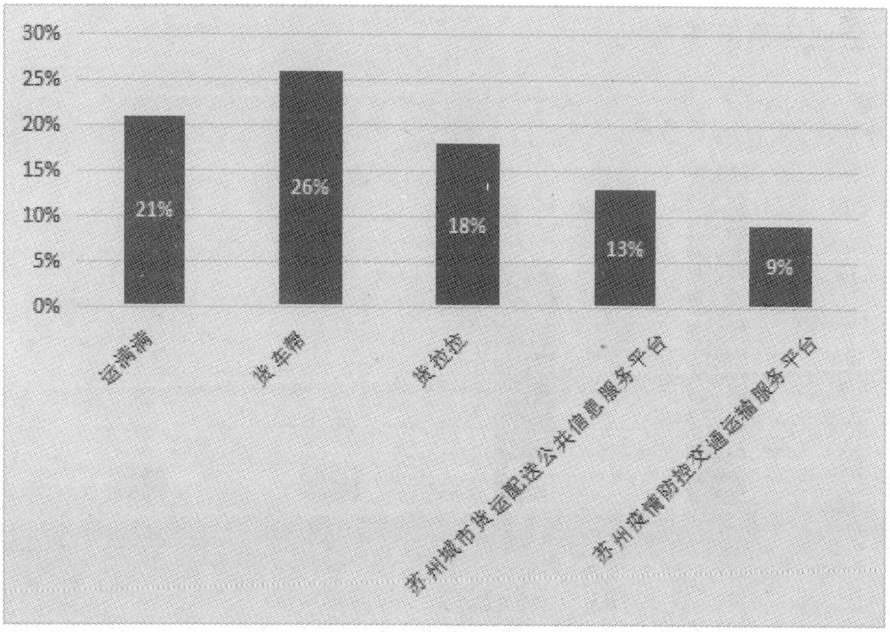

图 8-6　物流平台接入情况

从前面个案分析来看，特别是新冠疫情防控期间的武汉应急物资物流运输遇到的问题表面上是指挥调度的不足，究其本质问题是信息化程度低，不能及时响应和信息不对称导致运力资源错配。从图 8-5 可以看出，超过 70% 的企业都应用了 ERP 系统或者类企业管理系统，对于不同专业领域的物流企业则应用的如 WMS、TMS 等常规管理系统。大部分企业都已经完成了基本的信息化。随着近年来大数据、云计算等技术的运用，已经有部分企业在日常运营管理中涉及特别是重点走访的苏州智慧物流示范企业，通过座谈交流了解到这些应用在企业还处于初级阶段，在车辆调度、路径规划、储位分配、网点布局等应用方面还不够深入。物流企业内部信息化是提高个体效率和响应速度的基础，物流企业外部信息化主要体现在网络信息共享平台的接入。从武汉进入疫情暴发期的应急物流指挥关键在于统一指挥，而其中重点对城市物流资源的进行全方位的掌握包括对运力、仓储物资及配送资源等。从调研苏州物流企业情况看，不论是全国性的平台如运满满、货车帮，还是苏州地方性平台接入比例最高不超过 30%。特别是对本地信息共享平台进入比例更低，作为苏州最大的城市物流平台即苏州城市货运配送公共信息服务平台接入比例为 13% 左右。这势必会对苏州市应急统一指挥带来极大挑战。

4. 企业应急演练情况

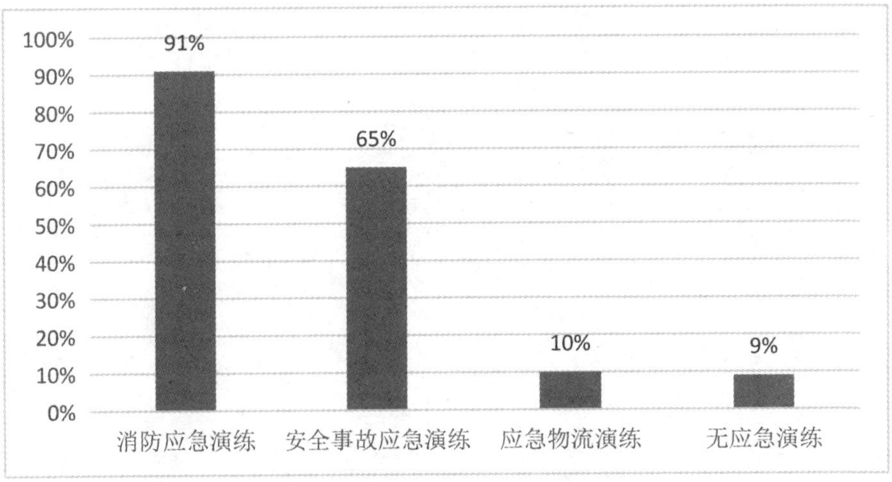

图 8-7　企业进行应急演练情况

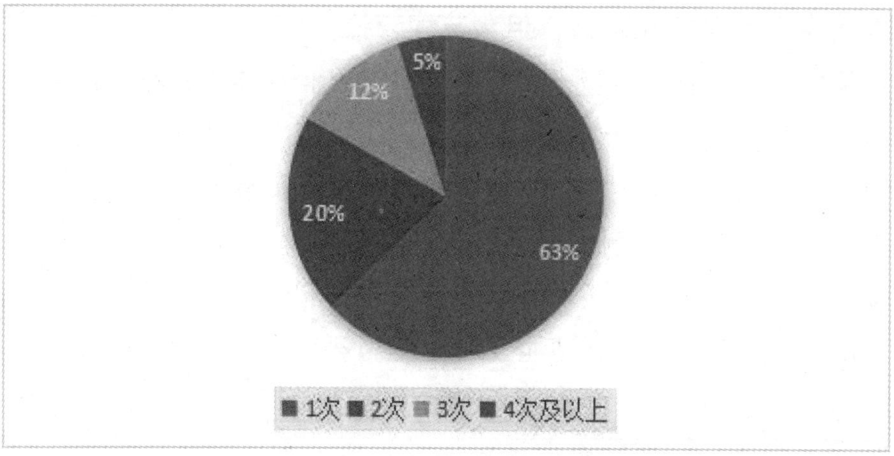

图 8-8　企业应急演练次数

由图 8-7 可以看出，90% 以上的企业都会按照规定进行消防疏散演练。除此之外，运输型和仓储型物流企业进行安全事故应急演练，而会进行应急物流演练的只有 10% 左右。从应急演练次数分析平均每季度进行演练的仅有 5% 的企业，六成以上的企业只进行 1 次演练。总体看物流企业应急演练频率偏低，且绝大多数企业未针对应急物流进行提前预案。究其原因，主要是企业日常经营业务压力大，没有精力做深入研究，此外政府对参加城市应急服务的物流企业鼓励激励措施有待加强。进一步研究来看，企业期望履行社会责任，但对于持续时间比较长的应急物流服务如服务居民日常生活、企业复工复产等，在调研交流中也了解到大多数企业希望政府在把其纳入社会应急物流体系后通过多种形式进行一定的经济补偿，更多的物流企业参加政府应急联动机制。

（二）企业在应急物流能力建设方面的不足

1. 企业对应急物流认知度低

以上调研情况显示，物流企业对应急物流的认知度较低，特别是一些苏州骨干示范企业到目前为止对应急物流还没有深入的了解。这必将导致对应急物流关注度的缺失。当真正接入政府应急平台纳入联动体系时由于平时研究少，战时能动性势必削弱。此外政府对应急管理的宣传力不足，由于企业在市场上竞争中更多专注于本职业务，需要政府大力引导。

2. 物流企业参与意愿强烈，但参与度较低

调研情况反映出物流企业有较强的参与意愿和社会责任感，但由于认知上的差距和引导不足导致企业参与应急物流的途径有限，特别是突发公共卫生事件应急物流的认识程度还较浅，即使对应急物流有了解或熟悉的企业更多停留在自然灾害和安全事故应急。虽然经过此次新冠疫情企业意识有所增强，个别大型物流企业及苏州城配公司参与了部分应急物流，但对于普遍性的物流企业来说参与途径和引导的缺失造成企业参与度仍然较低，然而从武汉经验看一旦出现大规模疫情是需要全员动员全体参与的。

3. 信息化程度还不能够很好地支持企业参与应急物流

物流企业经过 20 多年的快速发展，管理、业务运营、客户服务等内部信息化程度已经取得一定的成绩。但站在政府视角观察整个社会应急物流，各个企业仍然是信息孤岛。主要源于企业外部信息化的不足，具体体现在信息共享及外部平台接入较少，尤其是对政府物流平台或疫情应急平台，不少企业甚至还未听说，政府在调度社会物流资源进行应急调度时，很难实现全民动员。

4. 物流企业自身应急演练少，意识弱

在具备一定应急服务能力后，应急演练是必不可少的。但目前物流企业更多的是对其他突发情况的演练，演练方向侧重于临时处置能力而不是物流应急能力，对突发公共卫生事件的应急演练很少，政府引导又不足，所以增强企业应急意识是关键。

三、苏州城市应急物流能力分析

《第一财经》发布的《2020 城市应急能力报告》（以下简称《报告》）分别以疫情响应与防控、信息公开与数字治理、城市基础配置、城市复工四大指标，对全国 55 个重点城市在此次疫情中的表现进行了评估和排名，苏州排名 33，弱于长三角地区上海、杭州、南京、合肥及无锡等城市。可见苏州作为人口超千万的特大型城市应急能力还有较大的提升空间，具体到苏州应急物流能力研究主要围绕以下三个方面。

（一）苏州城市社会应急物流力量动员能力

从前面个案研究可知，人口大市一旦暴发大规模疫情或者公共卫生事件，整个生产生活秩序在被打乱后需要稳定及时的后勤保障，需要政府全面统一指挥和调动一切可以利用的资源。因此社会化的物流资源应该是政府应急物流体系中重要的依托，它要求政府有关部门对社会物流资源能够较为有效的管理和引导。但从调研情况看，首先是政府对应急管理或者应急物流宣传覆盖面有限，有不少物流企业甚至是示范性企业不了解相关政策和预案；其次政府应急联动机制还不完善，社会物流企业接入政府物流信息平台的比例较低，相关部门对社会运力、仓配资源等掌握有限，即使对已接入的联动模式和演练也需要加强；第三是补偿措施不到位。目前苏州相关部门还没有建立起对社会应急参与企业补偿机制，补偿措施有限，更多时候是靠企业自觉。但对于长时间持续的公共卫生事件其对企业的经营压力影响较大，政府应给予充分考虑。

（二）苏州城市应急物流基础设施

应急物流基础设施主要包括物资储备设施和城市配送基础设施，根据民政及应急管理部门发布的数据，苏州目前已建立 175 个救灾物资储备点，每日可供 3000 名受灾群众紧急转移安置，提供临时住宿等基本生活保障，但进一步了解发现，从储备物资种类看，以帐篷、衣被、炊具等物资为主，而应对突发公共卫生事件往往需要更多的防疫医疗物资。由于医疗物资储备条件的特殊性，现有公共物资储备点还很难全部满足储备要求，因此防疫医疗物资储备主要还是以医院仓库和居民自备为主，公共储备设施还不能满足防疫医疗物资储备需求。城市配送基础设施方面，《报告》显示苏州城市生活物资配送保障能力处于全国各大城市前十名，主要得益于苏州近年来对城市配送基础设施建设以及城市配送公司资源整合。此外全国知名的 5 家生鲜配送企业：盒马、每日优鲜、京东到家、大润发、永辉生活。除一线城市外对苏州也是全覆盖。从武汉经验来看在疫情暴发后的应对期基本的民生保障大型生鲜配送企业是必不可少的，同时也要注意到由于突发公共卫生事件往往具有较强的传播性，此次疫情防控期间无接触配送成为“最后一公里”的主要模式。但从对居民小区的走访来看，无人智能快递柜覆盖率较高，但智能保险柜成本高投放量较低，由于目前是以企业投放为主都带有排他性，因此疫情来临之时不是所有的生鲜公司都能存放货物，导致各小区门口快递和生鲜食品混合堆积，严重影响健康安全。

（三）苏州新冠疫情中的应急物流表现

此次新冠疫情虽然苏州未处于事件中心，苏州也是最早发布复工复产公告的地区之一，但是它对苏州社会生产生活依然产生了较大影响，疫情防控期间苏州应急物流运输服务体系实施了“一个中心 + 一个平台 + 四项举措”等措施。交通运输服务中心负责 24 小时应急物流协调指挥，“苏州市肺炎疫情防控交通运输服务平台”提供信息发布和业务办理，通过保障公路路网畅通、开通货运绿色通道、货运车辆优先通行、调配储备应急运力四项举措确保物资运输车辆正常通行和防疫应急物资、重点生活生产物资运输畅通。城市居民生活物资配送上，食行生鲜、新梅华、梅克兰等生鲜和物流配送企业通力合作，充分利用社区智能“冰箱”取菜的无接触式配送模式，保障了苏州市民的“菜篮子”供应。应急物流体系中干线运输至城市的物资繁多，城市内多方需求急迫，二者之间不平衡容易使城市配送成为瓶颈环节。主要问题体现在以下四个方面。

1. 运营团队专业性不足

尤其在初期，大批量物资集散的运营团队存在人手的缺失和物流管理专业性的不足的问题。

2. 物资信息系统缺失

主要体现在缺少库存管理系统，缺少需求信息平台，供需两端的信息模糊导致物资管理和分拨出现一定问题。

3. 临时仓储规划欠考虑

救援物资临时存放场所很多不是专业物流仓库，且物资存放缺少空间规划，导致物资查找困难。

4. 配送操作流程低效

物资的出入库没有完善的操作流程规范，信息系统的缺失导致分拨配送阶段的流程的低效。

总之，苏州近年来虽然在城市应急管理体系建设中取得一定成效，但从实际调研情况看，法规预案建设、物流企业应急能力建设及城市应急基础配置都存在一些短板和不足。在下一部分，我们将着重对相关对策建议进行研究。

第四节　完善突发公共卫生事件下苏州应急物流体系的对策建议

大规模的突发公共卫生事件是对城市治理能力和应急能力的全方位考验，不论是 2003 年的“非典”事件还是此次新冠疫情都暴露了城市管理的痛点问题。苏州在国家及江苏省相关政策文件指导下不断重视和加强应急能力建设，从 2006 版一直到 2020 版的《突发公共事件总体应急预案》反映了苏州城市应急水平和能力的不断提高。但从前面部分内容分析看，苏州应急物流建设在整个应急管理体系还是薄弱环节，因此要坚决贯彻和落实习近平总书记在中央财经委员会第八次会议讲话精神。即“要认真研究应对新冠肺炎疫情的经验，加快建立储备充足、反应迅速、抗冲击能力强的应急物流体系”。为此，课题组在充分调研和对“非典”“新冠”个案深入研究的基础上，结合苏州客观情况因地制宜从苏州应急物流机制建设和能力建设两个方面提出完善城市应急物流体系的对策建议。

一、突发公共卫生事件下苏州应急物流机制建设

根据前面突发公共卫生事件特殊性和苏州应急物流体系及疫情防控期间运行现状的分析，结合现有的研究成果和其他城市应对经验，必须健全以下三个机制。

（一）健全政府法规制度及预案为主的保障机制

应急法规、制度及预案是应对突如其来疫情全民动员的基本保障。政府统一指挥是核心，如何能够使得各参与主体行动一致，主要要靠制度、法规来约束，靠应急预案来指引各环节才能相互衔接。通过对国家、江苏省及苏州市相关法规预案的分析可以看出，目前针对突发公共卫生事件的法规预案相对较少，针对应急物流的法规预案更加缺失。因此，苏州应该尽快出台针对应急物流的相关法规条例，参照《苏州突发公共事件总体应急预案》，由市应急管理局牵头

联合交通运输、粮食物资储备、卫生疾控、民政等部门共同制定《突发公共卫生事件下苏州应急物流预案》，重点突出以下保障。①技术保障：建立统一的应急物流信息系统和指挥平台，承担突发公共卫生事件相关的信息收集、分析、处理、发布等工作，实现应急物流指挥的可视化。②物资保障：应急物流要有货可运、要有节点可转，在应急运输、应急配送启动的同时应急采工作也应有序开展。通过机制建立贯通生产、采购、储备的上游供给线，引导企业、单位、社区储存基本的防疫药品或者生活必需品。③专业人员保障：由于突发公共卫生事件有别于其他公共事件，其具有较强的专业性，因此政府要建立应急物流专家库，聘请企业物流专家、疾控医学专家、救援专家等。④财力保障：首先保证突发公共卫生事件下应急物流所需资金，其次应急预案编制、演练、应急物流宣传教育等都要纳入相应层级的财政预算。⑤跨区域协调合作保障："非典"事件和"新冠"疫情都反映出突发公共卫生事件往往会跨区域影响。因此苏州应建立与长三角内各城市的物资储备、交通运输、应急资源等共同分享，以上保障机制的建立为应急物流及时有序开展提供政府指导和背书。

（二）建立平战结合的政府与物流企业联动机制

社会运力是政府能够调动的最广泛的应急资源，通过前面的走访调研分析可知，各物流企业对突发公共卫生事件下应急物流的参与意愿较高。从客观情况看，像苏州这样常住人口超千万的城市在面对如新冠疫情这样的大规模公共卫生事件时，仅靠政府的救援力量是远远不够的。如有媒体报道，武汉个别社区存在用垃圾车装运居民生活用品的情况，相信这也是在特殊情况下的无奈之举。因此，社会物流资源是政府全民动员的主要应急力量，如何更好地调动需要建立平战结合的政企应急联动机制需做好以下工作①社会运力申报机制，政企联动前提是要摸清社会运力状况，依托苏州城市货运配送公共信息服务平台鼓励各运输企业、仓配企业及时申报自身运力、仓储能力、辐射范围等信息，以便政府部门及时掌握企业实际情况，作为应急物流资源储备，建立筛选机制。②广泛的宣传培训机制，从实际调研情况看大多数物流企业对应急物流还处于认知比较浅显的层次，需要政府有关部门对物流企业进行广泛的宣传培训，建立轮训制度，邀请专家进行对口培训，提升企业应急专业化程度。③定期应急演练机制，对于符合政府应急物流需求标准的企业要建立定期应急演练机制，根据企业特点和专长设置不同的业务场景进行应急仓储、分拨、调配、运输、配送、无接触及无人化交付等演练，并形成规模，扩大影响力。④征用补偿机制，物流企业作为市场运营个体任何行为都涉及成本支出，因此政府要建立长效的征用补偿机制，一方面保证企业在参与突发公共卫生事件应急物流后获得一定的经济补偿，另一方面为了保持企业参与积极性，对纳入政府应急物流资源的企业要在政策、税收及示范评比等方面给予适当倾斜，通过以上机制达到平时多演练，战时能胜任的效果。

（三）构建多主体的分阶协同机制

从“非典”事件和新冠疫情的整个过程来看，按照时间序列看突发公共卫生事件也有一个生命周期，包括前兆阶段、紧急阶段、持久阶段、危机解决阶段。在不同阶段对应急物流需求及面向的任务也不同，在社会常规应急力量中除了政府所掌握的医疗、消防、公安等队伍外，军队是在遇到重大危机时必不可少的应急力量和坚强后盾。此外，社会物流企业资源同样是可持续和长期依托的力量，因此要根据突发公共卫生事件不同发展阶段和规模有序协调政、军、企的融合衔接，建立多主体的分阶协同机制。①前兆阶段，从新冠疫情中的武汉个案来看主要是监测预警阶段，要随时关注疫情变化做好应急准备，如果监测系统预警会有暴发大规模疫情的可能，建立信息共享机制，将信息及时共享至军队和企业做好应急物流资源储备。②紧急阶段，该阶段是疾病的集中暴发阶段，传播面和感染数量急剧扩大，医疗物资、防疫物资需求爆发式增长，此时的应急物流侧重于医疗物资的运输配送。如果规模大事态严重政府力量有限的情况下要启动与苏州军分区的军民联动机制，依托军队常备物资储运优势和快速的反应能力及时补足此时的物流短板保障医疗物资供应，该阶段后期事件对居民生活开始产生影响，必需品需求增加。③持久阶段，该阶段疫情或者传染规模得到控制，但管制状态会持续一段时间。该阶段需求除医疗物资外常规的防疫物资和粮油、蔬菜等生活必需品成为城市物流的主要任务，此时应该发挥社会物流企业网点多、运力大、专业化的优势，根据苏州市应急物流预案大规模启用储备应急物流资源，如食行生鲜、盒马生鲜等配送资源，通过指挥平台统一调度保障民生。④控制解决阶段，该阶段处于疫情后期，事件影响在逐渐消除。此时物流需求除保障民生物资外主要任务是助力复工复产，市域外物流运输量增加，主要依托社会物流力量进行企业生产资料的供应，市场行为与政府协调统一进行。由以上分析可以看出，在突发公共卫生事件发展的不同阶段，由于需求的变化，在政府统一指挥下应急物流主体也在发生变化，因此借助军、社、企的力量分阶段协同完成物资保障，同时能够在征用补偿机制的作用下同时发挥好政府协调和市场调节作用，动员更多社会力量参与应急物流。

二、突发公共卫生事件下苏州应急物流能力建设的对策建议

苏州应急物流水平一方面取决于政府协调指挥、城市基础配置等城市物流能力要素的影响，另一方面则受入驻的全国性物流企业和本地骨干物流企业应急能力影响。通过前面调研分析，苏州在这两方面都存在一定的短板和瓶颈，提升应急物流能力关键在于对城市和企业两个层面的提升。

（一）提升城市层面应急物流要素的供给能力

通过第三部分的应急物流预案及保障机制建设来看，政府层面在负责统一指挥调度的同时还要提升应急物流要素的供给能力，主要包括：①技术能力要素，第四次工业革命的到来使物流产业步入新时代，政府应该结合突发公共卫生事件的特点建立“互联网+应急物流”管理模式，发挥苏州良好的互联网基础和5G试点城市的先行优势，建立底层信息共享和管理平台赋能指挥部门和参与企业，一方面有利于消除政府、企业及社会应急资源“信息孤岛效应”，更好地调度社会资源，另一方面解决供给方需求方、信息不对称的问题，使信息透明化、过程可视化。②物资储备能力要素，目前苏州现有175个民政救援物资储备点，通过前面分析可知无法满足大规模疫情下的医药和生活物资需求，苏州应该充分利用政企联动机制，利用社会储备资源提前布局优化苏州大市范围内储备点分布及物资数量，以应对大规模突发公共卫生事件，如以苏州市区为例，将华润礼安医药物流中心作为医用物资应急储备中心，覆盖苏州市区范围，以高新区苏州城市公共配送枢纽作为生活物资应急储备中心，以城南现代农产品物流园作为食品生鲜应急物流中心，以京东亚一昆山物流园作为生活物资区域性储

备中心覆盖苏州大市范围，以此提升突发公共卫生事件下城市应急物流储备能力要素。③城市基础规划能力要素，此次新冠疫情防控期间可以看到在城市抗疫一线已经投入使用了如无人配送、无人交付等智慧物流技术和设备，苏州应该抓住机遇加快从智慧城市到智慧社区的建设工作，在城市建设规划时留足空间支持 5G 技术、大数据、人工智能、云计算等前沿科技项目与服务百姓生活相结合，如在审批住宅项目时加入配套智能快递柜、无人仓、无人配送站要求等，保持一定的前瞻性，通过以上能力要素的提升在政府层面保证城市应急物流软硬件设施的响应能力，实现时间效益最大化和灾害损失最小化的目标。

（二）提升企业层面应急物流能力

通过前面对物流企业调研分析可知，企业参与政府主导的应急物流体系意愿强烈，但在认知度、信息化、智能化等方面仍有待提高。企业提高应急物流能力可从以下几个方面进行：①物流企业提高响应速度，除自身管理因素影响外，智能化水平直接决定了企业的响应能力，不同规模类型的企业应根据自身发展需求不断提高新技术的应用广度和深度，配送型物流企业如食行生鲜要借助 AI 和大数据技术网点布局、车辆路径方面进行不断优化，仓储型物流企业如大型国际物流园区等应在物资存储、分拨拣货、进出检验等方面加大智能化、无人化技术的应用，提高运输车辆进出园区的效率，充分发挥物流园区未来紧急情况下干支衔接关键节点的作用。②物流企业提升入网率，企业应该在完成企业内部信息化的基础上同时注重与外部信息化网络化连接，从应急物流的角度看，企业要想充分发挥作用必须接入相关的应急指挥平台或者信息共享平台，这是被纳入政府应急物流体系的前提，特别是苏州中大型的骨干物流企业。③物流企业应增加演练次数，根据平战结合的政企联动机制，在日常运营中除完成经营任务外，在政府相关部门组织下要进行有针对性的突发公共卫生事件应急演练和培训，参与政府认证项目等，政府与企业、企业与企业之间的磨合是关键。

参考文献

[1] 毛敏，喻翔．城市群经济发展与区域物流通道运行机制研究 [M]．成都：西南交通大学出版社，2020.07.

[2] 黄辉，周继祥．物流学导论 [M]．重庆：重庆大学出版社，2020.02.

[3] 潘永刚，余少雯．重新定义物流产品、平台、科技和资本驱动的物流变革 [M]．北京：中国经济出版社，2019.01.

[4] 李秋正，董威．港航物流生态治理 [M]．杭州：浙江大学出版社，2019.07.

[5] 孙学军．绿色物流理论与实践 [M]．北京：科学技术文献出版社，2019.09.

[6] 王先庆．新物流新零售时代的供应链变革与机遇 [M]．北京：中国经济出版社，2019.01.

[7] 王景敏．北部湾物流空间拓展与要素协同 [M]．镇江：江苏大学出版社，2019.07.

[8] 朱一青．城市智慧配送体系研究 [M]．北京：中国时代经济出版社，2019.01.

[9] 肖良武．大数据与城市经济发展研究 [M]．北京：北京邮电大学出版社，2019.05.

[10] 章竟，汝宜红．绿色物流 [M]．第 2 版．北京：北京交通大学出版社，2018.01.

[11] 陶杰．电子商务物流实训教程 [M]．杭州：浙江大学出版社，2018.03.

[12] 王之泰．新编现代物流学 [M]．第 4 版．北京：首都经济贸易大学出版社，2018.07.

[13] 王仲君，王臣昊．物流学导论概念、技术与应用 [M]．第 2 版．镇江：

江苏大学出版社，2018.01.

[14] 王卓明 . 现代物流业趋势演变与系统重构 [M]. 北京：中国言实出版社，2018.01.

[15] 张兵，张颖 . 徐州市物流标准化发展研究 [M]. 徐州：中国矿业大学出版社，2018.12.

[16] 魏修建，姚峰 . 现代物流与供应链管理 [M]. 第 3 版 . 西安：西安交通大学出版社，2018.11.

[17] 朱芳阳 . 北部湾港港口物流供应链动力机制研究 [M]. 成都：西南交通大学出版社，2018.12.

[18] 曾倩琳 . 信息化与物流产业融合发展的测度研究 [M]. 西安：西安交通大学出版社，2018.06.

[19] 彭劲松，张永恒 . 策论城市高质量发展 [M]. 成都：西南交通大学出版社，2018.11.

[20] 春燕 . 新趋势新应对城市发展研究借鉴与探索 [M]. 上海：上海社会科学院出版社，2018.12.

[21] 刘静 . 电子商务环境下物流配送网络优化方法研究 [M]. 北京：知识产权出版社，2018.09.

[22] 戴恩勇，李金亮 . 经济新常态下城市物流空间结构特征及演化机制研究：以长沙金霞经济开发区为例 [M]. 北京：中国财富出版社，2017.12.

[23] 张诚，张志坚 . 物流产业生态系统视角下缓解城市雾霾理论与实证研究 [M]. 北京：中国财富出版社，2017.06.

[24] 许海晏 . 城市批发市场疏解升级研究物流系统优化及成本管理视角 [M]. 北京：经济日报出版社，2017.01.

[25] 周长青，付蕾 . 电子商务物流 [M]. 重庆：重庆大学出版社，2017.01.

[26] 崔忠付 . 中国物流与采购信息化优秀案例集 2017[M]. 北京：中国财富出版社，2017.06.

[27] 毛海军 . 物流系统规划与设计 [M]. 第 2 版 . 南京：东南大学出版社，

2017.01.

[28] 张毅．中国物流运输业效率与政策研究 [M]．北京：知识产权出版社，2017.07.

[29] 汪长江．舟山群岛新区港口物流发展研究 [M]．上海：上海交通大学出版社，2017.01.

[30] 顾春明．城市经济方略 [M]．沈阳：东北大学出版社，2017.01.

[31] 董光器．城市总体规划 [M]．（第 6 版）．南京：东南大学出版社，2017.11.

[32] 张立华．现代物流评价体系构建理论方法与实证分析 [M]．北京：知识产权出版社，2017.09.

[33] 陈璟，杨开忠．空间组织与城市物流供应链管理环境下的新透视 [M]．吉林出版集团股份有限公司，2016.04.

[34] 潘裕娟，曹小曙．特大城市批发市场的物流空间格局及其形成机制 [M]．北京：商务印书馆，2016.05.

[35] 翁心刚，安久意．冷链物流 [M]．北京：中国财富出版社，2016.07.